# Was tun, wenn die Seele schreit

Dr. med. Lawrence Galton

# WAS TUN WENN DIE SEELE SCHREIT

*Wie Ihr Körper Ihre Seele beeinflußt*

Mit einem Vorwort
von Dr. med. U. Oswald, Neurologe, Zürich

WELTBILD VERLAG

Dieses Buch erschien zuerst unter dem Titel
«You may not need a psychiatrist»
bei Simon and Schuster, New York

Aus dem Amerikanischen von Walter Hertenstein

Lizenzausgabe für den Weltbild Verlag GmbH, Augsburg 1988

Gesamtherstellung: Wiener Verlag, Himberg bei Wien
3 926187 74 3

# Inhalt

# Vorwort

Eine der scheinbaren Paradoxien unserer Zeit besteht darin, daß progressistische Positionen sich in einem extremen Konservativismus manifestieren. Gerade im Blick auf unsere Umwelt gilt es als fortschrittlich, sich auf alte Werte zurückzubesinnen und eine intakte, heile Welt zu suchen. Dies zeigt sich auch im Verhältnis vieler Menschen zur Medizin. Die Fortschritte der technisierten Medizin auf rationaler naturwissenschaftlicher Grundlage werden oft als ungenügend und dem leidenden Menschen, also dem Patienten, als nicht mehr zumutbar empfunden. Dieser fühlt sich hilflos einer unmenschlichen, weil seelenlosen Technik ausgeliefert. Geradezu gefürchtet werden die Situationen, wo der medizinische Schwerpunkt auf dem Hinauszögern des Übergangs zum Tode liegt, statt auf dessen qualitativ besserem Erleben. Reaktionen auf eine solche technisierte Medizin sind nicht ausgeblieben. Eine Rückkehr zu einem menschlicheren und enttechnisierten Arzttum wird mehr und mehr gefordert. Die Wichtigkeit einer ganzheitlichen Medizin wird immer deutlicher gesehen, d. h. einer Medizin, die den Menschen in seiner Gesamtheit als körperliches, geistiges und soziales Wesen erfaßt. Ihr entspricht denn ja auch die moderne Definition der Gesundheit durch die Weltgesundheitsorganisation.

Damit wird aber klar, daß die Medizin nicht nur technische, rationale, wissenschaftliche Aspekte umfaßt, sondern daß auch weltanschauliche, religiöse, politische und moralisch-ethische Gesichtspunkte in sie einfließen.

Medizin ist, kurz gesagt, die Art und Weise, wie der Mensch seinen erkrankten Mitmenschen zu begreifen und zu heilen versucht. Eine solche sehr allgemeine Definition gilt freilich für die Medizin aller Zeitalter und Kulturen. Sie trifft zu für die magische, animalistische Medizin der Frühzeit, wie sie in bestimmten Formen noch heute praktiziert wird. Sie gilt auch für die scholastische Medizin bis zum Beginn der

Neuzeit in Europa. Sie umfaßt aber auch die naturwissenschaftlich orientierte Medizin in unserem technischen Zeitalter.

Nicht nur in den verschiedenen Kulturen, sondern auch in den verschiedenen Formen, den Arztberuf auszuüben, liegt eine sehr starke subjektive Komponente, die eine dogmatische Wissenschaftlichkeit zum vornherein ausschließt. Dies macht auch den Unterschied zwischen dem Arzt und dem Mediziner als dem reinen Techniker aus. Auch der Umstand, daß der Leidende und der Kurierende zwei Subjekte darstellen, die einander als zu betrachtende Objekte gegenüberstehen, läßt ihre Übereinstimmung der Krankheitsauffassung als unmöglich erscheinen. Schließlich ist auch ein banaler Schnupfen für den davon Betroffenen ein einmaliges Ereignis, während er sich dem behandelnden Arzt als ein typischer Fall unter vielen präsentiert. Damit ist gut zu verstehen, wieso Medizin nie ausschließlich und unerschütterlich «objektiv gültig» ist, sondern warum sie, genau wie Weltanschauungen, Religionen, Moden und vieles andere mehr, einem ständigen Wandel unterliegt.

Seit längerem setzt sich auch bei uns immer mehr die Auffassung durch, daß körperliche Krankheiten in Wechselbeziehungen mit krankhaften psychischen Vorgängen stehen. Man setzt dafür den Begriff der Psychosomatik, der heute nachgerade zu einem Modewort geworden ist. Ausgehend von der Erkenntnis, daß bei 50 bis 70 % der Patienten, die einen Allgemeinpraktiker aufsuchen, leib-seelische Zusammenhänge eine wesentliche Rolle spielen, gibt es Strömungen, die der psychischen Erkrankung einen eindeutigen Vorrang gegenüber den körperlichen Veränderungen geben wollen. Dies muß zusammen mit einem tiefgreifenden Wandel unserer Weltanschauungen gesehen werden. Denn da psychische Erkrankungen wiederum oft als Folgen von sozialen Zwängen gesehen werden, erstaunt der zunehmend verfochtene Standpunkt nicht, die somatische Erkrankung stehe in einem mittelbaren, aber wichtigen Zusammenhang mit zu ändernden gesellschaftlichen Strukturen und Mechanismen. Bei dieser Betrachtungsweise jedoch schwingt das Pendel für viele Leute wieder bedenklich über das zuträgliche Maß in die Gegenrichtung aus. Gerade in Amerika, wo eine psychiatrische Behandlung in Form langdauernder psychoanalytischer Therapie viel geläufiger und mit weniger Vorurteilen belastet ist als in Europa, besteht die Gefahr, daß wichtige organische, körperliche Krankheiten, die auch mit psychischen Veränderungen einhergehen, verkannt werden. Entgegen der rein psychosomatischen Auffassung muß man es wieder ganz deutlich aussprechen: Es gibt nicht nur körperliche Folgen einer seelischen Erkrankung, sondern ebenso seelische Folgen von körperlichen Krankheiten, die jegliche bekannte Gemüts-, Denk- oder Geistesstörung imitieren können. Eine ausschließlich psychiatrische Behandlung derartiger Folgeerkrankungen wäre nicht nur ohne Wirkung und nutzlos, sondern würde erhebliche Gefahren in sich bergen, weil die körperlichen Grundleiden nicht erkannt werden würden.

Das vorliegende Buch will diesen Standpunkt deutlich machen. Es hat nicht zum Ziel, die Einheit von Leib und Seele zu leugnen und unsere Erkenntnisse über psychosomatische Zusammenhänge zu widerlegen. Vielmehr versucht es, die Kehrseite der Medaille einer rein psychosomatisch orientierten Medizin zu zeigen. Der Autor, Lawrence Galton, nennt dies die somato-psychische Medizin. Anhand mannigfacher Beispiele und in einem weitumspannenden Bilderbogen über die gesamte Innere Medizin will er körperliche Ursachen für seelische Störungen darlegen. Wie man schon von seinen anderen Büchern gewohnt ist, gelingt ihm dies in einer einfachen, für jeden Laien gut verständlichen Sprache, ohne daß darunter die Präzision der Darstellung und die gegenwärtigen Erkenntnisse wesentlich vergröbert und damit verfälscht werden. Zur Lebendigkeit der Präsentation gehören auch zahlreiche Fallbeispiele. Es werden Einblicke in die verschiedenartigsten komplexen Mechanismen gegeben, so in die Funktionsweise des Systems der endokrinen Drüsen, in verschiedene Folgen von Stoffwechselstörungen, von neurologischen Krankheiten, von ungünstigen Lebensgewohnheiten, Medikamenten-Nebeneffekten und nicht zuletzt auch von bewiesenen organischen Ursachen der Hirnleistungsschwäche im höheren Lebensalter.

Natürlich soll das Buch nicht den Gang zum Arzt ersparen und auch nicht unberechtigtes Mißtrauen säen: Zahlreiche Beschwerden sind nämlich wirklich psychisch und nicht organisch bedingt. Es soll auch nicht erneut zum alten

Fehler der weitgestreuten unbegründeten körperlichen Routine-Durchuntersuchung verleiten. Es wendet sich vor allem an Menschen mit geistigen oder seelischen Beschwerden, die sich — zu Recht oder zu Unrecht — vom Arzt mit der Auskunft abgespeist fühlen, ihre Beschwerden seien «nur nervlich bedingt», oder auch an solche Patienten, die wegen unbestimmter psychischer Probleme daran denken, einen Psychologen oder Psychiater (eventuell im Hinblick auf eine jahrelange Psychoanalyse) aufzusuchen, und denen mit Diagnose und Behandlung einer bisher nicht erkannten körperlichen Krankheit besser geholfen wäre.
Daneben wendet es sich auch an den interessierten Laien, namentlich an die mehr psychologisch orientierten Angehörigen der «blauen Berufe»: Erzieher, Seelsorger und weitere, die in den Grenzbereich zwischen Körper und Seele hineinblicken möchten.
In diesem Sinne stellt das Buch den Anspruch, ein somatopsychisches Krankheitsverständnis dem psycho-somatischen entgegenzustellen. Dies aber nicht als Gegensatz, sondern als Ergänzung zum Verständnis einer modernen ganzheitlichen Medizin.

Dr. med. U. Oswald

# 1. Ist es wirklich immer die Seele? Eine Sache der Nerven? Psychogen? Psychosomatisch?

Seit Jahren schon ist es in Mediziner- und Laienkreisen Mode, viele Krankheiten auf seelische Ursachen zurückzuführen. Diese weitverbreitete Meinung wird nicht nur auf Cocktailpartys und beim Schwatz im Treppenhaus breitgetreten, sondern auch immer wieder in der medizinischen Literatur geäußert, die allen Ernstes behauptet, die Hälfte, zwei Drittel, ja vielleicht sogar bis zu 70 % aller Patienten, die einen Arzt aufsuchten, seien organisch gesund und litten bloß an «funktionellen» Störungen, an «seelischen» Schwierigkeiten, die Körper oder Geist oder beide in Unordnung brächten.

Sind wir und viele unserer Ärzte nicht ein bißchen zu sehr von dieser Idee begeistert? Akzeptieren wir nicht etwas vorschnell und unbedacht diese Etikettierung, zu einem hohen Preis, auf Kosten vieler nutzloser Behandlungen und viel sinnlosen Leidens?

1. Ein dreiunddreißigjähriger Anwalt leidet unter konstanter Müdigkeit, geht von einem Arzt zum andern, wird als Neurotiker eingestuft, versucht es mit Psychotherapie. Diese erweist sich gleichfalls als verlorene Liebesmüh. Zu guter Letzt wird er, was längst schon fällig gewesen wäre, auf Hypothyreose untersucht, und mit der Behandlung der Schilddrüsenunterfunktion verschwindet auch die Müdigkeit.

2. Eine fünfundzwanzigjährige Frau, das Opfer gräßlicher Angstanfälle, die oft begleitet sind von Schweißausbrüchen, Herzklopfen, Erbrechen und Durchfall, bietet das klassische Beispiel einer Angstneurose. Ihr wahres Leiden heißt aber paroxysmale Tachykardie, eine Herzrhythmusstörung, die durch Chinidinbehandlung geheilt wird. Mit ihr verschwindet auch die «Angstneurose».

3. Eine ergraute Hausfrau, teilnahmslos, kaum ansprechbar, das Gesicht eine Trauermaske: Lehrbuchbeispiel einer schweren Depression. Ein Neurologe, der genauer hinsieht,

entdeckt einen Gehirntumor, entfernt ihn, und die Frau ist wieder völlig normal.

4. Ein Mann mittleren Alters sitzt in seinem Zimmer und bellt wie ein Hund. Offensichtlich ein Schizophrener. Er wird schnellstens auf eine psychiatrische Abteilung gebracht, aber eine genauere Untersuchung ergibt Parkinsonimus, eine Krankheit, die oft mit einem Zwerchfelltic, der einem Bellhusten ähnelt, verbunden ist. Der Mann spricht auf die Behandlung dieser organischen Krankheit an und geht gesund nach Hause.

5. Ein vierundzwanzigjähriger Mann, der torkelt und taumelt, keucht, schnauft, grunzt und grinst, wird auf die Notfallstation gebracht. Es ist das dreizehnte Mal in fünf Jahren, und die diensttuenden Ärzte wissen genau, was zu tun ist. Drei Stunden, nachdem er eine kräftige Dosis eines starken Beruhigungsmittels bekommen hat, reibt sich der Mann die Augen, als sei er eben aus dem Schlaf erwacht, und bittet ruhig um eine Zigarette. Geistig gestört? Keine Spur. Eine gründliche Untersuchung, fünf Jahre zu spät, ergibt nämlich, daß der Patient an psychomotorischer Epilepsie mit «komplexen partiellen Anfällen» leidet. Krampflösende Medikamente bringen ihm Heilung.

6. Ein junges Mädchen, das zwischen dem dreizehnten und dem sechzehnten Lebensjahr viermal wegen Selbstmordversuchen hospitalisiert worden war, wurde hierauf drei Jahre in einem Sanatorium behandelt, sprach aber weder auf Schocktherapie noch auf irgendeine andere Behandlungsmethode an. Als endlich Allergietests durchgeführt wurden, ergaben sich verschiedene starke Überempfindlichkeiten. Die Adoleszentin war unter anderem auf Saccharin allergisch, das Schwindel- und Angstanfälle hervorrief, auf chlorhaltiges Wasser, das zu Depressionen führte, auf Lammfleisch, dessen Genuß sie mit Schweißausbrüchen, Verwirrtheit und Weinkrämpfen bezahlen mußte. Ihr seelisches Gleichgewicht war wieder hergestellt, sobald sie diese Allergene vermied. Sie hatte keine Rückfälle mehr und konnte ihre Ausbildung beginnen.

7. Ein Richter aus New York leidet plötzlich unter Anfällen von geistiger Verwirrung und Desorientiertheit mit starken Kopfschmerzen. Sein Zustand verschlimmert sich in den darauffolgenden zwei Jahren zunehmend, und er ist veräng-

stigt, deprimiert und zeigt Anzeichen von Paranoia. Nach einer genauen Untersuchung wird die richtige Diagnose gestellt. Hydrozephalus (Wasserkopf). Achtundvierzig Stunden nach dem chirurgischen Eingriff ist der Richter wieder guten Mutes und der helle Kopf, der er war.

Dies ist eine kleine Auswahl der in diesem Buch behandelten Fälle. Die Frage, ob es überhaupt psychosomatische Krankheiten gebe, erübrigt sich eigentlich. Selbstverständlich kann eine kranke Seele Verhaltensstörungen und organische Krankheiten bewirken. Aber das Umgekehrte ist ebenso wahr und wird nur allzuoft übersehen. Körperliche Krankheiten, die auch ein Diagnostiker mit einem Röntgenauge nicht sofort sieht, können Gefühls- und Verhaltensstörungen bewirken und darüber hinaus scheinbar psychogene körperliche Symptome.

Ärzte der medizinischen Fakultät der Universitäten von Texas und Minnesota haben unlängst eine Studie publiziert, aus welcher hervorgeht, daß die Verschleierung tieferliegender körperlicher Störungen durch seelische Störungen eine durchaus gewöhnliche Sache ist, die aber für gewöhnlich sowohl dem Patienten als auch dem Arzt entgeht.

Das Beth Israel Hospital in Boston, ein mit der medizinischen Fakultät der Universität Harvard verbundenes Ausbildungsinstitut, hat es nun für notwendig erachtet, ein spezielles Neurologenteam ins Leben zu rufen, dessen Hauptaufgabe darin besteht, jene Patienten ausfindig zu machen und zu behandeln, deren diverse Krankheiten ursprünglich als psychische Störungen fehldiagnostiziert worden waren. «Auf diesem Gebiet gibt es vermutlich mehr Fehldiagnosen als auf irgendeinem anderen medizinischen Gebiet», bemerkt der Leiter des Teams, Dr. Norman Geschwind, Professor für Neurologie an der Universität Harvard.

Und die amerikanische Gesellschaft für zeitgenössische Medizin und Chirurgie beschloß vor kurzem anläßlich einer Jahresversammlung für ihre zwölftausend Mitglieder, einen speziellen Kurs über «Symtome nervöser und seelischer Leiden bei organischen Krankheiten» zu organisieren.

Neueren, durchaus glaubwürdigen Schätzungen zufolge sind von den 300 000 in amerikanischen Heilanstalten lebenden Geistesgestörten 120 000 — das sind 40 % — gar nicht gemütskrank, sondern leiden unter körperlichen

Krankheiten, die das Verhalten beeinflussen. Und niemand weiß, wie viele der nicht hospitalisierten Patienten, die unter sogenannten «psychogenen», und «psychosomatischen» Krankheiten leiden oder mit dem Etikett «Das sind nur Ihre Nerven» abgefertigt werden, Opfer unentdeckter und heilbarer körperlicher Störungen sind.

Zu diesen gehören exzessive Müdigkeit, allgemeine Schwäche, Angstzustände, Depressionen, Reizbarkeit, Konzentrationsschwäche, Gedächtnisstörungen, Persönlichkeitsveränderungen, Wahnvorstellungen, Krankheiten mit unerklärlichem Fieber, Kopfschmerzen, Gelenkschmerzen, Magen-, Darm- und andere körperliche Störungen.

Was dürfen diese Patienten nun von einem Buch wie dem unseren erwarten? Vielleicht kann es vielen von jenen helfen, die nie auch nur daran gedacht haben, einen Arzt zu konsultieren, inklusive jene, die glaubten, ihre Probleme lägen zutiefst im Unbewußten und könnten nur durch jahrelange Psychoanalyse gelöst werden, die sie sich nicht leisten konnten oder vor der sie zurückschreckten. Vielleicht kann es ihnen Mut machen, und auch andern, die in der Vergangenheit erfolglos einen Arzt aufsuchten. Diese Patienten können jetzt, da sie sich der Problematik bewußt geworden sind, den Arzt auf diese Möglichkeit, ja vielleicht sogar auf spezielle körperliche Störungen, hinweisen — eine Möglichkeit, die früher gar nicht in Betracht gezogen wurde.

Vielleicht hilft es einigen nicht nur, herauszufinden, was mit ihnen nicht in Ordnung ist, sondern in gewissen Fällen auch dazu, es wieder in Ordnung zu bringen — zum Beispiel jenen, die ihre emotionellen Störungen Allergien, falscher Ernährung und Medikamenten verdanken, die ihnen der Arzt verschrieben hatte oder die sie aus der Hausapotheke nahmen.

## 2. Psychosomatisch, gewiß ... aber auch somatopsychisch

Das Wort «psychosomatisch» ist erst etwa ein halbes Jahrhundert alt. Es erschien zum ersten Mal in den frühen zwanziger Jahren in der deutschen medizinischen Literatur. Eine Dekade später verwendete Dr. Helen Flanders Dunbar vom Institut für Medizin und Chirurgie der Universität Columbia es in einem Buch, das zum Klassiker wurde. Schon bald darauf ging das Wort «psychosomatisch» in die Umgangssprache ein. Seine Bedeutung ist klar. Es besagt, daß die Seele den Körper beeinflussen kann, daß seelische Probleme körperliche Störungen bewirken können. Und obschon das Wort neu ist, ist der Begriff uralt.

Schon vor über viertausend Jahren entdeckten chinesische Ärzte, daß Frustrationen Krankheiten zur Folge haben können. Ein halbes Jahrtausend vor Christi Geburt wies der griechische Arzt Hippokrates darauf hin, daß Ärzte nur dann mit Heilerfolgen rechnen könnten, wenn sie die Ganzheitsmedizin verständen, den Zusammenhang von Körper und Seele. Im alten Rom bedienten sich die Ärzte einer Form der Psychotherapie als Hilfsmittel zur Linderung körperlicher Leiden. Auch während des Mittelalters wurden emotionale Einflüsse auf das Krankheitsgeschehen als selbstverständlich angesehen, und erst als gegen Ende des neunzehnten Jahrhunderts spezifische Mikroorganismen als Erreger vieler Krankheiten entdeckt wurden und die Lehre von den Bazillen Triumphe feierte, traten die emotionellen Faktoren in den Hintergrund.

In jüngster Zeit jedoch hat das Pendel wieder nach der andern Seite ausgeschlagen. Forschungen haben nämlich ergeben, daß Bakterien zwar zweifelsohne Erkältungen, Störungen des Magen-Darm-Traktes, Hautkrankheiten und diverse andere Infektionen bewirken, die Empfänglichkeit des Individuums für Bakterientätigkeit jedoch von der jeweiligen Gemütsverfassung abhängig ist. Viele Studien haben auch auf einen möglichen Zusammenhang zwischen Ge-

mützustand und anderen Krankheiten, inklusive Krebs, hingewiesen.
Wir kennen den Fall einer hart arbeitenden phlegmatischen Hausfrau aus dem Mittleren Westen Amerikas, die während zwanzig Jahren für ihre geistig zurückgebliebene Tochter sorgte. Gleichmütig nahm sie den Tod ihrer Tochter hin, und als wenige Monate später eine andere Tochter gegen den Willen ihrer Eltern heiratete und alle Familienbande zerschnitt, nahm sie auch das gleichgültig hin. Einige Zeit später brach diese Frau, die nie in ihrem Leben krank gewesen war, zusammen und starb innert Monatsfrist an Krebs.
Sie hatte zwei schwere Verluste hingenommen und sich geweigert, darüber zu reden oder gar Gefühle zu zeigen. War es Zufall, daß sie an Krebs starb? Nicht für die Wissenschaftler, die aus Studien von ähnlichen Koinzidenzen im Leben von Hunderten von Krebspatienten wußten. In ihren Arbeiten wiesen sie darauf hin, daß die Art und Weise, in der ein Mensch mit seinen emotionellen Problemen umgeht, allenfalls eine Krebsentwicklung ermöglicht.
Eine Studie aus Schottland, in der zweihundert an Lungenkrebs erkrankte Patienten mit zweihundert Gesunden verglichen wurden, zeigte, daß die Krebskranken gefühlsmäßig langsamer reagierten und keiner Gefühlsausbrüche fähig waren.
Dr. Sydney Margolin von der Universität Colorado hat festgestellt, daß die Siouxindianer, die er als Menschen beschreibt, welche ihren Gefühlen freien Lauf lassen, fast nie an Krebs erkranken. Und Untersuchungen in verschiedenen Kulturen haben gezeigt, daß in Ländern mit hoher Krebssterbeziffer Gefühlsunterdrückung die Regel ist.

### *Gefühlsunterdrückung und emotionelles «Aufgeben»*

Nach Ansicht von Dr. C. B. Bahnson, Professor für Psychiatrie am Medizinischen Institut Jefferson in Philadelphia, bewirken Gefühle an sich zwar keinen Krebs, können aber Voraussetzung für die Entwicklung bösartiger Zellen sein. «Beim Eintreten eines Verlustes», schreibt er, «neigen diese krebsanfälligen Patienten dazu, den Verlust zu verdrängen, statt die typische Katharsis einer Trauer zu erleiden, nehmen eine betont optimistische Haltung ein und leben weiter, als wäre überhaupt nichts passiert. Trauer und Schmerz, die sich nicht äußern können, werden ins Zentralnervensystem gezwängt, das seinerseits die Körperhormone und die Immunitätsreaktionen in einer Weise beeinflußt, die eine Entwicklung von Krebs ermöglicht.»

Im Verlauf eines umfangreichen, dem Leib-Seele-Problem gewidmeten Forschungsprogrammes der Universität Rochester haben die Ärzte George L. Engel und Arthur Schmale entdeckt, daß viele wegen einer körperlichen Krankheit hospitalisierten Patienten kurz vor ihrer Krankheit mit seelischen Schwierigkeiten zu kämpfen gehabt hatten.

In den meisten dieser Fälle hatten die Patienten mit einem Gefühl von Verzweiflung und Mutlosigkeit aufgegeben. Wie es einer von ihnen formulierte: «Es war ganz einfach zu viel. Ich habe es nicht mehr ausgehalten.» Das Gefühl der Hilflosigkeit war in der Regel auf den Verlust oder den drohenden Verlust eines dem Patienten nahestehenden Menschen oder einer ihm wichtigen Angelegenheit gefolgt: Ehepartner, Elternteil, Kind, Heim, Job oder geplante Karriere.

Aus den Tausenden von Patientenbefragungen der Rochester-Studie ergibt sich klar, daß ein Mensch, der auf wesentliche einschneidende Ereignisse in seinem Leben mit einem Gefühl von Hilflosigkeit und Hoffnungslosigkeit reagiert oder ganz einfach aufgibt, bei sich in irgendeiner Weise eine biologische Veränderung auslöst, welche die Entwicklung einer latenten Krankheit begünstigt. In einer der Untersuchungen kamen Dr. Schmale und sein Kollege Dr. Howard P. Iker zum Schluß, daß sie aufgrund der psychologischen Tests mit einundfünfzig Frauen, die wegen einer Gebärmutterhalsbiopsie ins Medizinische Institut gekommen waren, mit fünfundsiebzigprozentiger Sicherheit Krebs voraussagen konnten. Bei allen war ein Papanicolaou-Abstrich gemacht worden, und es bestand Verdacht auf Bösartigkeit. Die beiden Ärzte sagten voraus, daß achtzehn der Frauen, die auf Ereignisse, die ihnen unlängst widerfahren waren, mit einem Gefühl der Hilflosigkeit reagiert hatten, Krebs haben würden. Und von den achtzehn hatten elf wirklich Krebs. Von den dreiunddreißig als krebsfrei bezeichneten Frauen hatten fünfundzwanzig keinen Krebs.

Solche Entdeckungen erklärt Dr. Schmale folgendermaßen:

«Der Mensch steht auf vielen Organisationsebenen in dauernder Wechselbeziehung zu seinen vielen Umwelten — von der subzellularen und biochemischen bis zur äußersten und peripheren, der Familie, der Arbeit und jetzt auch noch zur ganzen Welt. Wir behaupten, daß ein Mensch, der seelisch aufgibt, die Kontinuität seiner Beziehung zu sich und seinen vielen Umwelts- und Organisationsebenen abbricht. Durch diesen Bruch oder durch diesen Verlust der Kontinuität wird er verwundbarer für die krankmachenden Einflüsse seiner Umwelt und/oder er wird durch das Abgeschnittensein von seiner äußeren Umwelt für innere Störungen anfälliger. Es besteht also die große Wahrscheinlichkeit, daß er bei derartigen Trennungen und bei verstärkter Verletzlichkeit eher krank wird.»
Und Dr. Engel hebt hervor, daß nicht die Größe des Ereignisses, sondern die Art der Reaktion des Betroffenen über Sein oder Nichtsein entscheidet. Ein anscheinend belangloser Vorfall, wie der Verlust eines geliebten Haustieres, gibt dem einen den Rest, während ein anderer sich auch vom Verlust der Familie, des Heims und des Arbeitsplatzes nicht umwerfen läßt.

### *Persönlichkeitstyp und Krankheit*

Einige Forscher haben die Hypothese vertreten, daß spezielle Persönlichkeitstypen zu speziellen Krankheiten neigen.
So sehen sie zum Beispiel den an typischer primärchronischer Polyarthritis Leidenden als einen Menschen, der mit seinen Aggressionen und feindseligen Gefühlen nicht richtig umgehen kann, sie unterdrückt, sehr selbstbeherrscht ist, aber zugleich auch über seine Nächsten eine Art wohlwollender Tyrannei ausübt. Die Polyarthritis wird ausgelöst durch den «Verlust eines Untertanen».
Asthmatiker gehören in eine andere Kategorie. Nach Ansicht der Chicagoer Schule haben sie als Kinder das Weinen unterdrückt, aus Angst — vor allem von ihrer Mutter — zurückgewiesen zu werden. Der stets unterdrückte Wunsch zu weinen, mit dem sie heranwuchsen, kann sich sehr wohl in unterdrückter Atmung, eben dem Asthma, äußern.

Der Patient, der unter Bluthochdruck leidet, ist nach Ansicht der Forscher aus Chicago oft einer, der seine Wut in sich hineinfrißt, sich nicht behaupten kann, sich zu viel Verantwortung auflädt, wie ein Sklave schuftet, voller Ressentiment ist und in einem steten Spannungszustand lebt.
Die Hypothesen der Forscher aus Chicago sind jedoch nicht mehr so allgemein akzeptiert wie einst. Vieles scheint heute unhaltbar, da die Medizin neue Erkenntnisse gewonnen hat. So war zum Beispiel das Team der Meinung, daß die unterdrückte Feindseligkeit des Polyarthritis-Patienten in den Muskeln der Gelenke erhöhte Spannung bewirke, was zur arthritischen Schädigung führe. Wir wissen heute jedoch, daß die Muskelspannung tatsächlich von der schmerzhaften Gelenkentzündung stammt.
Anderseits ist in jüngsten Jahren eine andere Krankheit, die vom Chicago-Team nicht zu den persönlichkeitsgebundenen Krankheiten gerechnet wurde, Gegenstand beträchtlichen Interesses geworden. Wir sprechen von der Erkrankung der Herzkranzarterien. Eine Reihe von Studien ist zum Schluß gekommen, daß eine Verengung der Koronararterien, eine Vorbotin von Herzanfällen, bei Menschen mit einer bestimmten Persönlichkeitskonstellation häufiger auftritt als bei andern Leuten. Wir wollen diesen Charaktertyp Typ A nennen, und zu seinen Hauptmerkmalen gehören exzessives Pflichtgefühl, das Einhalten von Terminen, eine gehetzte Sprechweise und große Ungeduld. Typ A ist derart aggressiv, daß er nicht einmal mit seinen Kindern spielen kann, ohne unbedingt gewinnen zu wollen. Er liebt über alles den Wettbewerb mit seinen Mitarbeitern und zieht den Respekt für seine Persönlichkeit ihrer Sympathie bei weitem vor. Einer der außergewöhnlichsten Charakterzüge des Menschen vom Typ A ist jedoch seine Unzufriedenheit mit seinen Leistungen und sein Bedürfnis, in kürzester Zeit so viel wie möglich zu erreichen. Der Extremfall des Typs A schreckt bei diesem Versuch auch nicht vor der eigenen Lächerlichkeit zurück. Dr. Friedmann, Kardiologe in San Francisco, der die Studien über die A-Persönlichkeiten leitete, schreibt: «Einige der Testpersonen machen offensichtlich einen Sport daraus, sich mit dem elektrischen Rasierapparat den Bart zu schaben, während sie auf dem Klo sitzen und den Finanzteil der Zeitung studieren. Ein Proband erklärte mir, er habe schon

zehn verschiedene Elektrorasierapparate gekauft, um herauszufinden, mit welchem es am schnellsten gehe. Ein anderer benutzte zwei Apparate zugleich, um in der Hälfte der normalen Zeit fertig zu sein.»

Der Mensch vom Typ B ist ebenso seriös, aber er nimmt die Sache leichter, genießt die Muße und läßt sich von Terminen nicht drängen. Auch er kann ehrgeizig sein, aber zum Unterschied vom Typ A ist er es auf eine vernünftige, ruhige Weise. Man kommt mit ihm besser aus, und er läßt sich nicht so leicht aus der Ruhe bringen.

In einer der vielen von Dr. Friedmann durchgeführten Untersuchungen, die beweisen sollten, daß die zum Typ A gehörenden Menschen eine Neigung zu Herzkrankheiten hätten, wurden 3500 Männer zwischen 39 und 59 Jahren, die keinerlei Anzeichen von Herzkrankheiten zeigten, befragt und als Typ A oder B klassifiziert. Vier Jahre später hatten 52 den ersten Herzinfarkt hinter sich und achtzehn den ersten Angina-pectoris-Anfall, der ein Beweis ist für verengte Herzkranzgefäße. Die Zahl der von dieser Krankheit befallenen Männer war beim Typ A dreimal größer als beim Typ B. Einige Jahre später litten 257 an Koronarerkrankung. 70 % dieser Männer gehörten zum Typ A.

Eine analoge Untersuchung bei Frauen — die meisten, aber nicht alle der Frauen vom Typ A arbeiteten in der Industrie oder in freien und akademischen Berufen und die meisten, aber nicht alle der Frauen vom Typ B waren Hausfrauen — zeigte, daß 19 % der Frauen vom Typ A unter Koronararterienerkrankungen litten und nur 4 % vom Typ B.

## *Streßwirkungen*

Menschen vom Typ A produzieren zu einem großen Teil ihren Streß selber. Verschiedene Studien haben gezeigt, daß, hausgemacht oder nicht, jeder Streß körperliche Auswirkungen hat.

Streß ist die unwillkürliche Reaktion des menschlichen Körpers auf die Anforderungen des Lebens, auf wirkliche oder eingebildete Gefahren, die dieses bedrohen. Der Mensch der Steinzeit brauchte diese unreflektierten Sofortmaßnahmen, um überleben zu können. Sie riefen alle physischen Kräfte

wach, um der Bedrohung zu begegnen. Wenn der Mensch der Steinzeit plötzlich ein wildes Tier traf, mußte er entweder fliehen oder kämpfen, und für beides brauchte er zusätzliche Kraft. Sein Organismus paßte sich augenblicklich der Situation an, indem er, auf den Streß reagierend, aus den Nebennieren mehr Hormone ins Blut ausschüttete, den Pulsschlag und die Atmung beschleunigte, den Blutdruck steigen ließ, aus Zucker und Fettdepots Energie gewann und sie den Muskeln und dem Gehirn zuführte und den Verdauungsprozeß bremste, damit keine Energie verschwendet wurde.
Obschon der Mensch unserer Zeit selten in eine Lage kommt, in der er fliehen oder kämpfen muß, verfügt sein Körper über dieselben alten Mechanismen, und Angst, Furcht und Wut können sie auslösen. Wenn er seinen Job bedroht sieht, wenn er es eilig hat und in eine Verkehrsstokkung gerät, wenn Frau und Kinder ihn ärgern, schießt Adrenalin ins Blut, und es kommt zu Streß. Leider kann er aber die überschüssige Energie nicht loswerden, und so staut sie sich auf. Und wenn er so unter Dauerstreß steht, dann zahlt er mit seinem Organismus drauf. Lebenswichtige Körperorgane werden angegriffen, und er wird krank.
Die ausführliche Darstellung des krankmachenden Streß verdanken wir Dr. Hans Seyle, dem Leiter des Instituts für experimentelle Medizin und Chirurgie der Universität Montreal, der in Laborversuchen Tiere den verschiedensten Streßsituationen aussetzte: extremen Temperaturen, unerträglichem Lärm, frustrierenden Situationen, wie zum Beispiel an allen vieren auf einem Brett festgebunden werden. Die Art des Streß spielte keine Rolle, es kam auf die Dauer an. Dauerte der Streß lange genug, so führte er unweigerlich zum Tod. Bei der Autopsie ergab sich, daß die Tiere vergrößerte Nebennieren, Magengeschwüre und beschädigte Organe hatten.
Nach Dr. Seyle verläuft der Streß in drei Stufen. Die erste ist die Alarmstufe, wobei der Körper auf physische oder emotionelle Bedrohung , wie zum Beispiel nervöse Spannung, reagiert. Hierauf folgt Stufe zwei, bei der Hormone ausgeschüttet und alle Energien mobilisiert werden, damit der Körper mit der Streßsituation fertig wird. Das bedeutet aber, über seine Verhältnisse leben. Wird dieser Zustand längere Zeit aufrechterhalten, so folgt die dritte Stufe, Erschöpfung,

und eines oder gar mehrere Organe werden in Mitleidenschaft gezogen.
Seit Seyle im Jahr 1950 seine Theorie exemplifizierte, wurde eine Fülle von Material gesammelt, das beweist, wie Streß, und vor allem der emotionelle Streß, besonders bei der Entstehung der Krankheiten der Herzkranzgefäße eine bedeutende Rolle spielt. Dies geschieht einmal durch Erhöhung des Cholesterinspiegels im Blut, was als wesentlicher Risikofaktor für die Erkrankung der Herzkranzgefäße angesehen wird. Untersuchungen haben gezeigt, daß Studenten vor dem Schlußexamen oder Steuerbeamte, die kurz vor Versendung der Steuerbescheide unter Druck stehen, während dieser Periode einen höheren Cholesterinspiegel als zu andern Zeiten haben. Studien beim Luftwaffenpersonal zeigten während Streßperioden höhere Cholesterinwerte als zu normalen Zeiten. Bei Matrosen, die zu Unterwasserbombenspezialisten ausgebildet wurden, zeigte sich immer dann, wenn sie wütend, deprimiert oder verängstigt waren, ein erhöhter Cholesterinspiegel.
Hoher Blutdruck, Übergewicht, fehlende Bewegung, Zigarettenrauchen und Diabetes stehen unter den Risikofaktoren für eine Erkrankung der Herzkranzgefäße ebenfalls ganz weit oben. «Man darf ja nicht vergessen», sagt der Kardiologe und Forscher Russek, «daß seelische Spannungen, wie alle Weisen wissen, zu zwanghaftem Essen, Trinken und Rauchen führen können und daß viele Menschen sich damit über ihre Ängste hinwegtrösten. Dazu kommt, daß diese Völlerei häufig Müdigkeit begünstigt, was den Zeitdruck verstärkt und die Motivation abschwächt und so einen Vorwand schafft, um sich von den täglichen Leibesübungen zu drücken. Nervöse Spannungen beruflichen, sozialen, kulturellen oder familiären Ursprungs erhöhen bekanntlich den Blutdruck, verstärken die Neigung zu Fettleibigkeit, führen zu exzessivem Rauchen und zu Abneigung vor Gymnastik, begünstigen Hypercholesterinämie (übermäßiger Cholesteringehalt des Blutes) und verschlimmern via Psyche Diabetes. Schon diese indirekten Effekte von emotionellem Streß, von den andern einmal ganz abgesehen, verleihen diesem Faktor eine bedeutsame Stellung bei der Erkrankung der Koronararterien.»
Dieses Buch beabsichtigt mit keiner Zeile, den Einfluß der

Seele auf die Krankheit, auf viele Arten von Krankheiten, zu leugnen. Es ist auch nicht unsere Absicht, die Bedeutung von konstruktiven Methoden der Behandlung potentiell bedrohlicher emotioneller Einflüsse und Verhaltensweisen herabzumindern.
Es ist sicher keine einfache Sache, Persönlichkeit und Verhalten eines Menschen zu verändern. Aber uns scheint, daß einem Menschen vom Typ A schon sehr geholfen wäre, wenn er ab und zu mal Pause machen und damit aufhören würde, sein Leben mit Aktivitäten vollzustopfen. Streß ist unvermeidlich — ein wesentlicher Bestandteil des Lebens. Extreme Fälle vom Typ A komplizieren aber die Dinge, indem sie ihrem Leben einen Extrastreß hinzufügen. Jedermann kommt von Zeit zu Zeit in eine Streßsituation, und das schadet auch niemandem. Gefährlich wird es erst, wenn der Streß dauert und nicht abgebaut werden kann.
Nur wenige Glückspilze haben die Fähigkeit, selbst extreme Streßsituationen zu meistern, indem sie diese nicht ganz so ernst nehmen. Wem diese Gabe fehlt, der wird gut daran tun, einen frustrierenden Job aufzugeben und sich nach einem besseren umzusehen, so hart ihn das auch ankommen mag. Besser eine schmerzliche Trennung als Invalidität oder tödliche Krankheit.
Es gibt viele Möglichkeiten, mit dem Streß besser fertig zu werden. Dr. Seyle erinnert sich, daß «ich einmal, ich war ungefähr sechs, ganz erbärmlich geschrien habe. An den Grund des frühen Leids kann ich mich nicht mehr erinnern. Ich weiß nur, daß meine Großmutter, eine mitfühlende und weise Frau, mir den Rat gab: ‹Geh zum Spiegel und lächle. Bald wird der ganze Bub lachen.› Merkwürdigerweise geschah genau das. Und es tat weniger weh, als wenn ich den Kopf gegen die Wand geschlagen hätte.»
Auch Ablenkung kann eine sehr gute Medizin sein: Lesen, Musik hören, ins Kino gehen, eine Fernsehsendung anschauen, es hilft eigentlich alles, was die Gedanken vom Streßproblem ablenkt, auch wenn's nur zeitweilig geschieht. Seit Jahren schon wissen kluge Ärzte, daß Gymnastik und körperliche Bewegung nervöse Spannungen reduzieren und von Erregungen und aufreibender geistiger Arbeit ablenken. Ein berühmter Herzspezialist pflegte zu sagen: «Sich körperlich müde zu machen, ist das beste Mittel gegen geistige

Hochspannung. Ich für mein Teil halte mir nervöse Spannungen und Streß durch tägliche Gymnastik vom Leibe.»

### *Das Somatopsychische*

Genau wie emotionelle Schwierigkeiten und Störungen sich häufig direkt in körperlichen Krankheiten äußern, können auch, wie wir zeigen wollen, körperliche Störungen, seien sie nun offensichtlich oder nicht, emotionelle Störungen und abwegiges Verhalten bewirken.

«Somatopsychisch» ist keine Neuprägung. Man findet das Wort in medizinischen Wörterbüchern, wo es definiert wird als «in bezug auf das Leib-Seele-Problem; Wirkungen des Körpers auf Seele und Geist.»

Aber während «psychosomatisch» längst ein gängiges Wort geworden ist, blieb für die meisten Menschen «somatopsychisch» ein Fremdwort.

Dabei ist es doch ganz klar, daß wenn Seele und Körper ein Ganzes bilden, die Seele nicht nur den Körper, sondern auch der Körper die Seele beeinflussen kann.

Diesen Zusammenhang begreift jeder, der einmal einen Stockschnupfen gehabt hat und dabei feststellen mußte, daß er nicht nur eine laufende Nase hatte und aus dem Husten und Niesen nicht herauskam, sondern daß er auch reizbar und schwarzseherisch war.

Man weiß schon seit langem — heutzutage weiß man es ganz sicher — daß sich Symptome von Geistesgestörtheit entwickeln können, wenn ein Leiden das Gehirn und seine hochkomplizierten Funktionen stört, und man weiß, daß körperliche Krankheiten solche Folgen haben können.

Vor den Tagen des Penicillin war Neurosyphilis ein Hauptgrund für die Einweisung in eine Irrenanstalt. Die fortschreitende Krankheit führte zu Persönlichkeitsveränderungen, unverantwortlichem Verhalten, Vernachlässigung der Person, Gedächtnisstörungen und Konzentrationsschwierigkeiten. Zu weit fortgeschritten, führte die Krankheit zum Wahnsinn. Pellagra, eine einfache Mangeldiätkrankheit (es fehlt an Niacin, einem B-Vitamin), führte früher zu bizarrem Verhalten. Unter den ersten in den Vereinigten Staaten erkannten Fällen befanden sich viele in Irrenhäusern — delirierend, halluzinierend, psychotisch. Auch die Bruzellose, eine Infektionskrankheit, die durch in roher Milch vorkommende Mikroorganismen übertragen wird, war früher verantwortlich für viele Fälle von emotioneller Instabilität, schwerer Depression und Erregbarkeit.

Verhaltensstörungen auf organischer Basis können aber, wie wir wissen, auch andere Ursachen haben. Ein Beispiel: Als in den frühen fünfziger Jahren die Hormone ACTH und Cortison auf den Markt kamen und zur Behandlung von Arthritis und anderen Krankheiten verwendet wurden, waren die Nebenwirkungen nicht zu übersehen. Patienten, denen hohe Dosen verabreicht wurden, zeigten alle Varianten psychotischen Verhaltens, eine Komplikation, die heute, da die Dosierungen genauer sind, nur noch selten auftritt.

Allgemein bekannt ist, daß Drogen, wie Alkohol, LSD und Amphetamine, psychotische Reaktionen bewirken können. Es gilt heute als gesichert, daß viele körperliche Störungen zu geistigen Störungen werden können. Es kann sich hierbei um körperliche Verletzungen oder Krankheiten handeln oder auch um die eine oder die andere Therapie, die zur Heilung der betreffenden Krankheit angewendet wird; um Mangeldiät oder falsche Ernährung; und unter vielen andern Störungen auch um Schlafstörungen.

In der Tat nimmt die Zahl der erkannten körperlichen Krankheiten dauernd zu, die Verhaltensstörungen und seelische Schwierigkeiten mit sich bringen, anscheinend geistige Störungen, die oft das erste oder das einzige Anzeichen einer nicht diagnostizierten körperlichen Krankheit sind. Es ist aber auch klar geworden, daß seit Jahr und Tag, und bis heute, nur allzuoft die körperlichen Verursacher dieser Störungen, die somatopsychischen Einflüsse, übersehen werden, und bei manchen Ärzten und ebenso bei den Patienten besteht die Tendenz, vorschnell zum Schluß zu kommen, daß «alles nur Einbildung ist».

Schon im Jahr 1936 stellte ein Forscher, der 100 Patienten untersuchte, welche als Neurotiker bezeichnet worden waren, fest, daß vierundzwanzig von ihnen acht Monate nach der Diagnose «Neurose» körperlich schwer erkrankten. Er wies darauf hin, daß es wichtig sei zu wissen, daß gestörtes Verhalten und neurotische Symptome oft die Vorboten einer schweren körperlichen Krankheit sein können.

Ein Dutzend Jahre später entdeckte ein anderer Forscher, daß 44 Prozent von einer Reihe von Patienten, die in eine Heilanstalt eingewiesen worden waren, körperliche Krankheiten hatten.

In den sechziger Jahren erschien eine Anzahl von Studien, aus denen hervorging, daß Symptome von Geistesgestörtheit nicht spezifisch sind, nicht beschränkt auf Geistesgestörte, sondern auch bei normalen körperlichen Krankheiten auftreten. In einer dieser Studien, die 209 Psychiatriepatienten umfaßte, wurde festgestellt, daß die Hälfte körperliche Krankheiten hatte. Ungeachtet früherer medizinischer Untersuchungen litten fünf Prozent der Patienten an körperlichen Krankheiten, die ganz klar «kausal» für ihre seelischen Störungen verantwortlich waren. Einundzwanzig Prozent hatten Krankheiten, die als «gleichzeitig vorhanden» und «offensichtlich beitragend» zur Entwicklung der seelischen Störungen bezeichnet wurden. Acht Prozent entwickelten körperliche Störungen, die «offensichtlich» entweder von der seelischen Krankheit stammten oder von deren Behandlung. Und von den übrigen Patienten litten 34 % unter Krankheiten, die nähere Prüfung erforderten.

In einer andern Studie wurde festgestellt, daß 42 % der Psychiatriepatienten unter körperlichen Krankheiten litten, die ihre geistigen Störungen hervorgerufen hatten.

Einer dritten Arbeit war zu entnehmen, daß sich bei der genauen körperlichen Untersuchung von 250 Patienten, die in eine psychiatrische Abteilung überwiesen worden waren, herausstellte, daß 12 % körperliche Krankheiten hatten, die für ihre seelischen Störungen verantwortlich waren, und daß die meisten dieser Krankheiten vom behandelnden Arzt glatt übersehen worden waren.

Nach einer vierten Studie waren 67 von 200 stationären Psychiatriepatienten, die allesamt gründlich untersucht worden waren, körperlich krank, siebzig Prozent der Krankheiten waren schwerer Natur und 49 Prozent davon vorher weder dem Patienten noch dem Arzt bekannt gewesen.

Es gibt auch eine Fülle von Fallstudien, die ausdrücklich davor warnen, leichtfertig etwas für eine seelische Störung zu halten, bloß weil es auf den ersten Blick so aussieht. Eine davon, aus dem Jahr 1974, berichtet von einem Patienten, der über Doppeltsehen klagte, über Schwierigkeiten beim

Schlucken und Sprechen und Atmen und über allgemeine Müdigkeit. Viele Ärzte hielten die Symptome für psychosomatischer Natur, bevor die Diagnose auf Botulismus, die potentiell tödliche Nahrungsmittelvergiftung, gestellt wurde.
Eine Studie aus dem Jahr 1976 berichtet von drei Patienten mit Verhaltensstörungen, aufgrund derer sie als Geisteskranke betrachtet und auch entsprechend behandelt wurden, bis die Symptome einer entzündlichen Viruserkrankung des Gehirns sich zeigten und es klar war, daß sie eben körperlich und nicht geistig krank waren.
In einer neueren Studie von Dr. Richard C. W. Hall vom Medizinischen Institut der Universität Texas und Dr. Michael K. Popkin vom Medizinischen Institut der Universität von Minnesota wurden 658 geistig gestörte ambulante Patienten untersucht, und bei 9,1 Prozent wurde eine körperliche Krankheit festgestellt, die absolut oder höchstwahrscheinlich verantwortlich war für ihre Geistesgestörtheit. Bei diesen eher körperlich als geistig kranken Menschen waren Depression, Angst, Schlafstörungen, Appetitlosigkeit, Verminderung der Konzentrationsfähigkeit, gestörtes Kurzzeitgedächtnis, Sprachschwierigkeiten oder Veränderung der Sprechweise, Halluzinationen (des Sehens und des Hörens oder beides) und Persönlichkeitsveränderungen die charakteristischsten Befunde. Und bei diesen Patienten gehörten zu den häufigsten Ursachen ihrer geistigen Störungen Herz- und Blutgefäßkrankheiten, endokrine Drüsenstörungen, Infektionen, Magen- und Darmkrankheiten, Blut-Erkrankungen, Krankheiten des Zentralnervensystems und Krebs.
Was den Forschern besonders bemerkenswert erschien, war, daß 28 Prozent dieser Patienten als Psychotiker eingestuft worden waren. «Eine solche Diagnose bedeutet medikamentöse Behandlung über Jahre, potentielle Einweisung in eine Irrenanstalt und die Möglichkeit einer Änderung des gesetzlichen Status des Patienten. Fehldiagnosen und die Etikettierung von körperlich kranken Patienten als Geistesgestörte reduzieren die Chancen einer Heilung und können die Krankheit sehr wohl verschlimmern. Eine adäquate körperliche Untersuchung andererseits ist sowohl für den Arzt als auch für den Patienten beruhigend.»

## 3. Ist es wirklich eine seelische Depression?

Er war ein Akademiker Ende Dreißig und litt unter Symptomen, die ihm Angst machten: Schmerzen in der Brust, die ihn an eine Herzkrankheit denken ließen; häufige Kopfschmerzen aus heiterem Himmel, die auf die gängigen Medikamente nicht ansprachen; Appetitmangel und Schlafstörungen. Er suchte einen Arzt auf, aber eine gründliche körperliche Untersuchung ergab nichts. Laboratoriumstests lieferten auch keine Hinweise. Der Arzt fand jedoch heraus, daß diese Symptome keineswegs neu waren. Sie waren früher schon mehrfach aufgetreten, jedesmal intensiver und länger und immer verbunden mit einem Gefühl von Niedergeschlagenheit und Hilflosigkeit.
Diagnose: Depression.
Eine junge Hausfrau beschwerte sich über unüberwindliche Müdigkeit und konstante Beschwerden im Unterbauch. Auch in ihrem Fall ergaben körperliche Untersuchungen und Labortests keine organische Ursache. Dem Arzt fiel auf, daß sie in sich gekehrt, passiv und lethargisch war, und er fand heraus, daß sie vor einigen Monaten ihre Mutter verloren hatte und die Symptome kurz nach dem Tod der Mutter aufgetreten waren. Diagnose: Depression.
Die Behandlung, die diesen beiden Patienten Heilung brachte, war keine Symptombehandlung, sondern richtete sich direkt gegen die Depression, die die Symptome produzierte.
Sie illustrieren nur einen Aspekt der Depression. Es gibt aber auch noch einen andern, den wir an einer Frau sehen können, die über fünfzehn Jahre während ihren schweren, oft mit Selbstmordversuchen verbundenen depressiven Phasen mit Antidepressiva und Elektroschocks behandelt worden war. Erst als sie schließlich an die Forschungsabteilung der psychiatrischen Klinik und des psychiatrischen Instituts der medizinischen Fakultät der Universität überwiesen wurde, entdeckten die Ärzte nach langwierigen Untersuchungen, daß sie an Nebenschilddrüsenüberfunktion litt. Nach-

dem die Überfunktion behandelt worden war, ließ auch die Depression nach.

Die körperliche Ursache für ihre anscheinend seelischen Störungen war für das Institut nichts Neues. Der Leiter des Institutes und seine Kollegen haben nämlich bei der Untersuchung von Patienten, die so schwer depressiv waren, daß ihre Hospitalisierung unumgänglich war, herausgefunden, daß zehn Prozent von ihnen an rein organischen oder an gleichzeitig neben der seelischen Störung vorhandenen Krankheiten litten.

Auch andere Studien zeigen, daß körperliche Erkrankungen — die Liste ist ganz schön lang — die Ursache für scheinbar rein psychogene Depressionen sein können. Ein Übersehen dieser Störungen bedeutet nutzlose Behandlung, Verschwendung von Zeit und Geld und manchmal Schlimmeres.

Depression verdient ein genaues Hinsehen und ein wesentliches Verständnis. Sie ist ein Hauptproblem und ein verwirrendes dazu, und sie ist unter den seelischen Erkrankungen so weit verbreitet, daß man sie den «Schnupfen» unter den geistigen Störungen genannt hat. Den Schätzungen des Amerikanischen Instituts für Geistige Gesundheit zufolge leiden pro Jahr acht Millionen Amerikaner an Depressionen, die eine ärztliche Behandlung erfordern.

Natürlich haben alle von uns ihre Hochs und Tiefs und kennen Tage, an denen wir uns niedergedrückt fühlen und andere Tage, wo wir die Welt aus den Angeln heben möchten. In der Regel sind die gewöhnlichen Tiefs kurz und verschwinden rasch wieder. Es gibt für sie die verschiedensten Ursachen, so zum Beispiel das Wetter, Ernüchterung nach den Ferien, zu wenig Schlaf, zu viel Arbeit und knappe Termine.

Depression ist aber etwas ganz anderes: kein rasch vorübergehendes «Tief», sondern eher ein anhaltender, chronischer Stimmungswechsel, eine ausgeprägte Niedergeschlagenheit. Sie kann sich in emotionellen und körperlichen Anzeichen äußern und auch im Verhalten. Charakteristisch für diesen Zustand sind: Trauer, Melancholie, Hilflosigkeit, Verdüsterung, Entmutigung, Ekel, Hoffnungslosigkeit. Ehemals angenehme Tätigkeiten — Sport, Spiele, Hobbys — interessieren den Depressiven nicht mehr. Die Freude an der Familie

und an Freunden läßt nach. Ein schwer Depressiver hat das schreckliche Gefühl, daß ihn nichts und niemand mehr interessiert.
Was das Verhalten anbetrifft, so sehen wir Reizbarkeit, Konzentrationsschwierigkeiten, Gedächtnisschwund, Nachlassen des Geschlechtstriebs, langsames oder verwirrtes Denken, übertriebene Reaktion auf geringfügige Störungen, Unfähigkeit, einen Entschluß zu fassen, Widerwillen, am Morgen überhaupt aufzustehen, Selbstvorwürfe und Schuldgefühle. Depression ist oft auch mit Angst verbunden, was die Sache verschlimmert, und die Nervosität ist bisweilen so stark, daß der Patient nicht mehr bequem sitzen oder liegen kann.
Dazu können auch noch körperliche Symptome kommen: Appetitverlust, Gewichtsverlust, Schlaflosigkeit oder unruhiger Schlaf, Kopfschmerzen, Schwindel, Verdauungsstörung, Müdigkeit, Schwäche, Schwitzen, Kältegefühl und Kribbeln in Händen und Füßen. Natürlich hat einer allein nicht alle diese Symptome zusammen. Manche Patienten haben wenige, aber sehr intensive Symptome, andere wieder eine Vielzahl, von denen aber die meisten weniger heftig sind.
Eine häufige Ursache der Verwechslung mit seelisch bedingten Depressionen sind die körperlichen Symptome der Depression.
Die Depression wurde «die große Schauspielerin» genannt, weil die körperlichen Symptome Gemütslage und verändertes Verhalten oft verdecken. In der Regel nehmen die körperlichen Symptome das Interesse so gefangen, daß anderen Hinweisen kein Augenmerk geschenkt wird oder daß man sie für Folgen der körperlichen Störungen hält. Und der Patient, der einen Arzt aufsucht, wird in der Regel ebenfalls seine körperlichen Beschwerden im Detail aufzählen und die andern nicht erwähnen.
Wenn der Patient die Bedeutung von Stimmungswechseln und verändertem Verhalten nicht kennt oder der Arzt es unterläßt, auf sie zu achten und nach ihnen zu fragen, werden sinnloserweise Symptome statt der Ursachen behandelt.
Aus einigen Studien wissen wir, daß vom Beginn der Depression bis zu ihrer Diagnostizierung bis zu sechsunddreißig Monate vergehen können, während denen die Patienten

wegen einer anderen Krankheit behandelt werden, wenn sie es überhaupt werden.
Eine neuere Studie umfaßt hundert Patienten, die an der Poliklinik der Universität von Mississippi und im Hospital ärztlich untersucht und als depressiv befunden wurden. Viele von ihnen waren wegen Schlafstörungen mehrmals zu ihrem Hausarzt gegangen, hatten ausdrücklich um Schlafmittel gebeten und sie in fast 100 Prozent der Fälle auch bekommen, wobei die Depression aber übersehen worden war. Viele andere hatten gegen Schmerzen und Beschwerden Analgetika bekommen; einige Mittel gegen Magensäure; wieder andere Mittel gegen Übelkeit und Brechreiz. Als sie in der Poliklinik und im Spital ausführlich befragt wurden, klagten sie über viele andere Symptome, die auf Depression schließen ließen.
Wenn eine Depression auf psychischer Basis klar erkannt worden ist und alle möglichen körperlichen Ursachen ausgeschlossen werden können, ist eine Behandlung in der Regel wirksam.
Es gibt eine Unzahl von Medikamenten mit antidepressiver Wirkung. Sie enthalten Wirkstoffe wie Imipramin (Handelsbezeichnung Tofranil), Desipramin (Handelsbezeichnung Norpramin), Protriptylin (Handelsbezeichnung Vivactil), Nortriptylin (Handelsbezeichnung Aventyl), Doxepin (Handelsbezeichnung Sinequan) und Amitriptylin plus Perphenazin (Handelsbezeichnung Elavil und Etrafon.) Die meisten Antidepressiva brauchen ungefähr drei Wochen, bevor sie zu wirken beginnen, und dann noch einige Wochen, bis sie ihre volle Wirksamkeit entfalten. Nebenwirkungen sind in der Regel eher lästig als gefährlich. Die häufigsten sind Mundtrockenheit und leichte Verstopfung. In den ersten Tagen mag auch Schläfrigkeit auftreten, und ab und zu kann es einem Patienten für kurze Zeit ganz absonderlich zumute sein. Wenn die Nebenwirkungen aber sehr störend werden, empfiehlt es sich, ein anderes Mittel zu wählen, das im einzelnen Fall die Depression mit weniger, weniger lästigen oder gar keinen unerwünschten Nebenwirkungen beseitigt.
Wenn die Symptome der Depression — eingeschlossen die körperlichen — verschwunden sind, soll die Einnahme des Antidepressivums stufenweise reduziert und dann eingestellt werden.

Es gibt eine depressive Erkrankung, die manisch oder bipolar genannt wird, bei welcher wiederkehrende Anfälle schwerer Depression mit Perioden von Hochgestimmtheit alternieren, die sich in manchen Fällen in Brandreden und auffälligen Taten äußern oder dem Gefühl, man könne nichts Falsches unternehmen.
Ein relativ neues Medikament, Lithiumkarbonat, ist beim manisch-depressiven Irresein oft heilsam und hindert das Wiederkehren sowohl der manischen als auch der depressiven Phase.

### *Somatopsychische Depression*

Ein Verlust — der Tod eines geliebten Menschen, der Verlust des Arbeitsplatzes, ein finanzieller Rückschlag zum Beispiel mag eine Depression auslösen. Und eine Depression, die durch ein solch äußerliches Ereignis bewirkt wird, nennt man *reaktiv* oder *exogen.* Eine andere Art, die *endogene,* kommt von innen, von einem inneren Geschehnis. Ein Mensch hat ganz plötzlich das Gefühl, daß er im Leben versagt hat. Dieses Gefühl muß gar keinen realen (logischen) Grund haben, aber der Patient, der sich in einem solchen Lichte sieht, wird seine Selbstachtung und sein Selbstvertrauen verlieren. Und nun türmen sich Angelegenheiten, die früher wie selbstverständlich erledigt wurden — der tägliche Kram, Familienprobleme, soziale Schwierigkeiten, finanzielle Probleme — plötzlich zu unüberwindlichen Hindernissen auf.
Depressionen können auch kombiniert auftreten, sowohl endogen als exogen. Nach Ansicht mehrerer Wissenschaftler müssen interne oder endogene Faktoren für verlängerte Depressionen verantwortlich sein, da ja die meisten Leute beim Tod eines lieben Nächsten oder bei einem andern schweren Verlust Kummer und Schmerz empfinden, aber nach einer gewissen Trauerzeit wieder Auftrieb bekommen und Freude am Leben haben. Einige Wissenschaftler glauben auch, daß die unbekannten inneren Geschehnisse, die zu endogenen Depressionen führen, sehr wohl biochemischer Natur sein könnten und deshalb eine körperliche (biochemische) Fehlfunktion zur Folge haben.

Von der letzteren Möglichkeit abgesehen, können aber Depressionen auch die Folge von bestimmten — oder, um genau zu sein, klar diagnostizierten — organischen Krankheiten sein. Die Liste körperlicher Krankheiten oder Störungen, die viele oder alle Symptome der depressiven Erkrankung hervorrufen, ist beträchtlich. Sie umfaßt Infektionen wie Gelbsucht, Mononukleose und Grippe; hormonale (glanduläre) Störungen wie die der Schilddrüse, der Nebenschilddrüse und der Nebenniere; Tumore, Blutmangel, Anämie und andere Krankheiten des Blutes. Sie schließt auch Reaktionen auf die Einnahme gewisser Medikamente ein und, ein häufiger Fall, auf orale Kontrazeptiva. Und bei allen diesen Krankheiten kann die Depression nicht nur mit ihnen einhergehen oder auf sie folgen, oft ist sie sogar das erste Anzeichen.

Unter den Patienten einer Heilanstalt für Geisteskranke befanden sich ein 18jähriges Mädchen und ein 23jähriger Mann. Beide litten an schweren Depressionen. Doch im Falle des jungen Mädchens erwies sich die Depression als Folge von Hepatitis contagiosa; beim Mann als Folge von Mononukleose. Die Hepatitis contagiosa und die Mononukleose können einen ähnlichen Verlauf nehmen.

Hepatitis, eine Leberinfektion, bricht plötzlich aus mit Fieber bis zu 39 Grad, Kopfschmerzen, Muskelschmerzen, allgemeiner Schwäche, Müdigkeit, Appetitlosigkeit, Brechreiz beim Anblick von Nahrung, druckempfindlicher Leber und Schmerz- oder Druckgefühl unter den Rippen der rechten Seite. Nach nicht ganz einer Woche tritt Gelbsucht auf (muß aber nicht), mit Erbrechen, Jucken am ganzen Körper, dunklem Urin, und alles das dauert manchmal etwas über zwei Wochen.

Auch Mononukleose, ebenfalls als Drüsenfieber bekannt, kann plötzlich ausbrechen, mit Fieber, Kopfschmerzen, Halsweh, worauf nach einigen Tagen schmerzhafte Schwellungen der Lymphknoten am Hals, manchmal auch unter den Armen und in der Leiste, folgen. Ruhelosigkeit, Schwäche und leichte Ermüdbarkeit sind häufig.

Doch können beide Krankheiten sich auch tückisch und irreführend durch Schwäche, Appetitlosigkeit, schlechte Laune, Pessimismus und Mangel an Ehrgeiz äußern, und nicht selten gehen die Opfer fürs erste einmal zu einem Psychiater.

Beide Krankheiten lassen sich durch Bluttests feststellen. Und obschon es kein spezifisches Medikament gibt, können sie doch, wenn richtig diagnostiziert, durch medizinische Maßnahmen gelindert werden.
Auch Schnupfen ist, wie wir schon erwähnten, eine Viruskrankheit, die während ihrer Dauer Reizbarkeit und Schwarzseherei bewirken kann. Influenza hat eine andere Wirkung auf Seele und Geist. Nach einer Grippe klagen viele Patienten über quälende Schwäche und Depressionen, die sich manchmal bis zu sechs Wochen nach Verschwinden aller Anzeichen der körperlichen Krankheit hinziehen. In einer neueren Studie, die nach einer Grippeepidemie verfaßt wurde, lesen wir, daß ein Viertel der Patienten, die drei Wochen später zur ärztlichen Kontrolle gingen, über Niedergeschlagenheit, Pessimismus, Selbstverachtung, herabgesetzten Geschlechtstrieb, Appetitlosigkeit, Schlafstörungen und fehlenden Ehrgeiz klagten. Quälend, in der Tat, wenn die Ursache nicht bekannt ist — und wenn das tröstliche Wissen fehlt, daß alles bald vorübergehen wird.
Daß endokrine Störungen psychische Störungen bewirken können, wird uns ganz klar werden, wenn wir in Kapitel 8 das Drüsensystem, seine Hauptfunktionen und Fehlfunktionen studieren. Hier wollen wir bloß, ohne ins Detail zu gehen, kurz darauf hinweisen, wie endokrine Störungen Depressionen verursachen können.
Wir erwähnten zu Beginn dieses Kapitels den Fall der Frau mit dem allzulange nicht diagnostizierten Hyperparathyreoidismus. Es kommt bei Überfunktion der Nebenschilddrüsen nicht selten vor, daß diese Krankheit sich über längere Zeit nur als Depression äußert. In ähnlicher Weise kann das erste Anzeichen einer Nebennierenstörung eine Depression sein, manchmal so ernst, daß sie zu Selbstmordgedanken führt. Das gilt auch für die Cushing-Krankheit, bei der zu viele Nebennierenhormone produziert werden. Und es gilt auch für die Addisonsche Krankheit, bei der eine Drüsenunterfunktion statt einer Überfunktion stattfindet. Beide Krankheiten sind, wenn sie richtig diagnostiziert wurden, medizinisch behandelbar.
Zu den häufigsten endokrinen Ursachen geistiger und emotioneller Störungen zählen die Schilddrüsenstörungen. Hypothyreose, die Schilddrüsen-Unterfunktion ist typi-

scherweise verbunden mit Niedergeschlagenheit, Pessimismus und dem Gefühl der eigenen Jämmerlichkeit. Die Krankheit läßt sich relativ leicht beheben, wenn sie richtig erkannt wird, aber leider wird sie oft lange Zeit übersehen. Sie kann auch für andere Verhaltensstörungen verantwortlich sein. Dasselbe trifft für die entgegengesetzte Störung zu, den Hyperthyreoidismus, bei welchem die Drüse zu aktiv ist. Wir werden in Kapitel 8 der Schilddrüse unsere ganze Aufmerksamkeit widmen.

Seit in den fünfziger Jahren die oralen Kontrazeptiva auf den Markt kamen, wissen wir von einer Vielzahl von Nebenwirkungen, die alle eine ungebührliche Publizität erhielten. Es wurde von einem erhöhten Risiko für Schlaganfälle und Koronarthrombosen (Herzattacken) geschrieben, von hohem Blutdruck, Migräne, Verschlimmerung von Krampfadern und Erhöhung des Fettspiegels im Blut. (Ich möchte betonen, daß die ernsteren Nebenwirkungen selten sind. Nichtsdestoweniger erfordert die Pille regelmäßige Überwachung und Kontrolle durch einen Arzt.)

Viel weniger bekannt ist jedoch, daß seelische Depressionen eine der häufigsten Nebenwirkungen der Pille sind und bei fünf Prozent der Frauen auftreten. Warum sollte nun die Pille Depressionen hervorrufen?

Man weiß, daß Stimmungen beeinflußt werden durch die Konzentration spezifischer chemischer Stoffe, der Amine, in gewissen Teilen des Gehirns. Depression hängt zusammen mit einem niedrigen Spiegel dieser Amine, besonders dem des Norepinephrins. Dieses wird aus zwei Verbindungen hergestellt, aus Tyrosin und einer andern mit dem zungenbrecherischen Namen 5-hydroxytryptamin, die aus der Verbindung Tryptophan stammt. Es hat sich herausgestellt, daß orale Kontrazeptiva, die Antibabypillen, die Absorption von Tyrosin und Tryptophan stören, was vermutlich darauf zurückzuführen ist, daß die Pille bei einigen Frauen einen Mangel an Vitamin $B_6$ (Pyridoxin) erzeugt, einem Vitamin, das für die Verarbeitung dieser Verbindung unerläßlich ist. Dr. Frank Wilson, ein Arzt mit großer Erfahrung betreffend die durch die Pille bewirkten Depressionen, beschrieb als erster den heilsamen Effekt der Verabreichung starker Dosen von Vitamin $B_6$. Später haben andere Forscher, inklusive eine Gruppe am St. Mary's Hospital in London unter Professor Victor Wynn, vorsichtige Versuche durchgeführt, die zufriedenstellende Reaktionen bei Frauen zeigten, bei denen durch Tests ein Mangel an Vitamin $B_6$ festgestellt worden war. Die zur Behebung des Vitaminmangels und zur Heilung der Depression verabreichten Dosen sind sehr hoch. Der Studie aus London zufolge wurden zweimal pro Tag 20 Milligramm $B_6$ verabreicht, ungefähr das zwanzigfache der Menge, die ein normaler gesunder Erwachsener mit der Nahrung zu sich nimmt. Vorausgesetzt, eine Frau leidet unter Depressionen und ist sich bewußt, daß es nur die Pille sein kann, wird ihr ein Arzt, nachdem er alle andern Möglichkeiten ausgeschlossen hat, mit Vitamin $B_6$ helfen können. Die Alternative ist eine andere Pille, da die verschiedenen Präparate verschiedene Arten und Mengen von Ingredienzien enthalten. Und dann bleibt natürlich immer noch die Möglichkeit einer andern Methode der Empfängnisverhütung.

Mangel an Vitamin $B_6$, der bei einigen Frauen durch die Pille bewirkt wird, ist nur ein Beispiel der Depressionen hervorrufenden Mangelerscheinungen.

Mangel an Folsäure, einem andern B-Vitamin, kann das gleiche bewirken. Er kann auch Müdigkeit und andere Störungen hervorrufen. Und wie wir später sehen werden, ist dieser leicht korrigierbare Mangel gar nicht so selten.

Mangel an einem weiteren B-Vitamin, dem Niacin, kann, wenn er sehr groß ist, zu Pellagra führen. Und wenn Pellagra auch nicht mehr so weitverbreitet ist wie in früherer Zeit, so kommt sie doch noch vor, bei einer wohlausgewogenen Nahrung allerdings praktisch nicht. Das Vitamin findet sich in Leber, Vollkorn, magerem Fleisch, Fisch, Geflügel, Erdnüssen, Milch, Kartoffeln und Blattgemüse. Aber aus dem einen oder anderen Grund — Modediäten zum Beispiel und leerer Geldbeutel — essen nicht alle Leute eine wohlausgewogene Nahrung.

Niacin dient im Körper den verschiedensten Zwecken, inklusive dem Funktionieren des Nervensystems. Aber wenn Niacinmangel zu Pellagra führt, dann entstehen nicht nur körperliche Schäden, sondern auch geistige Störungen. Zu den frühen Symptomen gehören Schwäche, Appetitlosigkeit und Gewichtsverlust. Später können Kopfschmerzen auftreten, Magen- und Darmstörungen, und die Haut wird fleckig.

Zu den psychischen Schäden gehören Gedächtnisstörungen, Schlaflosigkeit, unberechenbares Benehmen, Gereiztheit und Depression. Dem Mangel kann natürlich leicht abgeholfen werden durch Verabreichung von Niacin, 300 bis 1000 Milligramm mehrmals täglich, und durch Nahrungsumstellung.

Eine neuere Studie über Patienten, die wegen ihrer Störungen zum Psychiater gingen, statt sich einer gründlichen medizinischen Untersuchung zu unterziehen, erwähnt eine 56jährige Frau, deren Depression die Folge von perniziöser Anämie war, und einen 50jährigen Mann mit Polycythaemia vera, einer andern Krankheit des Blutes, die ebenfalls mit Depressionen verbunden ist. Als die der Depression zugrunde liegende Ursache behandelt wurde, gesundeten beide, aber es ist unwahrscheinlich, daß eine Behandlung mit Antidepressiva oder selbst die ausgedehnteste Psychoanalyse ihnen Heilung gebracht hätten. Hier haben wir zwei weitere Krankheiten, die sich zuerst in Form einer Depression äußerten.

Perniziöse Anämie ist eine besondere Form der Anämie. Sie entsteht durch einen Vitaminmangel — $B_{12}$. Aber der Vitaminmangel ist nicht das Ergebnis ungenügender Vitaminzufuhr via Nahrung, sondern die Sache verhält sich so, daß das Vitamin nicht absorbiert werden kann, weil der für seine Absorbierung notwendige Faktor im Magen in ungenügender Menge vorhanden ist oder ganz fehlt. Dies kann aber leicht behoben werden, und wir werden in Kapitel 7 die perniziöse Anämie zusammen mit andern Anämien, die gestörtes Verhalten zur Folge haben, näher betrachten.

Polycythaemia vera ist in gewisser Weise das Gegenteil von Anämie. Während bei der Anämie zu wenig rote Blutkörperchen vorhanden sind, gibt es bei der Polycythämie zu viele. Die Krankheit tritt vor allem in der Lebensmitte und im Alter auf, und es werden meistens Männer von ihr befallen. Sie kann aber auch schon früher in Erscheinung treten, und auch Frauen sind gegen sie nicht gefeit. Die Krankheit entwickelt sich langsam, und die Symptome erscheinen allmählich. Sie umfassen Kopfschmerzen, Müdigkeit, Schwindel, Sehstörungen, und die Patienten klagen auch über Jucken, Brennen, Kribbeln und Prickeln.

Kurzatmigkeit mag dazukommen, und manchmal färbt sich

die Haut im Gesicht und an den Extremitäten bläulich-rot. Aber in manchen Fällen tritt vor allen andern Anzeichen der Polycythämie eine Depression auf.
Eine richtige Diagnose — mit Hilfe von Bluttests — ist sehr wichtig, und zwar nicht nur, um die unnütze Behandlung der Depression zu vermeiden, sondern weil das Übermaß an roten Blutkörperchen und die dadurch entstehende Blutverdickung bei fehlender ärztlicher Kontrolle zur Blockierung von Arterien und somit zu Herzattacken und Schlaganfällen führen kann.
Die Behandlung zielt auf die Reduzierung der roten Blutkörperchen und der Blutviskosität. Oft wird Aderlaß nötig sein, und der findet zuerst ein- oder zweimal pro Woche statt, später alle drei oder vier Monate. In manchen Fällen wird zusätzlich zum Aderlaß oder an seiner Stelle Radiophosphor gespritzt, was die Überproduktion von roten Zellen reduziert. Oft helfen auch Medikamente wie Busulphan oder Melphalan. Mit richtiger intensiver Behandlung ist der Krankheit beizukommen.
Vor einigen Jahren berichtete ein Psychiater von der McGill Universität über drei Patienten, die ihm mit der Diagnose schwerster Depression überwiesen wurden. In allen drei Fällen fand er heraus, daß die Depression eine Folge eines nicht diagnostizierten Bauchspeicheldrüsenkrebses war. Andere Krebse, zum Beispiel der des Magens und anderer Organe des Bauches, bewirken ein merkwürdiges depressives Syndrom. Die Opfer leiden unter Müdigkeit, Verlust normaler Interessen, Antriebslosigkeit, Niedergeschlagenheit und düsteren Vorahnungen — und das zu einem Zeitpunkt, wo das Karzinom sich anderweitig noch nicht bemerkbar macht.
Auch eine Form des Lungenkrebses manifestiert sich, wie wir seit kurzem wissen, manchmal zuerst als Depression. Eine rasche und präzise Diagnose dieses Krebses ist jetzt wichtiger denn je, denn in der Behandlung dieser Lungenkrankheit wurden unlängst vielversprechende Resultate erzielt.
Genauso wie körperliche Ursachen müssen auch Medikamente als mögliche Faktoren in Betracht gezogen werden, bevor die Depression als psychisch bedingt erklärt wird. Viele Medikamente können als Nebenwirkungen Gefühls- und Verhaltensstörungen mit sich bringen. Wir werden diese

in Kapitel 17 näher betrachten und wollen hier nur schnell einige der Wirkstoffe erwähnen, die manchmal depressive Reaktionen hervorrufen.
Eines der augenfälligsten Beispiele ist Reserpin, das oft zur Behandlung des Bluthochdrucks verwendet wird. 15 % der Patienten, denen dieses Medikament verabreicht wurde, haben Zeichen von Depression gezeigt. In der Regel verschwindet die Depression, wenn der Zusammenhang mit Reserpin erkannt wird und das Medikament zugunsten eines andern blutdrucksenkenden Mittels abgesetzt wird. Dabei darf aber nicht vergessen werden, daß Reserpin nicht nur rein verwendet wird, sondern auch als Bestandteil diverser kombinierter Medikamente mit verschiedenen Handelsmarken, und oft sind sich dessen weder der Patient noch sein Arzt bewußt. Zu den kombinierten Medikamenten, die Reserpin enthalten, gehören Butiserpazid, Diupres, Ditensen-R, Dralsep, Exna-R, Hydromox-R, Hydroserpin, Hydrotensin, Metatensin, Naquival, Rau-Sed, Regroton, Renes-R, Ruhexatal, Salutensin, Sandril, Ser-Ap-Es, Serpasil, Serpasil-Apresolin und Serpasil-Esidrix.
Beachten Sie auch das Folgende: Wenn Sie an depressiven Symptomen leiden oder überhaupt an irgendeiner aus der Vielzahl von anscheinend psychosomatischen Störungen wie Müdigkeit, Spannung, Reizbarkeit, Angst, dann können Sie sich vielleicht in den Kapiteln 4 und 6 Rat holen. Wie wir erst seit kurzem wissen, kann Koffeinvergiftung nicht selten die Ursache solcher Störungen sein, und wenn Ihre Beschwerden im Zusammenhang mit der Koffeinvergiftung, wie sie in Kapitel 6 beschrieben wird, stehen, können Sie sich selber im Nu davon befreien. Auch zerebrale Allergie ist nach Ansicht einer immer größer werdenden Zahl von Forschern eine Ursache für solche Störungen, und wir werden die Nahrungsmittelüberempfindlichkeit im Detail in Kapitel 11 besprechen.

### *Schlaftest zur Ermittlung organisch bedingter Depressionen*

Ein kundiger Arzt, der gewillt ist, das, was wie eine seelisch bedingte Depression erscheint, auch im Lichte der Möglichkeit zu betrachten, daß eine organische Ursache vorhanden ist, wird, wenn er sich lange genug Mühe gibt, diese unweigerlich herausfinden.

Selbst ein neugieriger und gut informierter Patient mag manchmal der Störung auf den Grund kommen. Aber es bleiben doch immer Fälle, bei denen ein objektiver Test zur Ermittlung von durch organische Krankheiten bewirkten Depressionen hilfreich wäre.

Ein solcher Test wurde von Dr. David J. Kupfer und seinen Mitarbeitern vom psychiatrischen Institut der Universität Pittsburgh entwickelt. Er basiert auf dem Wesen des REM-Stadiums des Schlafes (REM: rapid eye movement, rasche Augenbewegungen). Dazu muß man wissen, daß der Schlaf in mehreren Stadien verläuft. In einem dieser Stadien, dem REM-Stadium, ist das Hirn aktiver, der Schläfer träumt, und es finden die raschen Augenbewegungen statt. Bei normalen Menschen beginnt das REM-Stadium neunzig Minuten nach dem Einschlafen.

In einer ihrer ersten Studien stellten Dr. Kupfer und sein Team fest, daß bei Personen mit primären Depressionen, die in keinem Zusammenhang zu irgendeinem organischen Schaden standen, das REM-Stadium lange vor den normalen neunzig Minuten eintrat; und je schwerer die Depression war, desto früher trat das REM-Stadium ein.

Das Team von Pittsburgh studierte hierauf zwei Patientengruppen. Alle litten unter Depressionen, aber in einer Gruppe hatten die Patienten auch noch körperliche Krankheiten, die vor ihrer Einweisung in das Institut nicht entdeckt worden waren. Zu dieser Gruppe gehörten Patienten mit Hypothyreose, Hyperthyreoidismus, Virusinfektionen, Krebs und anderen organischen Krankheiten, die Depressionen bewirkten.

Die depressiven Symptome der beiden Gruppen glichen sich. Ganz verschieden war jedoch ihr REM-Schlaf. Bei beiden Gruppen trat das REM-Schlafstadium früher ein als bei gesunden Leuten, aber bei den Depressiven ohne körperli-

che Störung schon nach einer Durchschnittszeit von 42 Minuten.
Bei der Gruppe mit körperlichen Störungen betrug die diesbezügliche Durchschnittszeit 73 Minuten.
Es gab auch noch andere Unterschiede. Die totale REM-Zeit betrug für die erste Gruppe im Durchschnitt 74 Minuten, für die zweite Gruppe 44. Ferner zeigte sich, daß die totale REM-Aktivität (die Zahl der Augenbewegungen) bei den Depressiven ohne körperliche Krankheit mehr als dreimal so groß war wie bei den andern und die REM-Dichte (das Verhältnis von totaler REM-Aktivität zu totaler REM-Zeit) doppelt so groß.
Dieser Schlaftest ist also ein wertvolles Hilfsmittel, um herauszufinden, ob eine Depression mit einer körperlichen Krankheit zusammenhängt oder nicht. Dank ihm lassen sich nun die Anwendung von Antidepressiva und von Elektroschock bei Patienten mit körperlichen Störungen, die Depressionen mit sich bringen, verhindern, Behandlungsweisen, die bestenfalls sinnlos sind und insofern nicht ungefährlich, als sie einer Krankheit eine Entwicklung bis ins unheilbare Stadium ermöglichen.
Dieser Schlaftest hat aber noch andere Meriten. Zum einen verhindert die Entdeckung von REM-Charakteristika, die auf eine primäre Depression bei älteren Leuten mit Verwirrtheitszuständen und anderen Verhaltensstörungen hinweisen, eine vorschnelle Diagnose auf hoffnungslose Senilität. Zum andern läßt sich bei psychisch bedingter Depression durch diesen Test schon in wenigen Tagen feststellen, ob ein bestimmter Patient auf ein bestimmtes Mittel anspricht, während es ansonsten in der Regel mehrere Wochen dauert, bis sich die Wirkung von Antidepressiva zeigt.
Das Team von Pittsburgh hat herausgefunden, daß Patienten, die auf ein Medikament gut ansprechen, schon nach zweitägiger Behandlung in einem viel höheren Maße wünschenswerte Veränderungen der REM-Charakteristika zeigen als die Patienten, die schlecht auf das gleiche Medikament ansprechen.
Dieser Schlaftest kann in einer Schlafklinik durchgeführt werden. Und Schlafkliniken werden in zunehmendem Maße in Universitätskliniken und medizinischen Forschungsstätten errichtet.

Wenn Sie unter einer Depression leiden und wenn Ihr Arzt nicht mit Sicherheit feststellen kann, ob sie einen organischen Grund hat oder nicht, wird Ihnen ein Klinikaufenthalt gut tun.

# 4. Wenn Angst eine körperliche Ursache hat

Sie war fünfundzwanzig Jahre alt und offensichtlich das Opfer schwerer Angstzustände, die Behandlung durch einen Psychiater erforderten. Sie war die Beute gräßlicher Befürchtungen, die oft einhergingen mit Schweißausbrüchen, Erbrechen und Durchfall. Es stellte sich jedoch heraus, daß sie an einer Herzrhythmusstörung litt, an paroxysmaler Tachykardie, bei der der Puls auf über 100 Schläge pro Minute ansteigen kann.

Eine solche Störung kann mit einer Herzkrankheit zusammengehen, aber man findet Herzjagen auch bei gesunden und bei jungen Leuten. Die Rolle des Schrittmachers, eine Zone des Herzmuskelgewebes, die für gewöhnlich den Herzschlag regelt, kann zeitweilig ganz plötzlich von einer andern Zone übernommen werden. Ein solcher Anfall kann Minuten, Stunden, manchmal auch Tage dauern und hört ebenso plötzlich auf, wie er angefangen hat. Als die junge Frau mit Chinidin behandelt wurde, einem Mittel, das eine beruhigende Wirkung auf gewisse Herzrhythmusstörungen hat, hörten mit der Tachykardie auch die Angstanfälle auf.

So ungewöhnlich es im übrigen sein mag, aber in einem andern Fall war Skabies der Grund für die Angstanfälle. Und als der Milbenbefall diagnostiziert und behandelt worden war, hörte die Angst, die in diesem Fall das erste Anzeichen gewesen war, das dem Jucken der Krätze vorausging, wieder auf. Dies ist ganz und gar nicht so unglaublich. Skabies ist eine Erkrankung, die viele Ärzte und die Öffentlichkeit mißverstehen. Die Krätze spielte auch im folgenden Fall eine Rolle: Ein Psychiater behandelte ein Kind wegen psychisch bedingtem Ekzem. Als Ekzem und Juckreiz nicht nachließen, ging der Psychiater in seiner Verzweiflung in die dermatologische Klinik, wo er zu seiner Bestürzung erfuhr, daß es sich da um einen ganz klaren Fall von Skabies handle. Was seiner Verwirrung die Krone aufsetzte, war die Tatsache, daß er selber von einem juckenden Ausschlag befallen worden war, den er seiner unterdrückten Wut über die «Feindseligkeit» des kleinen Jungen zugeschrieben hatte und der sich auch als Skabies herausstellte. Skabies wird übertragen durch Kontakt mit einem Kranken oder mit Stoff, Bettlaken oder Handtüchern, die mit Milben und ihren Eiern und Larven verseucht sind. Der Kontakt muß nicht eng sein. Bis zu 16 % der Ansteckung mit Skabies sind eine Folge von Tanzen, Händchenhalten, und manchmal genügt auch schon ein Händedruck, um die Milben zu übertragen.

Angst ist ein weitverbreitetes Leiden. Aber obschon unsere Zeit das Jahrhundert der Angst genannt worden ist und jährlich Millionen von Rezepten, die sie lindern sollen, ausgestellt werden, ist es gar nicht leicht, Angst genau zu definieren.

Eine gängige Definition lautet «Spannung oder Unbehagen in Erwartung einer Gefahr, deren Ursache unbekannt oder nicht klar erkennbar ist.» Sie unterscheidet sich grundlegend von der Furcht, die eine emotionelle Reaktion auf eine erkennbare und in der Regel von außen kommende Bedrohung oder Gefahr ist.

Fast allen von uns ist Angst wohlbekannt. Studenten haben vor den Prüfungen Angst, und dem Patienten im Wartezimmer des Arztes ist es ängstlich zumute. Das Vorsprechen bei einem neuen Arbeitgeber ist in der Regel mit Angst verbunden, und Angst empfindet auch, wer erfährt, daß ein Familienmitglied oder ein guter Freund einen Unfall gehabt hat und ins Spital eingeliefert worden ist. Dieses sind einfache, mit Ereignissen verbundene Fälle von «normaler» Angst. Das Angstgefühl verschwindet meistens kurz nach dem Geschehnis.

Bei chronischer Angst wird das Opfer überschwemmt von unangenehmen Empfindungen wie Spannung, Grauen, Vernichtungsgefühl. Es kann nicht mehr richtig denken, vernünftig überlegen, klar urteilen oder sich präzise erinnern. Als Reaktion auf diesen Zustand treten körperliche Symptome auf, die oft so alarmierend sind, daß die Angst durch sie verstärkt wird. Für gewöhnlich schlägt sich die Angst auf das Herz und die Atmungsorgane: Palpitation (das Herz schlägt ungewöhnlich stark und rasch oder so unregelmäßig, daß es bedrohlich wirkt) und Atemlosigkeit sind die Folge. Bei einigen der unter Angst leidenden Patienten kommt es zu

gastrointestinalen Störungen: Bauchkrämpfe, Übelkeit, Erbrechen und Durchfall. Andere häufige Beschwerden sind Kopfweh, Kreuzschmerzen, Brustschmerzen oder Engegefühl, Müdigkeit, Schwäche, Schlaflosigkeit, Schwitzen und Mundtrockenheit. Nicht selten sind wahre Angstanfälle mit Panikzuständen und unerträglichen Befürchtungen Pulsrasen, rascher Atmung, Schweißausbrüchen und Zittern.
Eine Hauptquelle der Angst ist nach Ansicht vieler Psychiater das Gewissen, der innere Zensor, der sich früh im Leben als Reaktion des Kindes auf echte oder eingebildete Stellungnahmen der Eltern und Betreuer bildet. Wächst das Kind heran, so wird es einige dieser Standpunkte akzeptieren, andere verwerfen und sich so langsam und sicher seinen eigenen Moralkodex bilden. Wenn dieses System mit den natürlichen Wünschen des Individuums in Konflikt kommt, wie zum Beispiel bei Besitz, Liebe, Sex, Rache, wird die Persönlichkeit in gewisser Weise gespalten, und sie wird Befürchtungen und innere Ruhelosigkeit empfinden.
Dann gibt es auch noch andere Quellen. So kann das Gewissen zum Beispiel zur Lob- und Tadelinstanz werden und die Funktion übernehmen, welche früher von Lehrern und Eltern ausgeübt wurden. Aber das Individuum hat doch immer noch das Verlangen nach Bestätigung durch andere. Und Angst kann nicht nur aus einem Gewissenskonflikt entstehen, sondern auch eine Folge der Kritik durch Dritte oder der Furcht vor ihr sein — Familie, Freunde, Arbeitgeber. Angst kann auch eine Folge von alltäglichen Problemen sein, die, wenn eine Unfähigkeit, sie zu lösen vorhanden ist, Unsicherheit, Frustration und Streß mit sich bringen, Problemen wie eine unbefriedigende Arbeit, ein ungezogenes oder schwieriges Kind, finanzielle Schwierigkeiten, eine unglückliche Ehe.
Einige sind der Meinung, daß wir im Zeitalter der Angst leben, weil wir mehr Streßsituationen zu ertragen und stärkeren Grund zur Angst haben als die Generationen vor uns. Sie weisen hin auf eine lange Liste von Wahnwitzigkeiten wie ideologische Konflikte, Kriege und kalter Krieg, die Atombombe, die technologische Überproduktion, die Überbevölkerung, Armut, Umweltverschmutzung, Rassenprobleme, Wechsel von Heiratsbräuchen, Liberalisierung des Geschlechtslebens, Zerbrechen der Familienbande und des

ganzen Spektrums der moralischen Haltungen. Andere glauben jedoch, daß wir zwar allen Grund zur Angst haben, aber daß auch unsere Vorfahren unter ihren spezifischen Ängsten zu leiden hatten. Auf jeden Fall ist die Angst, sei sie nun durch Streß bewirkt oder durch Emotionen, unser ständiger lästiger Begleiter.

## *Behandlung*

Sind angsthemmende Medikamente — Tranquilizers — wirklich nötig? Sicher haben sie ihre Berechtigung, aber eigentlich sind sie nicht die Lösung des Problems. Fraglos bewirkten die Tranquilizers eine Revolution in der Psychiatrie. Aber man darf doch wohl fragen, ob wirklich so viele Leute stimmungsbeeinflussende Medikamente brauchen, daß sich die Ausstellung von Millionen von Rezepten pro Jahr rechtfertigt.

Vielleicht hatte ein besorgter Arzt recht, der die folgenden Fragen stellte: «Warum haben Ärzte ein so bedingungsloses Vertrauen in Medikamente? Werden sie von ihrem Patienten gedrängt? Oder glauben sie, da sie im Dienste einer Gemeinschaft stehen, der eingetrichtert worden ist, daß es für jedes Übel ein Heilmittel gebe, der Patient werde enttäuscht sein, wenn er nicht im Austausch für das Anteilnehmen an seinen Problemen etwas Handgreifliches bekommt?»

Aber er beantwortet sie so: «Viele Ärzte fühlen sich nicht fähig, mit den emotionellen Aspekten der Krankheit eines Patienten fertig zu werden, und sie wollen sich auch gar nicht in eine langwierige und finanziell unersprießliche Diskussion hierüber einlassen. Ohne Zweifel ist ein Medikament der leichteste Ausweg.»

Tranquilizers heilen natürlich die Angst nicht. Sie können bloß die Symptome beseitigen, und sie sind für diesen Zweck sehr tauglich, wenn sich die Angst im Beruf und in andern Aspekten des täglichen Lebens zu stark bemerkbar macht. Aber oft kann einem unter Angst leidenden Patienten schon mit einem guten Rat geholfen werden, zum Beispiel, wenn er nicht fähig ist, seine Angst mit Berufs-, Ehe- und anderen Problemen in Zusammenhang zu bringen. In der Regel pflegt der Patient zu glauben, daß die Angst aus unbekannten Quellen stammt und daß er keinerlei Möglichkeit hat, sie zu lindern. Manchmal bringt schon die Erkenntnis des Problems allein beträchtliche Erleichterung, vorausgesetzt allerdings, der Arzt nimmt sich Zeit und Mühe, es dem Patienten auseinanderzusetzen. Wenn dann dieser mit seinem Problem nicht allein fertig wird, kann er sich an einen Experten wenden, einen Psychiater, oder auch einen Eheberater oder Berufsberater.

Es gibt auch Techniken, die sehr oft Linderung der Ängste bewirken. Nicht wenige verständige und tüchtige Ärzte lehren ihre Patienten, sich systematisch zu entspannen. Einige lehren ihre Patienten systematische Desensibilisierung. Beides ist relativ leicht zu erlernen. So beginnt zum Beispiel eine Entspannungsmethode damit, daß man sich Zeit nimmt, sich hinsetzt und für ungefähr fünf Minuten versucht, sich geistig und körperlich zu entspannen. Das geschieht am besten, indem man sich schlaff werden läßt wie eine Stoffpuppe. Hierauf verwendet man einige zusätzliche Minuten für ein paar ganz simple Übungen, die man langsam und sanft macht, ohne Kraftaufwand. Nachdem man sich bequem hingesetzt hat, hebt man die Arme langsam hoch und läßt sie dann wieder fallen. Dann tut man dasselbe mit den Beinen. Nach jedem Fallenlassen wartet man einige Sekunden, bis die Entspannung eingetreten ist. Man atmet tief ein und langsam aus. Man kann sich auch rücklings auf den Boden legen. Hierauf schließt man die Augen. Dann atmet man tief ein. Und langsam wieder aus. Hierauf spannt man alle Muskeln des Körpers an. Dann lockert man sie. Währenddessen atmet man tief ein und langsam aus. Immer noch auf dem Boden sitzend kann man auch die Schultern bis zu den Ohren hochziehen und sie hierauf wieder fallen lassen. Dann dreht man den Kopf nach links und wieder nach vorne. Dann entspannt man sich. Hierauf wiederholt man dasselbe nach rechts. Nach jeder Bewegung atmet man tief ein und langsam aus.

Eine andere simple systematische Entspannungstechnik, die vielen Leuten Befreiung von ihren Angstzuständen gebracht hat, verläuft in drei Stufen. Erstens: Man setzt sich hin, die Füße auf dem Boden, die Augen geschlossen, und atmet ganz entspannt, wobei die Luft sanft in die Lunge eingezogen und sanft wieder ausgestoßen wird, was den Muskeln ermöglicht, sich zu entspannen. In der zweiten Stufe entspannt man den Geist und läßt die Gedanken abschweifen, natürlich und sanft, zu einer freundlichen, friedlichen und erholsamen Erinnerung. Für gewöhnlich wird dieser Zustand im Zeitraum von einer Minute erreicht. Dann, auf der dritten Stufe, zeigt man die Erinnerung freundlich dem Verstand. Man muß dabeisein, die Erinnerung wirklich erfahren. Man darf sich *nicht* konzentrieren. Wenn der Verstand an anderes denkt, muß man ihm ganz sanft und freundlich die Erinnerung wieder vor Augen halten.

Systematische Desensibilisierung ist der Desallergisierung ähnlich. Hier wird, wenn ein spezieller Pflanzenpollen oder ein anderer Stoff Heuschnupfen oder andere allergische Reaktionen bewirkt, ein Extrakt dieses Stoffes injiziert, zuerst in den winzigsten Dosen, später aber schrittweise in immer größeren Mengen. Der Zweck ist, den Körper gegen diesen Stoff immun zu machen, so daß es zu keinen allergischen Reaktionen mehr kommen kann.

Desensibilisierung gegen Angst beginnt mit Entspannung, wie sie in der Drei-Stufen-Methode beschrieben wurde. Einmal in entspanntem Zustand, stellt man sich bildhaft vor, daß man sich in angsterweckenden Situationen befindet, wobei man aber entspannt bleibt. Die Situationen sind zuerst nur harmlos, aber im Verlaufe dieser Selbstbehandlung meistert man immer schrecklichere Situationen.

Der Zweck der Übung ist, daß angsterweckende Situationen, denen man in der Phantasie gelassen gegenübertritt, auch in der Realität gemeistert werden können. In der Tat zeigt die Desensibilisierungsmethode in der Praxis ausgezeichnete Erfolge, selbst bei Fällen schwerer Phobien.

### *Somatopsychische Angst*

Die junge Frau mit der Herzrhythmusstörung und der Patient mit Skabies stellen, wie wir schon früher sagten, nur zwei Fälle von organisch bedingter Angst dar.

Viele andere körperliche Krankheiten oder Störungen können ebenfalls von Angstsymptomen begleitet sein, ja manchmal sind Angstzustände die ersten Anzeichen der Krankheit. Obschon Angst als erster Hinweis auf einen Tumor nicht allzuhäufig vorkommt, ist es nicht unwichtig, festzustellen, daß es durchaus geschehen kann. Der Krebs der Bauchspeicheldrüse kann, wie wir schon erwähnten, schwere Depressionen auslösen. An ihre Stelle kann aber auch Angst treten. Später zeigen sich dann die anderen Symptome: Bauchschmerzen verschiedener Natur, die manchmal ins Kreuz ausstrahlen und verschwinden, wenn der Patient sich aufsetzt oder sich vorbeugt. Andere Symptome sind Gelbsucht, Gewichtsverlust, Appetitlosigkeit, Übelkeit, Erbrechen und Durchfall.

Beim Gehirntumor — einer glücklicherweise sehr seltenen Krankheit — müssen im Gegensatz zur landläufigen Meinung nicht unbedingt Kopfschmerzen die ersten Anzeichen sein. Angst kann zuerst auftreten. Oft zeigen sich auch geringe, fortschreitende Gleichgewichtsstörungen, Seh- und Geruchsstörungen und eine unerklärliche Schwäche der Arm- und Beinmuskeln. Wenn Kopfschmerzen als erste Anzeichen auftreten, so geschieht das meistens am Morgen, und sie sind nicht von langer Dauer. Später pflegen sie dann in der Regel stark und andauernd zu sein. Zu den anderen Symptomen gehören konstante Übelkeit, Erbrechen, Lethargie, Schläfrigkeit und Störung der geistigen Funktionen.

Auch einige der Eierstockkarzinome können sich zuerst in Angst äußern. Andere frühe Symptome sind unbestimmte Bauchschmerzen und leichte Verdauungsstörungen. Später, wenn der Eierstock größer wird, schwillt der Bauch an, und es kommt zu Beckenschmerzen.

Ein Karzinoid ist ein gelber, abgegrenzter, nicht invasiv wachsender Tumor, der im Dünndarm oder sonstwo im Verdauungstrakt entstehen kann. Auch hier kann Angst das erste Symptom sein, obschon meistens die früheste Manifestation eine Rötung der Haut ist, die durch Nahrungsmittel, Alkohol und Emotionen ausgelöst wird. Hierauf entstehen Beschwerden im Bauch mit wiederkehrendem Durchfall. Bei einigen Patienten zeigt sich auch asthmatisches Keuchen.

Ein Pheochromozytom ist ein kleiner Tumor der Nebenniere. Er kommt relativ selten vor und ist in den meisten Fällen nicht bösartig. Er kann aber exzessive Mengen von zwei Nebennierenhormonen ausscheiden, Epinephrin (Adrenalin) und Norepinephrin. Als erstes Symptom kann sich auch hier Angst zeigen. Andere Symptome sind starke Kopf-

schmerzen, Schwitzen, Sehstörungen, Gesichtsrötung, Zittern, Übelkeit und Erbrechen. In ganz seltenen Fällen bewirkt das Pheochromozytom auch Bluthochdruck.
Alle diese Krankheiten können wirkungsvoll behandelt werden, wenn sie rasch diagnostiziert werden, was durch sorgfältige körperliche Untersuchung und Labor- und andere Tests geschieht.
Endokrine Störungen können die Seele und das Verhalten beeinflussen, und sie tun das auch häufig. Wir haben das im vorhergehenden Kapitel über die Depression gesehen, und wir werden es im Detail in Kapitel 8 studieren. Unter den Drüsenstörungen können einige Depression als erstes Anzeichen bewirken, in andern Fällen als erstes Anzeichen Angst hervorrufen. Dies gilt für Hypothyreose, die Schilddrüsen-Unterfunktion, für die Nebenschilddrüsen-Überfunktion und für die Nebennieren-Überfunktion, wie sie für das Cushingsyndrom charakteristisch ist. Auch Hyperthyreoidismus, die Schilddrüsen-Überfunktion, kann manchmal Angst bewirken und darüber hinaus Gefühls- und Verhaltensstörungen sowie verschiedene körperliche Symptome.
Diabetes kann, wie wir in Kapitel 8 sehen werden, eine heimtückische Sache sein, und manchmal ist Angst auch bei dieser Krankheit das erste Anzeichen.
In ganz wenigen Fällen zeigt sich bei Patienten mit Störungen des Herzens und der Blutgefäße als erstes Symptom Angst.
Zerebralatherosklerose, bei der die inneren Auskleidungen der Hirnarterien sich aufgrund von Fettablagerungen verdikken, kann natürlich, wenn sie soweit fortgeschritten ist, daß sie die Zirkulation zu einem Hirnabschnitt blockiert, einen Schlaganfall herbeiführen. Aber auch wenn es nicht soweit kommt, können die Fettdepots den Fluß des Blutes so beeinträchtigen, daß es zu Vergeßlichkeit, Verwirrtheit und Persönlichkeitsveränderungen kommt, und manchmal äußern sich diese Störungen zuerst in Angst. Die Entdeckung der Zerebralatherosklerose — die Medizin verfügt hierzu über Röntgenstrahlen und andere Mittel — ist deshalb wichtig, weil bei einzelnen Fällen die Chirurgie die verengten Gefäße entlasten kann, und in andern Fällen, wie wir in Kapitel 15 sehen werden, können Medikamente helfen. Dies gilt auch, wenn die Kranzarterien, die den Herzmuskel mit Blut ver-

sorgen von Atherosklerose betroffen sind. Auch hier zeigt sich in einigen Fällen wieder als erstes Anzeichen Angst. In den meisten Fällen führt die Koronaratherosklerose allerdings zu Angina pectoris mit ihren heftigen Brustschmerzen. Die Behandlung dieser Kranzarterienkrankheit und ihrer Nebenwirkungen mit Medikamenten, oder wenn nötig durch einen chirurgischen Eingriff, ist oft erfolgreich.

Durch Medikamente und Drogen bewirkte Angst ist weitverbreitet. Sie kann durch Kokain hervorgerufen werden. Sie kann auch von Amphetaminen und amphetaminähnlichen Präparaten stammen. Diese werden, oft illegal, von Lastwagenfahrern, die sich wachhalten wollen, und von Studenten, die aufs Examen hin büffeln, verwendet, ebenfalls von Süchtigen, die von ihnen abhängig sind. Sie bilden oft auch Bestandteile von Pillen zur Reduzierung des Körpergewichts. Zu diesen Präparaten, die angeblich nur gegen Rezept erhältlich sind, gehören Benzedrin, Biphetamin, Obetrol, Fetamin, Delcobese, und Pondimin. Tenuate, ein anderer gebräuchlicher Appetitzügler, kann bei manchen Menschen Angst verursachen.

Angst kann sich auch einstellen bei einer Entzugskur, wenn Barbiturate, Tranquilizer und Alkohol verboten sind. Einige Medikamente, wie Drixoral, ein Mittel gegen verstopfte Nase, kann bei einigen Leuten als Nebenwirkung Angst hervorrufen, und dasselbe gilt für Barbiturate (Schlafmittel) und Antihistamine, die gegen Allergien eingenommen werden. Die Liste der Wirkstoffe, die als Nebenwirkung zu Angstzuständen führen können, hört nicht auf: Zu ihnen gehören auch eine Anzahl von blutdrucksenkenden Mitteln, darunter Apresolin, Hydropres, Rauzid, Reserpin, Salutensin, Ser-Ap-Es. Ferner Medikamente, die gegen Depressionen verschrieben werden, wie Elavil und Tofranil und paradoxerweise auch Valium, obschon dieses Mittel auch zur Dämpfung der Angst dient, sowie Etravon und Triavil, zwei Mittel, die oft bei Angst und Depression helfen.

# 5. Psychogene Müdigkeit -- wirklich?

Vor kurzer Zeit wurde eine vierundvierzigjährige Frau in ein Krankenhaus eingeliefert. Aus ihrer dreijährigen Krankengeschichte ging hervor, daß sie unter konstanter Müdigkeit litt. Sie klagte über Gefühllosigkeit in den Beinen, Schwindel, verschwommenes Gesichtsfeld, tägliche Kopfschmerzen und Verstopfung. Am gravierendsten war aber ihre Müdigkeit. Sie hatte in den letzten zwei Jahren solche Ausmaße angenommen, daß die Frau weder ihren Haushalt instand halten, noch für ihre beiden Kinder sorgen konnte. Sie wirkte auf den ersten Blick als eine zutiefst verängstigte und deprimierte Person, und die Diagnose «schwere emotionale Störung» lag eigentlich auf der Hand.

Nach einer gründlichen Untersuchung stellte sich die wahre Ursache heraus. Die körperliche Untersuchung ergab nur neurologische, das heißt nervenbedingte Unregelmäßigkeiten. Zu ihnen gehörten unter anderen Gefühllosigkeit unterhalb der Knie und eine leichte Schwäche der Beine. Die Tests von Blut und Rückenmarkflüssigkeit ergaben nur einen einzigen ungewöhnlichen Wert: eine Vitamin-B-Störung. Am sechsten Tag, nachdem mit einer Folsäure-Behandlung begonnen worden war, zeigte das Blutbild eine Verbesserung; am zehnten Tag war die Frau so weit genesen, daß sie aus dem Spital entlassen werden konnte, jedoch weiterhin Folsäure nehmen mußte. Nach zwei Monaten war sie ein anderer Mensch: keine Spur mehr von Müdigkeit, Angst und Depression waren verschwunden; ihre Verdauung funktionierte tadellos, und nur gelegentlich hatte sie noch leichte Kopfschmerzen.

Obschon Folsäure ein wichtiges Vitamin ist, war den Ärzten nicht bekannt, daß mangelhaftes Vorkommen zu seelisch-geistigen Störungen führen kann. Die Entdeckung, daß Folsäuremangel solche Symptome bewirken und die Ursache für schwerste Müdigkeit sein kann — gemacht am klinischen Forschungsinstitut und dem Hôtel-Dieu-Hôpital in Montreal, wo unsere Patientin und einige andere Kranke auf Folsäure ansprachen —, ist von großer Bedeutung, denn wie wir in Kapitel 7 sehen werden, ist Folsäuremangel weitverbreitet.

Außergewöhnliche Müdigkeit kann sehr viele Gründe haben. Sie kann psychogen sein. Aber sie kann sehr wohl durch körperliche Störungen bewirkt werden.

## *Normale Müdigkeit*

Sie ist vielfach beschrieben worden. So hat man sie zum Beispiel als «Unlust auf Tätigkeit» bezeichnet, die sich ausgeprägter gegen die spezielle Art von Tätigkeit richtet, welche sie hervorgebracht hat, und sich gegenüber gewissen andern Arten von Tätigkeiten überhaupt nicht zu äußern braucht.

Ein medizinisches Wörterbuch definiert sie als «Zustand, der auf einen Zeitabschnitt geistiger oder körperlicher Tätigkeit folgt und charakterisiert ist durch herabgeminderte Arbeits- und Leistungsfähigkeit, in der Regel verbunden mit einem Gefühl von Müdigkeit, Schläfrigkeit oder Reizbarkeit; sie kann auch eintreten, wenn aus irgendeinem Grund der Energieverbrauch größer ist als die Regenerationsprozesse, zum Beispiel durch Fehlen von Schlaf oder Nahrung.»

Dr. Ernest L. Hartmann, ein Psychiater und Schlafforscher aus Boston, weist darauf hin, daß uns allen zwei Grundtypen normaler Müdigkeit oder Erschöpfung eigen sind.

Die eine, die sich einstellt nach einem Tag körperlicher Betätigung wie zum Beispiel Skifahren oder schwere Arbeit, ist die «einfache» oder «physische» Müdigkeit. Diese Müdigkeit geht für gewöhnlich einher mit einem Gefühl entspannter Muskeln — auch die Gesichts- und Kopfmuskeln sind entspannt —, und nur sehr selten kommt es zu Verkrampfung oder Kopfschmerzen. Die simple physische Müdigkeit bewirkt in der Regel ein angenehmes oder neutrales Gefühl und ist nicht mit charakteristischen psychischen Veränderungen verbunden. Die andere, die «geistige» Müdigkeit, stellt sich oft ein nach einem langen Tag von geistig oder psychisch anspruchsvoller Arbeit. «Diese Müdigkeit, die den meisten von uns nur allzu bekannt ist», schreibt Dr. Hartmann, «ist oft begleitet von Spannung oder Verkramp-

fung der Muskeln, speziell der Gesichts- und Kopfmuskeln; man empfindet sie in der Regel als negativ — sie ist unangenehm, bestenfalls neutral. Und manchmal hat sie die paradoxe Wirkung, daß sie einen am Einschlafen hindert.»
Körperliche Müdigkeit, die durch harte Arbeit oder Sport und Spiel bewirkt wird, ist normal. Wie wir alle wissen, erholen wir uns im Schlaf. Und wenn auch geistige Müdigkeit zuweilen mit Unannehmlichkeiten verbunden sein mag, so ist das noch längst kein Alarmzeichen. Wir wissen: Es geht vorbei.
Chronische Müdigkeit hingegen darf nicht auf die leichte Schulter genommen werden. Aus den Berichten verschiedener Ärzte wissen wir, daß 50 % ihrer Patienten unter anderem auch über chronische Müdigkeit klagen. Und an der chronischen Müdigkeit stößt sich eine ganze Industrie gesund, die Allheilmittel gegen «verbrauchtes Blut» verkauft. Sie ist auch der Anlaß zu manchem Besuch beim Arzt und zu vielen Klagen, daß «nichts zu helfen scheint».

### *Seelisch bedingte Müdigkeit*

«Jene junge Hausfrau möchte ich noch kennenlernen», sagte einmal ein praktischer Arzt, «die mit ihrer Schwiegermutter die Küche teilen muß und nicht müde ist. Und den Arbeiter, der von seinem Vorgesetzten schikaniert wird und jeden Morgen gutgelaunt aus dem Bett springt.»
Der möglichen seelischen Gründe für Müdigkeit sind viele. ein Zustand chronischer Müdigkeit kann, wie wir früher gesehen haben, mit Depressionen und Angst einhergehen. Und kein Aufputschmittel, kein Tonikum, kein eisenhaltiges Medikament und kein hochdosiertes Poly-Vitaminpräparat werden die Müdigkeit wirklich beseitigen, solange nicht Angst und Depression kuriert sind.
Neben Depression und Angst kann auch Unglücklichsein Müdigkeit zur Folge haben. Die Müdigkeit wird erst verschwinden, wenn Leid und Kummer nicht mehr vorhanden sind. Zum Zweck der Heilung wird es dann unerläßlich sein, sich hinzusetzen und über die Lebenssituation nachzudenken und wenn möglich die Ursachen des Unglücklichseins herauszufinden — vielleicht sind es Frau und Kinder. Fami-

lienprobleme lassen sich leichter lösen, wenn die Betroffenen miteinander darüber reden. Zumindest ist dadurch schon eine Kommunikation hergestellt. In gewissen Fällen kann nur ein Außenstehender — ein Arzt, ein Psychiater, ein Eheberater, ein Psychologe — helfen, die Familienprobleme zu lösen.
Unentschlossenheit bewirkt nicht selten Müdigkeit. «Ambivalenz ist bei jeder Art von Entschluß hinderlich», sagt Dr. Richard Kohl, Professor für Psychiatrie. «Man muß die Ursache des Konfliktes erkennen und versuchen, mit ihm auf vernünftige Weise fertig zu werden. Ein Risiko besteht immer. Sich entschließen, heißt ein Risiko eingehen, und ein falscher Entschluß ist allemal besser als überhaupt kein Entschluß.»

### *Langeweile und ihre Folgen*

«Früher oder später erwischt es uns alle. Man erwacht eines Morgens, in der Seele ist es Februar, die Lebensgeister sind weg, und man sieht nichts als Schlammtümpel. Schmerzen spürt man eigentlich keine, aber die Leere zehrt an einem. Die Lebensfreude ist dahin, zurückgeblieben ist nur eine gezackte Linie von Erinnerungen entlang der Küste, die die Ebbe der Lebenslust markieren. Man erledigt das Tagwerk mechanisch, tut, was getan werden muß, aber eher als Zuschauer denn als Handelnder. Dieser Zustand ist so altbekannt, daß die meisten Sprachen ein Wort dafür haben. Für die alten Römer war es das *taedium vitae;* die Franzosen nennen es *ennui,* die Deutschen *Weltschmerz,* die Engländer *Byronismus,* die Amerikaner the blues (Niedergeschlagenheit, Traurigkeit), the blahs (fad, öd, leer), und wenn es ganz ernst wird Depression», schrieb Dr. Sam Keen unlängst.
Wenn man vom täglichen Kram gelangweilt ist, muß sich das nicht unbedingt so dramatisch äußern oder so gravierend, daß eine Depression entsteht. Aber Langeweile ist kein ungewöhnlicher Grund für chronische Müdigkeit, und neurophysiologische Forschungen haben uns auch gezeigt, warum dem so sein kann. Es ist den Forschern gelungen, bei Tieren spezifische Gehirnstrukturen zu lokalisieren, sie mit schwachem Strom zu stimulieren und zu zeigen, daß einige

dieser Bereiche hemmende Wirkung haben, während andere ein aktivierendes System bilden. Laune und Leistungsfähigkeit hängen zu jeder Zeit vom Grad der Tätigkeit dieser beiden Systeme ab. Dominiert das hemmende System, befindet sich das Versuchstier in einem Zustand von Müdigkeit. Übernimmt das aktivierende System die Kontrolle, dann kann es seine Leistungsfähigkeit steigern.
Wenn die Arbeit langweilig ist und die Umgebung monoton, kann es schon nach wenigen Stunden geschehen, daß wir geistig ermüden und uns langweilen, selbst wenn wir die ganze Nacht ausgezeichnet geschlafen haben. Das aktivierende System ist dann eingeschlafen, und es herrscht das hemmende.
Monotonie ist Wiederholung des Immergleichen. Und auch die interessanteste, herausforderndste, geistig anspruchsvollste Arbeit kann monoton werden, wenn sie Tag für Tag, oder Stunde um Stunde im gleichen Rhythmus ausgeübt wird.
Wenn Monotonie und Langeweile der Grund für Müdigkeit sind, dann kann dem mit relativ einfachen Mitteln abgeholfen werden. Dazu gehört, daß man den Tagesablauf so gut wie möglich variiert, sich neue und anstrengendere Arten der Freizeitverbringung ausdenkt oder sich wieder alten, vernachlässigten Interessen zuwendet. Bei der Arbeit selber hilft es schon, wenn man sich so oft wie möglich einem andern ihrer Aspekte zuwendet (falls die Art der Arbeit dies erlaubt), kurze Unterbrüche macht, eine Pause einschaltet und vom Schreibtisch aufsteht und ein paar Schritte tut. Indem man die Müdigkeit, die Monotonie als eine Art Streß mit sich bringt, abschüttelt, kann man sehr wohl eine Leistungssteigerung erreichen.

## *Das Problem der Pferdestärke*

Die sitzende Lebensweise mit ihrer ungenügenden körperlichen Bewegung kann ein Grund für chronische Müdigkeit sein. Das ist eigentlich auf der Hand liegend, wird aber meistens übersehen. Aufgrund von Messungen wissen wir, daß der menschliche Körper mit maximaler Anstrengung eine Leistung von 14 Pferdestärken erbringen kann. Im Ruhezustand leistet er allerdings bloß 0,1 Pferdestärken. Und viele, die eine sitzende Beschäftigung ausüben, haben auch kein Bedürfnis, ihrem Körper mehr abzuverlangen. Da solche Leute ihre Muskeln überhaupt nicht benützen, kommt es bei manchen von ihnen zu Muskelschwund, sie haben zu schwache Muskeln für ihr Gewicht, und nicht selten können sie dann nicht einmal mehr eine sitzende Beschäftigung ausüben. Es wurde auch darauf hingewiesen, daß bei manchen Fällen die nicht gebrauchten Pferdestärken sich in Spannungen umsetzen und einen Faktor bei der Müdigkeit und bei anderen Beschwerden bilden.

Wir wissen von vielen diesbezüglichen Fällen, so zum Beispiel von einem Mann Ende Dreißig, der in seinem Beruf Karriere gemacht hatte und eigentlich auf der Höhe seiner Leistungsfähigkeit stehen sollte. Kurioserweise begann er aber Symptome von Müdigkeit zu zeigen. Diese arteten rasch in chronische Müdigkeit aus. Dazu kamen Schlafstörungen und zunehmende Konzentrationsschwäche. Er konnte seiner Arbeit gerade noch Genüge tun, aber nur unter Aufbietung des ganzen Willens. Ein Arzt, der etwas von seinem Beruf verstand, fand nach gründlicher Untersuchung heraus, wo das Problem lag, und verschrieb dem Patienten ein Fitneßprogramm in kleinen Schritten. Schon nach wenigen Monaten zeigte sich eine spürbare Besserung. Gymnastik und körperliche Bewegung wirkten als Stärkungsmittel. Ein Militärarzt, der während des Astronautenprogramms mit Kondition und Konditionstraining vertraut wurde, hat nach der Rückkehr ins Zivilleben ein System zur Erlangung einer guten Kondition entwickelt. Er behandelt auch Frauen. «Die häufigste Beschwerde, die ich von Patientinnen höre», erklärte er einem Interviewer, «lautet: ‹Herr Doktor, ich bin immer müde.› Die, die mir das sagen, sind kerngesunde Hausfrauen, die um zehn Uhr morgens schon todmüde sind. Wir haben herausgefunden, daß sie so untrainiert sind — sie halten nichts durch —, daß sie auf der Fitneßtabelle zuunterst rangieren würden.»

Eine Regierungskommission hat körperliche Fitneß definiert als «Fähigkeit, durchzuhalten, Streß auszuhalten und unter Umständen weiterzumachen, unter denen jemand, der nicht fit ist, aufgeben würde».

Und die Amerikanische Gesellschaft für Luft- und Raumfahrtmedizin kam in einer Studie über «Die medizinischen Aspekte der Pilotenmüdigkeit» zum Schluß, daß unter den Maßnahmen, die zur Verhinderung der Flugmüdigkeit unternommen werden sollten, «als erste und wichtigste die Aufrechterhaltung körperlicher Fitneß durch reguläres Training zu betrachten ist.»

### *Nahrung und Müdigkeit*

Jüngst hat eine Gruppe von Forschern in New Jersey von einem häufig übersehenen Faktor bei einigen, vielleicht sogar sehr vielen Fällen von Müdigkeit berichtet. Es scheint, daß das, was man zum Frühstück ißt oder nicht ißt, von großer Bedeutung sein kann. Die Forscher untersuchten 128 im allgemeinen gesunde Männer und Frauen und fanden heraus, daß 79 % entweder auf das Frühstück verzichteten oder es auf Fruchtsaft, Zerealien, Brot und Kaffee reduzierten, was eine mangelhafte Proteinzufuhr bedeutet. Neunundvierzig der Testpersonen, die sich mit einem frugalen Frühstück begnügten, litten unter Müdigkeit oder absonderlicher Flüssigkeitsretention oder beidem. Sie probierten es nun mit einem anderen Frühstück: Ihre erste Mahlzeit am Tag bestand fortan aus dem Weißen von vier oder fünf Eiern, oder Fisch, Fleisch oder Käse (Mozzarella, Cottage, oder Provalone) oder künstlich aromatisierter Gelatine (Proteine), zusammen mit mindestens zwei Eßlöffeln Bierhefe. Sie verzichteten auch weitgehend auf Zucker und Brot.
Von den neunundvierzig Testpersonen spürten siebenundvierzig eine deutliche, ja oft dramatische Verminderung der Müdigkeit und der Flüssigkeitsretention. In Anbetracht dieser Resultate haben die Forscher den praktischen Ärzten den Rat gegeben, sie sollten herauszufinden versuchen, was ihre Patienten zum Frühstück essen und nötigenfalls andere Eßgewohnheiten vorschreiben, bevor sie Stärkungsmittel verordnen und sich der Seele zuwenden. Eine Änderung in der Zusammenstellung des Frühstücks hilft also manchen unter Müdigkeit Leidenden. Andere werden ihre Müdigkeit los, wenn sie vier, fünf oder sechs kleinere Mahlzeiten pro Tag zu sich nehmen. Die in regelmäßigen Zeitabständen zugeführte Nahrung garantiert sicherer eine Aufrechterhaltung

des Leistungsniveaus als die Aufnahme der gleichen Nahrungsmenge während drei großen Mahlzeiten.
Auch Abmagerungsdiät kann ein Grund für Müdigkeit sein. Da die meisten Übergewichtigen so rasch wie möglich abmagern wollen, sind vor allem Modediäten im Schwange. Abmagerungskuren wurden als unser liebster Zeitvertreib bezeichnet.
Zu den bizarren Diäten gehört die Diät «Das magische Paar»: Hammelkeule und Grapefruit, Eier und Spinat, Bananen und abgerahmte Milch und unendliche Variationen über das Thema des Aberglaubens, daß die Kombination von zwei Nahrungsmitteln die magische Kraft hat, im Nu einen Gewichtsverlust herbeizuführen. Zu den Sofortdiäten gehören Grapefruit und Kaffee tagaus, tagein, Sellerie und sonst gar nichts, Cottagekäse und irgendein bißchen, Nurproteindiät, «Iß-Fett»-Diät, Wenig-Kohlehydratediät, die alle unter anreißerischen Namen auf dem Markt erscheinen. Solche ganz offensichtlich nicht wohl abgewogenen Arten von Diät, die nicht alle notwendigen Nährstoffe enthalten, haben alles, was es braucht, um den Organismus durcheinanderzubringen, um belanglose Störungen des Metabolismus zu verstärken oder nicht vorhandene zu erzeugen. Daß sie die Vitalität anzapfen und Müdigkeit bewirken, sollte eigentlich niemanden erstaunen.
Es werden Rezepte angepriesen, die dem Körper Flüssigkeit entziehen, und es wird behauptet, sie enthielten alle erforderlichen Wirkstoffe. Aber wie die Ärzte E. Cheraskin und W. M. Ringsdorf von der Universität Alabama nachgewiesen haben, «ist es in Wirklichkeit so, daß bis heute noch niemand die zur Herstellung eines solchen Präparates notwendigen Informationen gefunden hat. Eine Vielzahl von Faktoren muß isoliert und noch identifiziert werden. So gibt es zum Beispiel Wirkstoffe gegen Müdigkeit, die sich nur in der Leber und im Weizenkeimöl finden und die so wirksam sind, daß die Zugabe eines dieser Nahrungsbestandteile in das Fressen von Tieren, die äußerst schwer arbeiten müssen, ihre Leistungsfähigkeit um 300 oder mehr Prozent verstärkt. Der Weizenkeimölnährstoff wurde erst unlängst identifiziert als ein Pflanzenwachs namens Octacosanol. Es existiert auch ein Wirkfaktor in Mohrrüben, der das Bedürfnis des Körpers nach Oxygen reduziert. Niemand weiß, was er ist oder

wie man ihn rein herstellen kann. Irgendeiner der vielen unbekannten Faktoren kann der sein, der am meisten benötigt wird. Eine Diätformel für den Flüssigkeitsentzug ist der letzte Ort, wo man ihn finden könnte.»

### *Müdigkeit und Krankheit*

Müdigkeit ist auch mit einer beträchtlichen Zahl von Krankheiten verbunden. Von Fieber begleitete Müdigkeit kann von atypischer Lungenentzündung stammen, von Lungentuberkulose, Lungenabszessen, rheumatischem Fieber, Herzklappenleiden, Influenza und Pfeiffer-Drüsenfieber (Mumps). Müdigkeit mit Kopfschmerzen kommt vor bei hohem Blutdruck, Hepatitis, Polyzythämie (eine Blutkrankheit), Pfeiffer-Drüsenfieber und während der Menopause. Extreme Müdigkeit kann bei Histoplasmose auftreten, einer Pilzerkrankung, die noch andere Symptome hat, wie Abzehrung, schwarzen Stuhl, Erbrechen, Durchfall und Geschwürbildung auf Nase, Ohren und im Schlund.
Bronchiektase, eine chronische Erweiterung der Luftwege, die als Komplikation bei einer chronischen Stirnhöhlenentzündung oder bei Asthma auftritt — oder als Krankheitsfolge eines Lungenabszesses, von Lungenentzündung oder Tuberkulose —, kann ausgeprägte Müdigkeit zusammen mit Kurzatmigkeit, periodischem Husten und stinkendem Auswurf bewirken.
Müdigkeit kann auch eine Begleiterscheinung von Krankheiten sein wie Leukämie (die auch Gelenkschmerzen, Blässe, Nasenbluten, Zahnfleisch- und Hautblutungen bewirkt) und von Magenkrebs (mit weiteren Symptomen wie Trommelbauch, Sodbrennen, rascher Sättigung, Gewichtsverlust, Bluterbrechen und schwarzem, teerigem Stuhl).

### *Müdigkeit und Mangelzustände*

Wie wir schon festgestellt haben, können Modediäten Mangel an verschiedenen wesentlichen Nährstoffen und Vitaminen bewirken und aus eben diesem Grunde auch Müdigkeit. Außer dem Folsäuremangel sind andere Vitaminmangelerscheinungen für Müdigkeit verantwortlich. Ein Vitamin-C-Mangel kann zu Müdigkeit führen und auch andere Symptome hervorrufen wie Lethargie, Zahnfleischblutungen, lockere Zähne, brüchige Knochen. Das Fehlen von Vitamin $B_1$ kann einhergehen mit abnormer Müdigkeit und anderen Symptomen wie Appetitlosigkeit, Gewichtsverlust, Gefühllosigkeit in Händen und Füßen, Wadenkrämpfen, emotioneller Instabilität, Atembeschwerden, Gehbeschwerden, schnellem Puls und Gewebeschwellung.

### *Andere Gründe*

Einige Drüsenstörungen, vor allem Hypothyreose und Nebenniereninsuffizienz, auch Addisonsche Krankheit genannt, als eines der Symptome können anomale Müdigkeit bewirken (siehe Kapitel 8). Anämie kann ebenso ein Grund hierfür sein (Kapitel 7). Schlafstörungen, von denen einige den Betroffenen nicht auffallen, können auf scheinbar psychogene Müdigkeit hindeuten (Kapitel 9). Viele Medikamente können Müdigkeit als Nebenwirkung hervorrufen, unter ihnen Antikonvulsiva gegen Krampfanfälle, antipectanginöse Mittel gegen Angina pectoris, anti-arhythmische Wirkstoffe gegen Herzrhythmusstörungen, Mittel gegen Parkinsonismus, Sulfonamide gegen Infektionen und die Antibabypille (siehe Kapitel 17). Hypoglykämie (oder niedriger Blutzuckerspiegel; Kapitel 12) und Nahrungsmittelallergie (Kapitel 11) sind nicht selten der Grund für anomale Müdigkeit, wie übrigens auch Koffeinvergiftung (Kapitel 16).

# 6. Kaffee ist gut, aber allzuviel kann ungesund sein

Dr. John F. Greden, früher Arzt am Walter Reed Army Medical Center und nun außerordentlicher Professor für Psychiatrie an der Universität Michigan, brachte das Thema bei einer Versammlung der Amerikanischen Psychiatrischen Gesellschaft im Jahr 1974 zur Sprache und illustrierte es anhand einiger dramatischer Fälle von Patienten, die gleichsam spontan geheilt wurden, sobald ihr Problem erkannt worden war.

Eine Patientin, eine junge Krankenschwester, die mit einem Militärarzt verheiratet war, suchte den Arzt auf, weil sie seit Wochen unter Verwirrtheit, Zittern, Atemlosigkeit, Kopfschmerzen und irregulärer Herztätigkeit gelitten hatte. Die körperliche Untersuchung ergab keinen organischen Befund, und die junge Frau wurde in eine psychiatrische Klinik für ambulante Patienten überwiesen mit der Diagnose «Angstreaktion», welche auf ihre Besorgnis zurückgeführt wurde, ihr Ehemann könnte nach Vietnam einberufen werden.

Die junge Krankenschwester weigerte sich indessen, diese Diagnose zu akzeptieren und war in der Tat die erste, die die mögliche Ursache ihrer Beschwerden erahnte. Nach zehn Tagen gelang es ihr dann, den Kausalzusammenhang zwischen diesen und ihrem exzessiven Kaffeekonsum herzustellen. Sie hatte sich nämlich eine neue Methode, Kaffee zu machen, einfallen lassen, und der Kaffee hatte ihr so gut geschmeckt, daß sie zehn bis zwölf Tassen täglich trank. Sechsunddreißig Stunden, nachdem sie ihre ganztägige Kaffeetrinkerei aufgegeben hatte, waren ihre Symptome verschwunden. Als sie es später wieder mit Koffein zu tun bekam, traten die Symptome prompt wieder auf und verschwanden erst wieder, als das Koffein eliminiert wurde.

Ein anderer Fall betraf einen siebenunddreißig Jahre alten Offizier, der nach zwei Jahren chronischer Angstzustände zu einem Psychiater geschickt wurde. Bei ihm traten die Symptome fast täglich auf und umfaßten Schwindel, Zittern, Befürchtungen wegen seiner dienstlichen Leistungen, Unruhe, häufigen Durchfall, und hartnäckige Schlaflosigkeit. Drei gründliche medizinische Untersuchungen ergaben keinen Befund. Tranquilizers halfen wenig. Zum Schluß fand man aber heraus, daß er pro Tag acht bis vierzehn Tassen Kaffee trank und oft eine Tasse heißen Kakao, bevor er schlafen ging. Er liebte auch Kola-Getränke und nahm drei bis vier Softdrinks zu sich. Die Idee, daß Koffeinvergiftung an seinen Symptomen schuld sei, verwies er ins Gebiet der Absurdität und trank weiterhin Kaffee, Kakao und Kola-Getränke. Endlich aber gab er nach, und schon nach wenigen Wochen berichtete er, daß seine Beschwerden nachgelassen hätten.

Die Entdeckung Dr. Gredens, daß größere Mengen von Koffein, wie sie in Kaffee und anderen Getränken, inklusive Tee und Kola-Getränken nebst koffeinhaltigen Medikamenten wie etwa Kopfwehtabletten vorkommen, Symptome hervorbringen die chronische Angst vortäuschen können, wurde bald durch andere Forscher bestätigt. Greden selber hat in einer unlängst publizierten Studie darauf aufmerksam gemacht, daß Koffein auch bei Depression und abnormer Müdigkeit ein auslösender Faktor sein kann.

### *Koffein: Freund und/oder Feind*

Der Sage nach wurde Kaffee vor ungefähr tausend Jahren von arabischen Hirten entdeckt, denen aufgefallen war, daß ihre Herde die ganze Nacht herumhüpfte, nachdem sie am Tage die Bohnen der Kaffeesträucher gefressen hatte. Die stimulierenden Qualitäten machten den Arabern großen Eindruck. Diese Stimulierung stammt von einem Bestandteil der Kaffeebohne, dem Koffein, das auf das Zentralnervensystem wirkt. Viele, wenn nicht die meisten Leute, sind begeistert von den zahllosen Vorzügen des im Kaffee und anderen Getränken konsumierten Koffeins. Koffein verscheucht die Müdigkeit oder täuscht zumindest über sie hinweg, macht munter, belebt und bewirkt manchmal eine sanfte Euphorie.

Die Medikamentenhersteller haben sich seine Vorteile zunutze gemacht. Koffein ist der wirksamste Bestandteil in Aufputschpräparaten, die über den Ladentisch hinweg verkauft werden (die Dosis in einer stimulierenden Tablette, 100 Milligramm, entspricht ungefähr einer Tasse Kaffee) und befindet sich auch in Medikamenten gegen Schnupfen, um der von den Antihistaminen produzierten Müdigkeit entgegenzuwirken. Da Koffein die Blutgefäße des Gehirns verengt, ist es auch in vielen Kopfwehtabletten zu finden.

Eine Zeitlang hing über dem Kaffee, oder genauer gesagt, dem Bestandteil Koffein, eine schwarze Wolke: Herzattacke. Im Jahr 1963 erschien der erste einer Reihe von Berichten, die auf einen möglichen Kausalzusammenhang zwischen Kaffee und Krankheiten der Koronararterien hinwies. Und in den Jahren 1972 und 1973 bewiesen andere Studien, daß Leute, die mehr als fünf Tassen Kaffee pro Tag tranken, zweimal häufiger von Herzattacken bedroht waren als Kaffeeabstinenten. Aber dann, in jüngster Zeit, erschienen Studien, die das Gegenteil bewiesen. Sicher ist, daß Koffein den Herzschlag beschleunigen, den Blutdruck hinauftreiben, den Schlaf stören, den Fettsäurespiegel im Blut erhöhen kann. Aber so eindrücklich auch solche Indizienbeweise sein mögen, reichen sie wirklich aus, um Koffein als Risikofaktor bei Erkrankungen der Herzkranzgefäße schuldig zu sprechen? Die späteren Forschungen lieferten Beweise für seine Unschuld.

Eine dieser Studien basierte auf der Analyse ausführlicher Fragebogen betreffs gründlicher medizinischer Untersuchungen, die 197 Männer zwischen 40 und 79 Jahren ausgefüllt hatten, kurze Zeit, bevor sie eines plötzlichen Todes gestorben waren. Ein Vergleich mit den Daten anderer Männer im selben Alter und mit den gleichen Charakteristika, die ausgewählt wurden aus 250 000 computerisierten ausführlichen Fragebögen, zeigte keine wesentliche Zunahme plötzlicher Todesfälle durch Herzattacken bei Männern, die mehr als sechs Tassen Kaffee pro Tag tranken.

Der andere Bericht stammte aus der Framingham-Studie, die 1949 begonnen wurde und eine der ausführlichsten je durchgeführten Untersuchungen über Herzkrankheiten darstellt. In dieser fortdauernden Studie an Tausenden von Männern und Frauen des Staates Massachusetts wurde über zwölf Jahre hinweg der tägliche Kaffeekonsum der Testper-

sonen notiert. Es ergaben sich zwischen Kaffeetrinkern und Nichtkaffeetrinkern im Hinblick auf beginnende Krankheiten der Koronararterien oder auf die Entwicklung von Anzeichen von Herzkrankheiten wie Angina pectoris oder Herzinfarkte keine wesentlichen Unterschiede. Die Wissenschaftler fanden auch keine wesentliche Beziehung zwischen Kaffeegenuß und Schlaganfällen und anderen Herz- und Blutgefäßkrankheiten, die mit Krankheiten der Koronararterien nicht in Zusammenhang stehen. Wie steht es mit der Rolle des Kaffees bei anderen Störungen, nachdem er nun vom Vorwurf, ein Faktor bei Herzkrankheiten zu sein, reingewaschen wurde?
Magengeschwüre? Koffein stimuliert natürlich die Säuresekretion des Magens. Die Stimulierung ist bei Gesunden geringfügig und vorübergehend, aber anhaltend bei Ulcuspatienten, was darauf hinweist, daß Leute, die zu Magengeschwüren neigen, diesbezüglich empfindlicher sind und daher Kaffee nur in Maßen zu sich nehmen sollten. Sodbrennen? Bei manchen Menschen kann Koffein Sodbrennen bewirken. Der Vorgang ist zweiphasig. Während Koffein die Magensäuresekretion anregt, bewirkt es eine geringe Tonusverminderung des Sphinkters, des ringförmigen Muskels des Oesophagus in der Nähe des Mageneingangs, und dieses Nachlassen dürfte genügen, um es der Magensäure zu ermöglichen, aus dem Magen in die Speiseröhre zurückzufließen und so Sodbrennen zu produzieren.

### *Die Dosis, welche Angstzustände bewirkt*

Die Empfindlichkeit ist natürlich von Fall zu Fall verschieden, aber wie Dr. Greden in seiner ersten Studie nachwies, genügen bei gewissen Leuten schon 250 Milligramm Koffein pro Tag, um Symptome hervorzurufen, die die chronische Angst nachahmen, so zum Beispiel Unruhe, Reizbarkeit, Muskelzucken, Kopfschmerzen, Schlaflosigkeit, raschen Puls, Erröten, Lethargie, Übelkeit, Erbrechen, Durchfall und Brustschmerzen.
250 Milligramm, eine Menge, die Störungen bewirken kann, sind für viele Leute nur ein Bruchteil ihres täglichen Koffeinkonsums. So ergeben zum Beispiel drei Tassen Kaffee,

zwei koffeinhaltige Kopfwehtabletten und ein koffeinhaltiger Kola-Drink, die während eines Vormittags konsumiert werden, 500 Milligramm Koffein. Bei allen Befragungen bei der Durchschnittsbevölkerung und bei Untergruppen, wie Hausfrauen und Medizinstudenten, ergab sich, daß 20 bis 30 % der Befragten mehr als 500 bis 600 Milligramm Koffein pro Tag konsumierten.
Eine gewöhnliche Tasse heißen Kaffees enthält 100 bis 150 Milligramm Koffein, Schnellkaffee 86 bis 99 mg, koffeinfreier Kaffee 2 bis 4 mg, Tee 60 bis 70 mg, Kakao 50 mg, Kola-Getränke 40 bis 72 mg pro drei Deziliterflasche, 30 Gramm Milchschokolade 3 mg, bittersüße Schokolade 25 mg; der Koffeingehalt pro Tablette in den im Laden ohne Rezept erhältlichen Medikamenten beträgt ungefähr 30 mg, Schnupfenmittel enthalten 30 mg, Anregungsmittel 100 mg.
Kurz nach Dr. Gredens erstem Bericht, demzufolge Koffeinvergiftung leicht zur Fehldiagnose «Angstsyndrom» führen könne, bestätigten mehrere andere Forscher dieses Ergebnis. Es folgte eine Studie über 135 Psychiatriepatienten. 25 Prozent waren «starke» Kaffeetrinker und tranken mehr als fünf Tassen pro Tag. Bezeichnenderweise hatten diese Patienten ausgeprägtere Angstsymptome und zwangsläufig wurde eine größere Zahl von ihnen als «Psychotiker» bezeichnet.

### *Depression und Müdigkeit*

Gegen Ende des Jahres 1976 führten Dr. Greden und seine Mitarbeiter eine Untersuchung durch, die ein neues Kapitel in der Geschichte der Koffeinvergiftung werden sollte. Sie verteilten 83 stationären Patienten einen sechsundzwanzigseitigen Fragebogen, der Auskunft wünschte über Art und Menge des konsumierten Koffeins, Eigenbeobachtungen betreffend der Wirkungen des Koffeins, Aufzählung der Angstsymptome und anderer seelischer Störungen. Hierauf testeten die Forscher die Patienten auf Angst und Depression.
Ausgehend von der Berechnung der Koffeineinnahme, teilten die Forscher die Patienten in drei Gruppen ein: «schwache» Kaffeetrinker, die weniger als 250 Milligramm pro Tag zu sich nahmen: «Mäßige» Kaffeetrinker, die pro Tag zwi-

schen 250 und 749 Milligramm konsumierten; und «starke» Kaffeetrinker, die über 750 Milligramm pro Tag zu sich nahmen.

Selbst bei dem willkürlich angesetzten hohen Wert von 750 Milligramm oder mehr für die starken Kaffeetrinker – man hätte auch einen niedrigeren Wert von 500 oder 600 Milligramm nehmen können –, fielen 22 % der Patienten in diese Kategorie. 42 % waren mäßige Kaffeetrinker und 36% schwache.

Die Unterschiede zwischen den Gruppen waren beträchtlich. 61 % der starken Verbraucher berichteten, daß sie oft oder fast immer «rasch ermüden». Von den mäßigen Verbrauchern waren es 54 % und von den schwachen Kaffeetrinkern nur 24 %.

Bedeutend mehr der starken Verbraucher klagten auch darüber, daß persönliche Angelegenheiten ihnen sehr zu schaffen machten, daß sie das Gefühl hätten, die Schwierigkeiten würden sich vor ihnen auftürmen, daß sie am liebsten losheulen möchten und daß sie todunglücklich seien. Im Gegensatz dazu sagte nur ein geringer Prozentsatz von ihnen, daß sie guter Laune, ausgeruht, glücklich oder zufrieden seien.

Mit zunehmender Koffeinaufnahme nahmen auch die Symptome der Angst zu, und das Gefühl der Ruhe verschwand. Ein wesentlich größerer Prozentsatz der starken Verbraucher sagte aus, häufig zu Tranquilizers wie Valium, Librium und zu Sedativen Zuflucht zu nehmen.

Die Hälfte der starken Verbraucher rangierte auf der Depressionsskala ganz weit oben, was auf schwerste Depression schließen ließ.

Den Quellen der Koffeinzufuhr nachgehend, fanden die Forscher heraus, daß die starken Verbraucher durchschnittlich 15 % vom Kaffee bezogen, 10 bis 15 % vom Tee, 5 bis 10 % von Kola-Getränken und 5 bis 10 % von Medikamenten. Die Koffeinzuführung begann bei den starken Verbrauchern in der Regel mit 15 Jahren, und bei den andern etwas später, was vermuten läßt, daß das Koffeinsyndrom zu seiner Entwicklung Jahre braucht. Ein Patient konsumierte durchschnittlich allein via Koffeintabletten 400 Milligramm pro Tag. Ein anderer nahm erschreckende 4000 Milligramm pro Tag zu sich, was die Ärzte zuerst nicht glauben wollten, bis die Nachprüfungen es bestätigten. Trotz aller Symptome brachten nur wenige der starken Kaffeetrinker sie mit Koffein in Zusammenhang. Einige behaupteten sogar, daß Kaffee oder Tee sie munter mache. Dr. Greden und seine Mitarbeiter indes waren gar nicht überrascht über das häufige Vorkommen von Angstsymptomen bei starken Kaffeetrinkern. Das war bei der Natur der Droge, ihrer Wirkung auf den Körper, ja zu erwarten. Koffein ist ja nicht nur ein Stimulans für das Zentralnervensystem, sondern es verstärkt im Körper auch die Norepinephrinausschüttung, eines Hormons, das in zu hohen Mengen Angst auslöst.

Es darf als sicher gelten, daß gewisse Menschen auf Koffein stärker reagieren als andere. Wir wissen aber bis heute nicht, ob sich unter den Psychiatriepatienten ein hoher Prozentsatz solcher übersensibler Menschen befindet. Ein Hinweis auf diese Möglichkeit ergibt sich jedoch aus einer Studie aus jüngster Zeit, die beschäftigungslose Automechaniker zum Thema hatte. Der Verfasser wies nach, daß bei diesen Männern die Zunahme der Norepinephrinausschüttung größer war, wenn sie aus Ärger über den Verlust ihrer Arbeitsstelle Kaffee tranken, als wenn sie ihn in der Arbeitspause zu sich nahmen und größer auch als die der Kontrollpersonen. Geistig und seelisch gestörte Patienten haben ihren eigenen Streß, sagte Dr. Greden, und es ist möglich, daß starke Koffeinzufuhr in Streßzeiten ihre Symptome verstärkt auftreten läßt.

Dr. Greden und seine Kollegen waren sehr überrascht von der hohen Zahl von Depressionen unter den starken Kaffeetrinkern. Eine der möglichen Erklärungen ist die, daß gewisse Leute, die deprimiert sind, sich die Medizin Kaffee verschreiben. Es ist aber auch möglich, daß chronische Koffeineinnahme bei gewissen Leuten als Auslösung depressiver Symptome wirkt, und es sind spezielle biologische Mechanismen bereits erforscht, mit deren Hilfe die Droge das erreicht.

Als Greden die Ergebnisse seiner Untersuchungen bei der Jahresversammlung der Psychiatrischen Gesellschaft 1977 seinen Kollegen vorlegte, fügte er hinzu, daß ihre Botschaft für Psychiater und Ärzte also laute: «Koffeinvergiftung findet sich vermutlich bei einem ziemlich großen Prozentsatz von geistig und seelisch gestörten Menschen. Diese Patienten können indessen nur durch genaues Studium der Krankengeschichte identifiziert werden. Ohne gründlichste Untersuchung gibt es keine korrekte Diagnose, und ohne korrekte Diagnose keine Heilung.» Er schlägt den Ärzten, die Patienten behandeln, die starke Kaffeetrinker sind, vor, ihnen für eine Woche das Kaffeetrinken zu verbieten und dann abzuwarten, was geschieht. Dies ist im übrigen etwas, das Leute, die unter Angst, Depression und Müdigkeit leiden, auch ohne Anleitung eines Arztes versuchen können.

# 7. Anämie — die unbekannte Krankheit

Keine der schweren Gesundheitsstörungen wird wohl mehr mißverstanden, vernachlässigt und falsch behandelt als Anämie.

Anämie! Jeder weiß, oder glaubt zu wissen, was das ist — nichts weiter als blasses Aussehen und Niedergeschlagenheit. Eisenhaltige Präparate oder Vitamintabletten bringen das schnell wieder in Ordnung.

Als vor kurzer Zeit drei Menschen — eine Schülerin, eine Hausfrau und Mutter von zwei Kindern und ein 34jähriger Geschäftsmann — anämisch wurden und alle die gleichen Symptome hatten, halfen eisenhaltige Präparate und Vitamintabletten nichts. Sie konnten auch nicht helfen. Denn die Anämie des Mädchens stammte von einer Schilddrüsenstörung, die der Hausfrau von einem nicht entdeckten, aufgebrochenen Geschwür und die des Geschäftsmannes war eine Nebenwirkung eines an sich sehr guten Medikamentes, die seine gesamte Blutversorgung beeinträchtigte, und wenn das nicht noch zur rechten Zeit entdeckt und behoben worden wäre, so wäre er gestorben. Diese Fälle weisen auf einen Aspekt der Anämie: daß sie viele Ursachen haben kann. Ein anderer ist, daß sie vielerlei Gestalten annehmen kann.

Ist sie leicht, dann manifestiert sich Anämie in einer unbestimmten Art von leichter Ermüdbarkeit und im Fehlen von Energie. Ist sie nicht so leicht, dann spürt der Patient die Müdigkeit sehr und auch den Leistungsabfall, ebenso wie Reizbarkeit und unbestimmte Schmerzen im Bauch. Ist die Krankheit schwer, führt sie zu Erschöpfung und Apathie und zu einer Vielzahl von Symptomen wie Appetitlosigkeit, Übelkeit, Erbrechen, Durchfall, Gelbfärbung der Haut, wunder Zunge, Kribbeln und Prickeln von Händen und Füßen, Kurzatmigkeit, Palpitation, hämmernden Kopfschmerzen, Augenflimmern, geistiger Verwirrung und psychotischem Verhalten.

## *Häufig und falsch behandelt*

Vor mehr als einem Dutzend Jahren wurde allgemein bekannt, daß Anämie verbreiteter war, als bisher angenommen wurde. In Berichten aus jener Zeit wird festgehalten, daß bei mindestens zwanzig Prozent aller Patienten, die aus welchem Grund auch immer in ein Krankenhaus eingeliefert wurden, Anämie festgestellt wurde. Die medizinischen Berichte wiesen darauf hin, daß die Gesamtzahl der an Anämie Erkrankten unbekannt sei, leichte Anämie aber relativ häufig vorkomme und mittlere bis schwere Fälle vor allem bei gewissen Gruppen wie Kleinkindern, Greisen und Schwangeren fast die Regel seien.

Die Ärzteschaft gab damals ihrer Besorgnis über das öffentliche Mißverständnis betreffend Anämie Ausdruck und betonte, daß das Einnehmen von Vitamin- und mineralhaltigen Präparaten zur Auffrischung des «verbrauchten Blutes» nichts anderes sei als eine Vergeudung von wertvoller Zeit. Es herrschte auch Besorgnis über die Unfähigkeit vieler Ärzte, Anämie richtig zu behandeln, Ärzte, die, wie ein berühmter Hämatologe es formulierte, «glauben, man könne einfach jedem Patienten, der an Anämie leidet, Vitamine und Eisen verschreiben, Kobalt, Kupfer und Leber, nebst einigen andern Sachen und dann erwarten, daß alles gut werde.» Indem sie den Patienten gleich wieder hinauskomplimentierten, ersparten sie sich die Mühe, herauszufinden, was denn eigentlich die Anämie verursachte.

Hat sich die Situation geändert? Wenn ja, dann nur insofern, als die Krankheit noch häufiger auftritt als früher. Zu den neuen Ursachen, die sie bewirken, gehört der weitverbreitete Gebrauch der Antibabypille.

Eine weitere Ursache, die erst vor kurzem bekannt geworden ist, ist die Blutentnahme zu diagnostischen Zwecken. Aus einer in einem größeren New Yorker Spital durchgeführten Untersuchung wissen wir, daß 40 % von einer Gruppe von Patienten, die beim Eintritt ins Krankenhaus keine Anämie hatten, kurz vor ihrer Entlassung anämisch waren, und als Grund hierfür stellte sich die Entnahme von Blut zu Testzwecken heraus. In der Untersuchung wurde darauf hingewiesen, daß «Bluttestanämie» zu einem echten Problem werden würde, wenn keine Vorkehrungen zur Eliminierung

unnötiger Tests und zur Reduzierung der erforderlichen Blutmenge getroffen würden.
Hat die Behandlung von Anämie heute Fortschritte gemacht? Verstehen die Ärzte mehr davon als vor zwölf Jahren? Manchmal schon. Viel zu oft aber leider nicht.
Daß ein Großteil der Öffentlichkeit von Anämie nichts versteht, mag ja noch angehen. Leider ist es aber so, daß auch viele Ärzte diese Krankheit nicht verstehen. Sie wenden immer noch die alte Methode des Hinauskomplimentierens an. Sie scheinen immer noch nicht gelernt zu haben, daß Anämie ein Zeichen ist und daß die Ursache unbedingt gefunden und behandelt werden muß, wenn der Patient geheilt werden soll.
«Sie haben eine Art Reflex entwickelt», sagt ein besorgter Hämatologe, «und greifen nach Eisen, Vitamin $B_{12}$, Folsäure oder irgendeinem anderen Mittel, das gerade zur Hand ist, statt genau herauszufinden, was los ist.»
Leute mit Gefühls- und Verhaltensstörungen und/oder anderen scheinbar seelisch bedingten körperlichen Symptomen können sehr wohl Opfer von Anämie sein — entweder unwissende Opfer oder Opfer nutzloser Eigenbehandlung oder Opfer falscher medizinischer Behandlung.

## *Das Blutbild*

Anämie bedeutet einen anomalen Blutzustand, und man versteht sie am besten, wenn man sich die Bewegungen dieser bemerkenswerten inneren See vor Augen hält.
Durch ungefähr 100 000 km Arterien, Venen und Kapillarien fließt das Blut, reich an Substanzen, zu denen auch die weißen und die roten Blutkörperchen gehören, und versorgt alle Organe. Die weißen Blutkörperchen haben Schutzfunktion. Wenn Sie sich zum Beispiel in den Finger schneiden und es siedeln sich in der Wunde Bakterien an, die sich vermehren, werden an dieser Stelle weiße Blutkörperchen zu ihrer Vertreibung mobilisiert.
Aber tagaus, tagein sind es die roten Blutkörperchen, die das Leben erhalten. Es sind untertassenförmige Partikelchen, so winzig, daß fast tausend auf einen Zentimeter gehen. Das Blut enthält so viele — etwa dreißig Trillionen —, daß sie

viermal die Erde umspannen könnten, wenn man sie wie die Perlen eines Rosenkranzes aneinanderreihte.
Die roten Blutkörperchen verdanken ihre Farbe dem Hämoglobin, einem Pigment mit starker Neigung und Fähigkeit, sich mit Sauerstoff zu verbinden. Und dank dem Hämoglobin sind die roten Blutkörperchen imstande, den lebensnotwendigen Sauerstoff von den Lungen in jedes Körpergewebe zu tragen.
Gebildet im Mark von kurzen platten Knochen, können die roten Blutkörperchen bis zu 120 Tagen leben, werden dann, wenn sie verbraucht sind, aus der Blutzirkulation ausgeschieden und enden in der Milz, dem Grab der roten Blutkörperchen. Eisen und Protein sind Aufbausubstanzen des Hämoglobins, und andere Nahrungsbestandteile inklusive Vitamine und Mineralien sind an der Produktion der roten Blutkörperchen beteiligt. Geht alles seinen normalen Gang, so reicht die Bildung von roten Blutkörperchen und Hämoglobin für die Bedürfnisse des Körpers. Pro Stunde werden ungefähr zehn Milliarden hämoglobinhaltige rote Blutkörperchen verbraucht, die ersetzt werden müssen. Anämie entsteht, wenn zu wenig rote Blutkörperchen gebildet werden oder wenn diese nicht genügend Hämoglobin enthalten.

## *Eisenmangelanämie*

Eisenmangelanämie ist die häufigste Form der Anämie. Zu wenig Eisen bewirkt eine ungenügende Hämoglobinproduktion und Sauerstoffmangel in den Körpergeweben. Zu den Symptomen gehören Schwäche, leichte Ermüdbarkeit und Reizbarkeit. Ferner Blässe der Haut, Sodbrennen, Flatulenz, unbestimmte Leibschmerzen und ein kapriziöser Appetit, der auf eine Neurose hinweist. Eisenmangelanämie hat auch schon zu solch bizarrem Verhalten wie dem Essen von Erde und Ton durch Schwangere, dem Essen von Eiswürfelschalen durch Männer und dem Kauen von Gips und Farbstiften, mit der Gefahr von Bleivergiftung, durch Kinder geführt.
Die Gesamtmenge des Eisens im Körper beträgt nicht mehr als 5 oder 6 Gramm. Ein gesunder Mensch, der nicht zu stark blutet, verliert pro Tag ein Milligramm durch Harnausschei-

dung, Schweißabsonderung und abgestoßene Zellen. Der Verlust muß durch Nahrungszufuhr wieder ausgeglichen werden, und eine ausgewogene Nahrung enthält pro 1000 Kalorien sechs Milligramm Eisen. Dies wird aber nicht ganz absorbiert. Wie neuere Studien zeigten, werden im Durchschnitt bloß 5 bis 10 Prozent verbraucht; der Rest wird ausgeschieden. Die Zufuhr normaler Nahrung mit 6 Milligramm pro 1000 Kalorien, das heißt insgesamt zwischen 12 und 18 Milligramm Eisen pro Tag, liefert also bei einer Absorptionsrate von 5 bis 10 Prozent dem Körper das nötige neue Eisen, das den normalen Verlust des alten ersetzt.

Umfragen in jüngster Zeit haben jedoch ergeben, daß 20 % der Frauen zwischen Menarche und Menopause unter Eisenmangelanämie leiden und daß Adoleszentinnen in der Regel dreißig Prozent weniger Eisen zu sich nehmen, als sie benötigen. Die Männer sind diesbezüglich weniger gefährdet, aber durchaus nicht immun.

In den Jahren der Menstruation ist das Eisengleichgewicht prekär. Die Frau nimmt durchschnittlich weniger Eisen zu sich als der Mann, entweder, weil sie allgemein weniger ißt oder im speziellen weniger eisenhaltige Nahrung. Fleisch ist ein guter Eisenlieferant, eine Portion von 80 Gramm enthält 2 bis 3 Milligramm und Leber ein vielfaches davon; ein Ei enthält ein Milligramm; Austern, Sardinen und Garnelen liefern 2½ bis 5 Milligramm pro 80 Gramm. Das meiste Frischgemüse liefert eins bis vier Milligramm pro Portion. Andere eisenhaltige Produkte sind Dörrpflaumen, Rosinen, Nüsse, Datteln und gedörrte Bohnen.

Die Frauen verlieren viel mehr Eisen als der gesunde Mann. In der Regel werden während der Menstruation bis zu 28 Milligramm verloren. Bei einer eisenarmen Nahrung kann selbst bei normalem Menstruationsblutverlust Eisenmangel auftreten. Verstärkte Menstruation verstärkt das Risiko.

Im weiteren haben Forscher herausgefunden, daß es vielen Frauen oft gar nicht auffällt, daß sie eine übertrieben starke Periode haben und dementsprechend viel Blut verlieren, weil Tampons auch übermäßige Regelblutungen restlos aufsaugen, so daß ein falscher Eindruck entsteht.

Bei der normalen Regel beträgt das Blutvolumen zwischen 35 und 70 Kubikzentimeter. Wie leicht jedoch auch sehr große Blutmengen übersehen werden können, geht aus einem Beispiel hervor, das ein Arzt erwähnt: Die Tampons zweier intelligenter, medizinisch ausgebildeter Frauen, die an Anämie litten, hatten pro Periode die exzessive Menge von 200 Kubikzentimeter Blut aufgesogen, und keine der beiden Frauen hatte den ungewöhnlichen Blutverlust bemerkt.

Vor einiger Zeit fanden Forscher der Universität Harvard heraus, daß Eisenmangel sogar übertrieben starke Regelblutungen bewirken kann. Diese paradoxe Tatsache erklärt sich durch die Affinität des Hämoglobins zu allem im Körper vorhandenen Eisen, und wenn es an Eisen mangelt, stiehlt das Hämoglobin Eisen von einem Enzym, das an der Muskeltätigkeit beteiligt ist. Daraus kann sich eine Schwächung gewisser Muskelelemente des Uterus ergeben, die zu mangelhafter Kontraktion winziger uteriner Blutgefäße und fortgesetzter starker Blutung führen. Die Untersuchungen der Harvardärzte haben ergeben, daß bei Frauen mit starker Menstruation verstärkte Eisenzufuhr wesentliche Besserung bewirkt.

Aus neueren Untersuchungen von Forschern der Universität von Chicago wissen wir auch, daß ein ähnlicher Mechanismus die ansonsten mysteriösen Symptome von chronischer Müdigkeit, Nervosität, Schwindelgefühl und Kopfschmerzen bei Frauen, *die keine feststellbare Anämie haben,* erklärt. Wenn die Eisendepots leer sind, zweigt Hämoglobin Eisen von den Gewebeenzymen ab, und einige der Frauen, die genügend Hämoglobin in den roten Blutkörperchen haben, dürften eher an «verbrauchten Geweben» als an «verbrauchtem Blut» leiden.

### *Andere Ursachen*

Jeder Fall von Eisenmangelanämie erfordert eine gründliche medizinische Untersuchung. Es ist nicht nur gefährlich, aufgrund von gewissen Symptomen Anämie zu diagnostizieren und dann griffbereite eisenhaltige Präparate zu verschreiben; es ist für einen Arzt auch gefährlich — «sündhaft» nennt es ein Hämatologe — einfach Eisen zu verschreiben, wenn er nicht durch einen simplen Bluttest herausgefunden hat, daß die Anämie eine Eisenmangelanämie ist.

Der Mangel kann nämlich von ungenügender Eisenzufuhr stammen oder andere Ursachen haben. Er kann zum Beispiel durch schwache Absorption bedingt sein, wie bei der Zöliakie, einer Verdauungsstörung, bei der die Fähigkeit, Fett und andere Nahrungsstoffe zu verdauen und zu verwenden, als Folge von Empfindlichkeit gegen die Glutenkomponenten von Roggen und Weizen herabgesetzt ist.
Wenn die Zöliakie voll zum Ausbruch gekommen ist, bewirkt sie Flatulenz und große Mengen übelriechenden schaumigen Fettstuhls. Oft ist der Bauch aufgetrieben, und sich wiederholende Diarrhöeanfälle wechseln ab mit Verstopfung. Aus neueren Berichten wissen wir aber, daß ungefähr ein Drittel der Patienten — Erwachsene und Kinder — die an Zöliakie leiden, gar nicht diagnostiziert werden, da sie den typischen Symptomekomplex nicht aufweisen. Einige von ihnen haben nur Eisenmangelanämie. Die Zöliakie und der sie begleitende Eisenmangel können geheilt werden durch eine Behandlung, zu der auch zeitweilige fett- und glutenfreie Nahrung gehört.
Was aber bei der Eisenmangelanämie vor allem beachtet werden muß, sind anomale Blutungen. Bei einer Frau wird es unerläßlich sein, die Möglichkeit einer Menorrhagie zu prüfen. Bei Männern und bei Frauen nach der Menopause sind gastrointestinale Blutungen ein häufiger Grund des Blutverlustes. Es braucht sich keineswegs um starke Blutungen zu handeln. Ein Verlust von wenigen Kubikzentimetern pro Tag während längerer Zeitperiode kann sehr wohl zu Anämie führen.
Hämorrhoiden, Geschwüre und Divertikulitis können die Ursache hierfür sein.
Bei der Divertikulitis können sich im Kolon, dem Dickdarm, Hunderte von anomalen Ausbuchtungen befinden, die entzündet sind und bluten. Divertikulitis ist eine häufige und heilbare Krankheit. Manchmal genügt schon faserreiche Kost, die dem Kot Form gibt.
Manchmal kann auch ein Hiatusbruch die Ursache von Blutverlust sein. Bei diesem Leiden, auch Zwerchfellhernie genannt, ragt der Magen unnatürlich weit durch das Zwerchfell. Zwerchfellhernie ist weitverbreitet, zeigt in der Regel keine Symptome und verlangt auch keine Behandlung. Aber manchmal erlaubt sie Teilen des Mageninhalts, in den

Oesophagus zurückzukehren, was Sodbrennen und Brustschmerzen bewirkt und in manchen Fällen auch zu Blutungen führt.
Bei einigen Menschen erzeugt der chronische Gebrauch von Aspirin gastrointestinale Blutungen, die genügen, Eisenmangelanämie zu bewirken.

### *Richtige Behandlung*

Bei jeder Diagnose von Eisenmangelanämie sollte auch die Möglichkeit eines Blutverlustes in Betracht gezogen werden. Aufgrund der Krankengeschichte und der körperlichen Untersuchung sollte es dem Arzt nicht schwerfallen, gewisse potentielle Ursachen des Blutverlustes auszuschließen. Um andere herauszufinden, wird er sich des Röntgens und verschiedener Untersuchungen der Verdauungswege bedienen müssen.
Schon während der Suche nach der Ursache der Blutungen kann der Arzt eine eisenhaltige Medizin verschreiben, die in der Regel der Untersuchung nicht in die Quere kommt und dem Patienten hilft. Ein einfaches Eisenpräparat wie Ferrum sulfuricum leistet gute Dienste. Nach Ansicht der Experten brechen aber Ärzte und auch Patienten allzuoft die Behandlung zu früh ab. Obschon ein Eisenzusatz die Anämie in ungefähr einem Monat heilen kann, braucht es für das Anlegen von Eisendepots bei Patienten, die an einer bedrohlichen Anämie gelitten haben, eine Behandlungsdauer von drei bis sechs Monaten.

### *Folsäuremangelanämie*

Obschon weniger häufig vorkommend als Eisenmangelanämie, ist die Folsäuremangelanämie eine ziemlich weitverbreitete Krankheit.
Acidum Folicum ist ein wichtiges B-Vitamin, das in vielen natürlichen Nahrungsmitteln vorkommt — z. B. in Blattgemüse, in Fleisch, Fisch und Milchprodukten. Leider wird es rasch durch Hitze zerstört. Ein Folsäuremangel stellt sich dann ein, wenn die Nahrungsmittel, die das Vitamin enthal-

ten, auf dem Speisezettel fehlen oder wenn sie zu lange gekocht werden.
Auch die Antibabypille, die bei einigen Frauen die Resorption der Folsäure stört, kann im Körper diesbezügliche Mangelerscheinungen bewirken. Denselben Effekt können auch diverse Medikamente haben, zum Beispiel Malariamittel, Antikonvulsiva gegen Epilepsie und Alkohol (schwere Trinker neigen zu Folsäuremangel).
Untersuchungen der Weltgesundheitsorganisation ergaben bei einem Drittel bis zur Hälfte aller Schwangeren auf der ganzen Welt Folsäuremangel. Das kommt daher, daß der Fetus die mütterlichen Folsäuredepots anzapft. Ein Folsäuremangel kann sich auch bei der Produktion der Blutzellen störend bemerkbar machen. Er verändert die roten Blutkörperchen auf typische Weise: Sie sind ungewöhnlich groß, ungewöhnlich geformt und haben eine ungewöhnlich kurze Lebensdauer. Im Knochenmark, wo die roten Blutkörperchen produziert werden, wogt ein erbitterter Kampf, aber viele der folsäurearmen Blutkörperchen werden schon zerstört, bevor sie in den Blutkreislauf gelangen.
Der Grad des Folsäuremangels bestimmt, ob die Anämie mild, mäßig oder schwer ist. Der Beginn der Krankheit kann schleichend sein. An einem bestimmten Punkt werden aber Schwäche und leichte Ermüdbarkeit offensichtlich. Auch Reizbarkeit kann auftreten. Und in einigen Fällen Symptome wie Schlaflosigkeit und Vergeßlichkeit. Folsäuremangel kann sich auch in einer roten, geschwollenen, aufgesprungenen, glatten und glänzenden Zunge zeigen. Besteht Verdacht auf Folsäuremangel, so wird eine Blutprobe gemacht und durch einen simplen Test der Folsäurewert bestimmt. Der Mangel und die damit verbundene Anämie und die anderen Störungen werden in den meisten Fällen auf drastische Weise behoben durch Einnahme von nur einem Milligramm Acidum Folicum pro Tag. Größere Dosen sind nicht notwendig und helfen nicht.

### *Vitamin $B_6$ und sideroblastische Anämie*

Die sideroblastische Anämie, von der nur Männer befallen werden, hat die gleichen Symptome wie jede andere schwere Anämie und ist eine mysteriöse Krankheit.

Die roten Blutkörperchen gleichen denen bei der Eisenmangelanämie — sie sind blaß und klein. Aber es besteht kein Eisenmangel, ja die Eisenkonzentration im Blut ist sogar verstärkt. Das Problem besteht darin, daß das Eisen dem Hämoglobin nicht einverleibt wird, und die roten Blutkörperchen, denen das Hämoglobin fehlt, sind blaß und klein und unfähig, den Sauerstofftransport durchzuführen. Diese Anämie steht im Zusammenhang mit Pyridoxin (Vitamin $B_6$).

$B_6$, ein relativer Spätling unter den Vitaminen, wurde zum erstenmal im Jahr 1934 nachgewiesen, als es eine Hautkrankheit bei Ratten heilte. Aber erst im Jahr 1952 wurde der Beweis erbracht, daß es für den Menschen lebenswichtig ist. Heute wissen wir, daß der Körper es braucht, um Proteine und Kohlehydrate richtig zu verarbeiten, und daß es bei der Produktion von Hämoglobin eine wichtige Rolle spielt. In den frühen Stadien der Hämoglobinsynthese bildet Vitamin $B_6$ einen wesentlichen Bestandteil einer wichtigen chemischen Reaktion. Fehlt es, so kann die Reaktion nicht stattfinden, die Hämoglobinproduktion kommt zum Stillstand, und das Ergebnis ist Anämie. Den genauen Bedarf an diesem Vitamin kennen wir bis heute noch nicht, wir wissen bloß, daß er nicht groß ist. Vitamin $B_6$ kommt in vielen Nahrungsmitteln vor. Aber tiefgefrorenes Gemüse verliert 25 % des Gehalts davon, die hohe Temperatur beim Sterilisierungsprozeß in der Konservenproduktion zerstört das Vitamin, und im Mahlen der Getreidekörner zu feinem Weißmehl geht ebenfalls viel vom Vitamin verloren.

Gewisse Medikamente, vor allem Isoniazid und Cycloserin, die bei der Behandlung von Tuberkulose sehr hilfreich sind, führen zu Anämie, anscheinend dadurch, daß sie die Wirkung von $B_6$ stören. Die Anämie kann aber durch Zufuhr des Vitamins geheilt werden. Einige Menschen, vor allem Männer, die sonst kerngesund sind, erkranken an Anämie, weil ihr Organismus ein spezielles Bedürfnis nach großen Mengen Vitamin $B_6$ hat. Bei einigen Familien wurde die Erblichkeit dieser Störung nachgewiesen.

Glücklicherweise spricht der Patient, der an dieser Art Anämie erkrankt ist, auf 50 bis 200 Milligramm Vitamin $B_6$ pro Tag, die leicht durch Blut- und Knochenmarktests zu erstellen ist, an, vorausgesetzt, die Diagnose stimmt. Das überflüssige Eisen, das ins Blut gelangt, verschwindet im Hämoglobin. Das Hämoglobin wird normalen roten Blutkörperchen einverleibt. Das gesamt Blutbild normalisiert sich. Die Anämie ist geheilt.

### *Perniziöse Anämie — gar nicht so leicht zu diagnostizieren*

Es waren fast zwei Dutzend Patienten, die in ein großes Spital im Norden des Staates New York gekommen waren. Einige aus eigenem Antrieb, andere waren von ihrem Hausarzt eingewiesen worden, alle hatten sie die gleiche Krankheit, aber mit etwas verschiedenen Symptomen, und in keinem Fall war vor dem Eintritt in das Spital die richtige Diagnose gestellt worden. Viele der Patienten hatten über Schwäche, Atembeschwerden, Appetitlosigkeit und Gewichtsverlust geklagt. Andere litten an einem oder mehreren Symptomen wie Ermüdbarkeit, Gedächtnisstörungen, Unterleibsbeschwerden, einem Gefühl von Stechen und Brennen, Schwindel, Erbrechen, Verstopfung, entzündeter Zunge, Brustschmerzen, Husten, Schwanken, Gehbeschwerden.

Alle litten unter perniziöser Anämie. Warum war diese Diagnose von den einweisenden Ärzten, die in manchen Fällen die Patienten während Wochen und Monaten behandelt hatten, denn nicht gestellt worden? Zum einen, weil perniziöse Anämie oft als Anämie angesehen wird, die sich unveränderlich in Entzündung der Zunge oder anomalen Empfindungen in den Beinen äußern würde. Aber nur drei Patienten hatten eine entzündete Zunge und nur fünf anomale Empfindungen oder Gefühllosigkeit in den Beinen. Zum andern scheinen nicht wenige Ärzte nicht zu wissen, daß perniziöse Anämie eine Systemkrankheit ist, die nicht nur das Blut affiziert und zu Anämie führt, sondern auch andere Gewebe und Systeme in Mitleidenschaft zieht, inklusive das Gehirn, das Nervensystem, die Leber und den Verdauungsapparat. Es ist eine heimtückische Krankheit, die am häufigsten nach dem fünfzigsten Lebensjahr auftritt, aber auch jüngere Menschen schlagen kann. Im allgemeinen treten die gewöhnlichen Symptome der Anämie, wie Schwäche, Kurzatmigkeit, Palpitation, nicht im Anfangsstadium der Krankheit auf. Oft sind die ersten Anzeichen eine leichte Entzündung der Zunge und ein Kribbeln in Händen und Füßen. Die hierauf folgenden Symptome sind von Patient zu Patient verschieden. Früher oder später zeigen sich unter anderem Übelkeit, Erbrechen, Durchfall, Bauchschmerzen, Appetitlosigkeit und Gewichtsverlust.

Bei fast der Hälfte der Fälle treten Symptome eines gestörten Nervensystems auf, darunter Gedächtnisstörungen, Verwirrtheit, manchmal auch Euphorie und das Gefühl gesteigerten Wohlbefindens, und im fortgeschrittenen Stadium kann es auch zu psychotischem Verhalten kommen.

Die Ursache der perniziösen Anämie ist ein Mangel an Vitamin $B_{12}$; aber der Grund ist nicht, daß das Vitamin in der Nahrung fehlt. Eine so geringfügige Menge wie ein Microgramm pro Tag würde genügen. Ein Microgramm ist ein Millionstelgramm, eine erstaunliche Tatsache, wenn man bedenkt, daß Vitamin $B_{12}$ wesentlich ist für die Bildung roter Blutkörperchen, für normales Wachstum und tadelloses Funktionieren der Nervenzellen. Bei der perniziösen Anämie wird die Resorption von $B_{12}$ durch das Fehlen der genügenden Menge von Hämogenase, einer Substanz, die ein normaler Bestandteil des Magensafts ist, verhindert.

Zur Diagnose der perniziösen Anämie taugen viele Tests. Einer der besten ist der Schilling-Test, bei dem eine geringe Menge von radioaktivem Vitamin $B_{12}$ geschluckt wird. Dann wird die Menge des im Urin ausgeschiedenen Stoffes gemessen. Der Test zeigt, ob das Vitamin richtig resorbiert worden ist.

Die Behandlung besteht darin, den Vitaminmangel zu beheben und im Körper eine genügende Vitaminreserve zu bilden und aufrechtzuerhalten. Dieses Ziel kann erreicht werden durch Injektionen von 50 bis 100 Microgramm Vitamin $B_{12}$ einmal pro Woche während zwei bis vier Monaten. Hierauf einmal pro Monat eine Erhaltungsinjektion. Durch die Spritzen wird der Magen-Darm-Trakt vermieden und die Notwendigkeit der Zufuhr von Hämogenase zur Ermöglichung der Resorption.

### *Hypothyreoide Anämie*

Weder die Schülerin, welche wir zu Beginn dieses Kapitels erwähnten, deren Anämie die Folge einer Schilddrüsenstörung war, noch der Mann, dessen Anämie zuerst mit Eisenpräparaten und dann mit Vitamin $B_{12}$ behandelt wurde, das gleichfalls wirkungslos blieb, sind seltene Fälle.
Neben den gewöhnlichen Symptomen der Anämie hatte dieser Patient eine ausgetrocknete Haut und war schrecklich empfindlich gegen niedrige Temperaturen. Da das auch Anzeichen von Hypothyreose oder Schilddrüsenunterfunktion sein können, wurde ein Funktionstest gemacht. Der erste Test zeigte nichts Nachteiliges. Glücklicherweise wurde ein Wiederholungstest gemacht, und diesmal zeigte sich die Hypothyreose. Nachdem er mit Schilddrüsenextrakt, der die Drüsenfunktion anregt, behandelt worden war, verminderten sich alle seine Symptome inklusive der Anämie, obschon es mehrere Monate dauerte, bis er ganz wiederhergestellt war. Auf welchem Wege die Schilddrüsenunterfunktion (siehe auch Kapitel 8) Anämie hervorruft, weiß man bis heute nicht genau. Die Hormonausschüttungen der Schilddrüse sind wichtig für das Funktionieren von allen Organen, Geweben und Körperzellen. Bei einer Unterfunktion können Resorption und Verwendung von Vitamin $B_{12}$ behindert werden. Auch vermögen die Gewebe nicht mehr im normalen Rahmen Sauerstoff aufzunehmen, was dann zu einer Anämie führt. Bei einigen Frauen spielt die Schilddrüsenunterfunktion auch bei übermäßigen Regelblutungen eine Rolle, was wiederum zu der Entstehung einer Anämie beitragen kann.
Das Problem bei der Schilddrüsenschwäche liegt nicht in der Behandlung. Schilddrüsenbehandlung ist wirksam. Aber die zur Feststellung der Schilddrüsenschwäche angewendeten Tests sind nur bei schwerer Unterfunktion verläßlich, bei schwacher oder mäßiger Hypothyreose sind sie manchmal ungenau.
Viele Ärzte, die vertraut sind mit der Diagnose und Behandlung dieses Leidens, sind sich der Möglichkeit von falschen Laborbefunden durchaus bewußt, und wenn sie aufgrund der Symtome des Patienten eine Schilddrüsenunterfunktion vermuten, wiederholen sie den Test. Andere indessen den-

ken leider nach einem negativen Testergebnis nicht mehr an die Möglichkeit eine Hypothyreose.

### *G6PD und eine Männeranämie*

Mangel an G6PD (Glucose-6-phosphat-dehydrogenase) ist eine der gewöhnlichsten genetischen Abnormitäten des Mannes, kommt in Südeuropa, dem Mittleren Osten, Afrika und dem Orient vor und tritt bevorzugt bei Schwarzen, Sephardischen Juden, Griechen, Arabern und Ostindern auf. In den Vereinigten Staaten tritt sie bei ungefähr 12 Prozent der Schwarzen und bei zwei bis zwanzig Prozent der Männer mit mediterranen Vorfahren auf. Die Krankheit ist harmlos, zeigt keine Symptome, bereitet keine Schwierigkeiten mit Ausnahme gewisser Situationen wie bei der Einnahme spezieller Medikamente oder beim Vorhandensein einer schweren Infektion. Dann führt sie zur Zerstörung vieler roter Blutkörperchen und dadurch zur Anämie mit ihren Symptomen.

Die Abnormität ist das Fehlen eines Enzyms, G6PD, das sich normalerweise in den roten Blutkörperchen befindet. Dieser Mangel wird durch ein geschlechtsgebundenes Gen bewirkt und kommt nur bei Männern vor.

Vor einigen Jahren zog G6PD die Aufmerksamkeit auf sich, als Angehörige der amerikanischen Armee, die mit malariaverhütenden oder malariabekämpfenden Medikamenten behandelt worden waren, an einer mysteriösen Anämie erkrankten. Die Ursache war das fehlende Enzym. Heute wissen wir, daß Anämie auch entstehen kann, wenn das Enzym vorhanden ist, nämlich durch andere Medikamente inklusive Aspirin, Sulfonamidverbindungen, Phenacetin (ein Bestandteil verschiedener Kopfwehtabletten) und Nitrofurantoin, einem antibakteriellen Medikament, das manchmal gegen Infektionen der Harnwege angewendet wird.

Bei jedem praktischen Arzt kann ein Test gemacht werden, der zeigt, ob ein G6PD-Mangel vorliegt, was jedem Mann erlaubt, im Falle des Falles die Medikamente zu vermeiden, die ihm vorübergehend eine Zerstörung roter Blutkörperchen und eine Anämie eintragen.

## *Eine potentiell tödliche Anämie*

Aplastische Anämie ist eine Form der Anämie, bei der im Knochenmark die Produktion von Blutkörperchen teilweise oder völlig eingestellt wird. Manchmal geschieht das aus unbekannten Gründen. Aber wir kennen auch eine Anzahl Ursachen. Aplastische Anämie kann als Komplikation einer Virushepatitis auftreten, nach der Anwendung von krebsbekämpfenden Medikamenten oder der Bestrahlung von malignen Tumoren. Sie kann auch ausgelöst werden durch giftige Chemikalien wie Benzol oder Arsen. Gelegentlich ist sie eine Folge der Anwendung von für gewöhnlich guten Medikamenten, unter ihnen Sulfonamidverbindungen und Antibiotika, Goldverbindungen und Phenylbutazon gegen Arthritis und das Malariamittel Meparin.

In der Regel entwickelt sich die aplastische Anämie heimlich. Selbst wenn die Ursache ein Giftstoff oder ein Medikament ist, kann es Wochen, manchmal Monate dauern, bevor sich Symptome einstellen. Zeigen sich die bekannten Symptome der Anämie, so sind sie schwer, inklusive Müdigkeit und Schwäche. Die Haut und die Schleimhäute haben eine wächserne Blässe und manchmal auch blauschwarze Flekken. Oft blutet der Patient aus Mund und Nase.

Aplastische Anämie kann erkannt werden durch Blutuntersuchungen. Knochenmark in einer Probe, die durch Punktierung dem Brustbein entnommen wird, ist ein Indiz.

Wenn die Ursache eine giftige Chemikalie ist oder ein Medikament, tritt oft eine Spontanheilung ein, wenn der Stoff nicht mehr zugeführt wird. In Fällen von unbekannter Ursache sind Bluttransfusionen und verschiedene andere Maßnahmen unumgänglich. Frühdiagnose ist wesentlich. Eigenbehandlung oder Nichtbeachtung durch den Arzt können tödlich sein.

## *Die richtige Behandlung*

Wenn Sie aufgrund von Müdigkeit, Schwäche oder unnatürlicher Blässe zum Schluss kommen, daß Sie anämisch sein könnten, suchen Sie einen Arzt auf. Unterlassen Sie jede Eigenbehandlung. Wenn Sie beim Arzt sind, haben Sie ein Recht darauf, daß er einen Bluttest macht, um herauszufinden, ob es sich wirklich um Anämie handelt. Zu den Anzeichen von Anämie gehören Reduktion des Hämoglobins oder der Zahl der roten Blutkörperchen. Wenn eine Anämie diagnostiziert wird, so haben Sie ein Recht darauf, daß der Arzt versucht, ihre Ursache herauszufinden, und Sie sollten argwöhnisch werden, wenn er es nicht tut. Sie dürfen von ihm erwarten, daß er allen Ihren Symptomen gründlich nachgeht, sich für Ihre Herkunft interessiert, für die Krankengeschichte der Familie und Sie fragt, welche Medikamente Sie nehmen. Von den individuellen Umständen hängt es ab, ob eine Notwendigkeit für weitere Tests besteht, vermutlich des Knochenmarks, und für andere Untersuchungen. Sie haben ein Recht darauf, daß der Arzt Ihnen sagt, an welcher Art von Anämie Sie leiden, Ihnen die vermutete Ursache mitteilt, den Grund der Vermutung, welche anderen Ursachen noch in Frage kämen und die Behandlungsmethode.

Kurzum, Sie dürfen von Ihrem Arzt mehr erwarten als ein schnippisches «Sie sind ein bißchen anämisch. Nehmen Sie das hier.» Gibt Ihnen der Arzt keine detaillierte Auskunft, dann tun Sie gut daran, einen anderen Mediziner zu konsultieren. Und wenn der Ihnen alles ausführlich erklärt und Sie sich dann nach dreimonatiger Behandlung nicht besser fühlen, das heißt: fast gesund sind, dann tun Sie in Ihrem eigenen Interesse gut daran, einen Blutspezialisten (Hämatologen) aufzusuchen.

# 8. Gestörte Drüsenfunktionen und mannigfaltige Gemüts- und Verhaltensstörungen

Als Dr. Martha Schon von der Neuropsychiatrischen Klinik des Memorial Hospital in New York City vor einigen Jahren zwei Dutzend Patienten mit unbehandelter Schilddrüsenschwäche gründlich untersuchte, stellte sie fest, daß diese Leute leicht für schwere Neurotiker gehalten werden konnten.

Sie waren schnell müde, reizbar, nervös und neigten zu Gefühlsausbrüchen. Obschon sie ihr Verhalten bedauerten, waren sie nicht in der Lage, sich zu beherrschen. Sie litten auch unter schwachem Geschlechtstrieb, diffusen Muskelschmerzen, Sehstörungen und Sprachschwierigkeiten. Nachdem die Schilddrüsenschwäche behoben worden war, schwächten sich die körperlichen und seelischen Symptome ab oder verschwanden ganz, und Dr. Schon konnte bei den Patienten ein Gefühl des Wohlbehagens und der Integration der Persönlichkeit feststellen.

Sowohl Hirn- als auch Körperfunktionen reagieren empfindlich auf die Tätigkeit der Hormone der endokrinen Drüsen. Und daß sowohl seelisch-geistige als auch körperliche Symptome die Folge einer Drüsenstörung sein können, ist seit vielen Jahren bekannt.

Je nach Drüse und Grad der Dysfunktion kann es zu schwachen, mittleren oder starken Persönlichkeitsveränderungen kommen, zu Angst, Müdigkeit, Depression, Apathie, intellektueller Beeinträchtigung, ja sogar zu psychotischen Zuständen. Oft sind Gefühls- und Verhaltensstörungen — scheinbar psychogen — die ersten Anzeichen; die körperlichen Störungen sind meist diffus, und wenn kein Verdacht auf Drüsenstörungen besteht, werden sie mit der Diagnose «alles nur Einbildung» abgetan.

Bis vor ungefähr einem Jahrhundert betrachtete man das Nervensystem, von dem das Hirn ein Teil ist, als die alleinige Kontrollinstanz über die komplexen körperlichen Prozesse. Aber da blieben verwirrende Fragen. So war es zum Beispiel schwierig, den Größenunterschied der Menschen, die körperlichen Veränderungen, die während der Pubertät stattfinden, und die Verschiedenheit von Stärke und Leistungsfähigkeit allein durch das Nervensystem zu erklären. Es mußten noch andere Kräfte am Werk sein, und schließlich wurde das endokrine System entdeckt, das Drüsensystem, das sich wesentlich von andern Drüsensystemen des Körpers unterscheidet. Die letzteren — Schweiß-, Speichel- und andere «exokrine» Drüsen — sind Exkretionsdrüsen. Sie schütten ihre Produktion durch Röhren und Ausführungsgänge direkt in die Regionen ihrer lokalen Wirksamkeit.

Die endokrinen Drüsen — die Drüsen der inneren Sekretion — haben keine Gänge. Ihre Sekrete fließen direkt in den Blutstrom, der sie in weit entfernte Regionen trägt, damit sie dort ihre Funktion ausüben. Die endokrinen Drüsen sind weit voneinander entfernt, und sie unterscheiden sich stark in ihrer Erscheinung.

Die Hypophyse ist ein runder Körper, ungefähr von der Gestalt einer großen grünen Bohne, der durch den Hypophysenstiel am Hypothalamus befestigt ist. Die schmetterlingsförmige Schilddrüse liegt tief im Rachen. Die Nebenschilddrüsen, in der Nähe der Schilddrüse, oder mit ihr verbunden, sind vier kleine Körper (zwei Paare), die Luftgewehrschrotkugeln ähnlich sind.

Die Nebennieren, eine auf jeder Niere, gleichen Pilzen. Das Pankreas, eine große Drüse (etwa 16 cm lang), liegt gegen die Rückwand des Abdomens. Oberflächlich gesehen macht es den Anschein, als würde die Bauchspeicheldrüse nicht zum endokrinen System gehören, da sie einen Gang hat, der zum Darm führt. Sie enthält aber auch kleine, Langerhansinseln genannte Segmente, die eine endokrine Drüse bilden und ihre Sekrete in den Blutstrom ausschütten.

Die Gonaden oder Geschlechtsdrüsen bilden bei den Männern die Hoden und bei den Frauen die Eierstöcke. Und dann gibt es noch zwei andere Drüsen im System: die Zirbel-

drüse im obern Teil des Gehirns, über die noch sehr wenig bekannt ist, und der Thymus, die innere Brustdrüse hinter dem Brustbein, die bei der Errichtung des Immunitäts- oder Verteidigungssystems des Körpers beteiligt zu sein scheint.
Die Hormone, welche die endokrinen Drüsen via Blutstrom in die verschiedenen Körperregionen senden, haben die Funktion von Botschaften. Das Wort «Hormon» stammt aus dem Griechischen und bedeutet *erregen* oder *anspornen*. Und die Hormonsekretion setzt auch wirklich keine Prozesse in Gang, sondern erteilt Befehle, die gewisse Prozesse beschleunigen oder verlangsamen. Die endokrinen Drüsen sind voneinander abhängig. Was der einen geschieht, beeinflußt auch die andere. Wird eine Drüse entfernt, oder verändert sie ihre Funktion, so ändert sich auch das Funktionieren der andern.
Wir wollen ein Beispiel der Abhängigkeit geben: Die Hypophyse scheidet ein Hormon aus, das zur Stimulierung der Nebennieren dient. Die Nebennieren ihrerseits schütten ein Hormon aus, das zur Hypophyse hinaufsteigt und ihr mitteilt, sie möge die Produktion des die Nebenniere anregenden Hypophysenhormons dämpfen.
Die Hypophyse scheidet verschiedene Hormone aus, welche die andern endokrinen Drüsen anspornen, die ihrerseits wiederum, gleich den Nebennieren, mit der Ausschüttung von Hormonen reagieren, die der Hypophyse mitteilen, wenn sie genügend stimuliert worden sind. Bis vor kurzer Zeit wurde allgemein geglaubt, die Hypophyse sei die «Chefdrüse» des Körpers, aber heute wissen wir, daß sie kein unbeschränkt herrschender Monarch ist. Sie ist verbunden mit einer Gehirnregion, dem Hypothalamus. Und der Hypothalamus produziert ein Sekret, welches das Funktionieren der Hypophyse beeinflußt.
Daß das endokrine System und das autonome Nervensystem, der Teil des Nervensystems, der ohne Kontrolle durch das Bewußtsein arbeitet und die Tätigkeit des Herzmuskels, des Verdauungs- und des Atmungssystems beherrscht, eng zusammenarbeiten, ist klar. Überlegen Sie zum Beispiel einmal, was geschieht, wenn Ihr Körper aus irgendeinem Grund eine Alarmreaktion produziert. Das Nervensystem schickt eine Botschaft zu den Nebennieren, die hierauf ein Hormon ausschütten, das die Herztätigkeit verstärkt und die

Blutgefäße verengt, damit das Blut kräftiger fließt. Das Hormon bewirkt auch eine Entspannung und Erweiterung der Luftwege, damit rascher mehr Luft in die Lungen gelangt; nicht genug damit, erreicht das Hormon auch die Hypophyse, die hinwiederum mit Ausschüttung von Hormonen reagiert, die Schilddrüse, Nebenschilddrüsen und selbst die Gonaden veranlassen, Hormone auszuschütten, alles zum Zwecke der vollständigen und fast sofortigen Mobilisierung aller körperlichen und geistigen Kräfte, die nötig sind, um mit der Streßsituation fertig zu werden, zu kämpfen oder zu fliehen, und die einige der übermenschlichen Handlungen und Leistungen bewirken, deren Menschen in Streßsituationen oft fähig sind.
Die Beziehung zwischen dem endokrinen System und dem Nervensystem ist zweiwegig. Nervenimpulse beeinflussen die Drüsen, und Drüsen beeinflussen die Nerven. Gefühle wirken auf das autonome Nervensystem, das seinerseits die Drüsentätigkeit anregt. Und die Drüsen wirken auf das Nervensystem ein und beeinflussen die Gefühle.

### *Schilddrüsenstörungen*

Die Schilddrüse war eine der ersten endokrinen Drüsen, die entdeckt wurden. Ein alter Medizinerspruch sagt, daß wenige Gramm des Schilddrüsenhormons den Unterschied zwischen einem Einstein und einem Kretin ausmachen. Die Schilddrüse kontrolliert den Stoffwechsel, die Geschwindigkeit der chemischen Prozesse und den Energieverbrauch. Eine geringe Menge der Schilddrüsensekretionen, etwas weniger als ein Löffel pro Jahr, ist für einen Großteil der Produktion der Körperwärme verantwortlich. Sie helfen bei der Aufrechterhaltung der Blutzirkulation; ohne sie schlägt das Herz langsamer, viele Blutgefäße schließen sich, und Flüssigkeit sickert aus dem Blutkreislauf. Sie sind notwendig für die Muskeln, die bei ihrem Fehlen erschlaffen und verfetten. Sie erhöhen auch die Empfindungsfähigkeit der Nerven. Schon von Anfang an spielen sie bei der Gehirnentwicklung eine vitale Rolle. Kinder, denen es an Schilddrüsenhormonen mangelt, werden Kretins. Zu den Symptomen gehören Apathie, rauhe Stimme und die Unfähigkeit, sich kräftig zu entwickeln. Innert ein bis zwei Jahren zeigt sich auch die geistige Zurückgebliebenheit. Bei Früherkennung der extremen Schilddrüsenschwäche kann alles durch Behandlung mit Schilddrüsenhormon vermieden werden.

Völliges Fehlen des Schilddrüsenhormons ist selten. Relativ häufig ist jedoch eine gestörte Schilddrüsenfunktion, bei der entweder zu viel oder zu wenig Hormone ausgeschieden werden.

Viele Manifestationen schwerer Dysfunktion sind wohlbekannt und fast unverkennbar. Ein an schwerem Hyperthyreoidismus, Schilddrüsenüberfunktion, Leidender ist nervös und reizbar, wird rasch müde und verliert trotz gutem Appetit Gewicht bis zur Abmagerung. Die Haut ist warm und feucht, und die Augen treten hervor. Manchmal tritt Herzrasen auf, und der Blutdruck steigt merklich.

Das gegenteilige Leiden, die schwere Hypothyreose, bei der die Schilddrüse viel zu wenig Hormone produziert, manifestiert sich in einer Verlangsamung des gesamten Körpergeschehens. Es zeigen sich Schwäche und Unruhe, die Haut wird trocken, es besteht eine erhöhte Empfindlichkeit gegen Kälte, das Gedächtnis läßt nach, desgleichen der Geschlechtstrieb, und die Sprechweise wird schleppend, die Sprache unverständlich. Solche Symptome werden in der Regel zur rechten Zeit bemerkt und richtig gedeutet, sicher vom Arzt, manchmal auch vom Patienten. Es sind die klassischen Symptome schwerer Schilddrüsenunterfunktion, und die Menschen, die darunter leiden, werden zwecks Bestätigung der Diagnose medizinischen Tests unterworfen und dann wirkungsvoll behandelt.

In einem Test zur Bestimmung des Grundumsatzes atmet der Patient Sauerstoff ein, und die in der ausgeatmeten Luft zurückgebliebene Menge zeigt, wie die Schilddrüse funktioniert. Der Test wird heute selten angewendet, weil er mit Umständen verbunden ist: Der Patient muß ohne Frühstück zum Arzt gehen und eine geraume Weile bewegungslos liegenbleiben. Dafür gibt es aber eine Vielzahl von Schilddrüsenfunktionstests. In einem wird eine Kapsel radioaktiven Jods geschluckt, und ein Geigerzähler stellt die Menge fest, die in die Schilddrüse gelangt. Bei einem anderen Test wird die Menge proteingebundenes Jod, das ins Blut gelangt, gemessen, was eine Indikation für die Schilddrüsenfunktion

liefert. Es gibt noch weitere Tests, darunter einen, der die Abgabe eines Hypophysenhormons mißt, das die Schilddrüsentätigkeit anregt.
Sobald die Schilddrüsenstörung diagnostiziert worden ist, kann die Behandlung beginnen.
Beim Hyperthyreoidismus hilft ein Antithyreodikum wie Propylthiouracil oder Methimazol, um die exzessive Sekretion zu unterbinden. Es dauert einige Monate, bis die Schilddrüsenfunktion sich wieder normalisiert hat, und dann kann das Medikament abgesetzt werden. Diese Behandlungsmethode ist nicht für jedermann bekömmlich. Etwa neun Prozent reagieren darauf mit einer Medikamentenallergie und bekommen Fieber, Hautausschläge und andere Symptome. Weitere Möglichkeiten der Behandlung sind chirurgischer Eingriff und das Spritzen von radioaktivem Jod. Durch den chirurgischen Eingriff, subtotale Thyreoidektomie genannt, wird ein genügend großer Teil der Schilddrüse entfernt, um die Überfunktion zu bremsen.
Durch Injektion von radioaktivem Jod in Dosen, die ein Vielfaches der für den Schilddrüsentest verwendeten Menge betragen, wird die Schilddrüsenfunktion ebenfalls aufs Normale herabgesetzt. Was die Hypothyreose anbelangt, so genügt bei ihr eine einfache Ersatztherapie. Die Patienten nehmen regelmäßig Schilddrüsenhormonpillen, die entweder synthetisch oder aus tierischen Drüsen hergestellt werden, und zwar in einer Dosierung, die die Drüsenproduktion ergänzt.

### *Unterlassene Diagnosen*

Es kommt bei Schilddrüsenstörungen nicht selten vor, daß sie über lange Zeit unentdeckt bleiben und nicht einmal vermutet werden. Manchmal werden sie völlig übersehen. Zu einer Verzögerung der Diagnose kann es kommen, weil die Störungen sich langsam entwickeln, und wenn die ersten Symptome sich auf so Unbestimmbares wie Schwäche, Müdigkeit, Nervosität und Reizbarkeit beschränken, können sie vom Patienten und oft auch vom Arzt leicht anderen Ursachen zugeschrieben werden.
Untersuchungen aus jüngster Zeit haben eine große Zahl

von Beispielen gebracht, die zeigen, wie vielgestaltig sich die Schilddrüsenstörung äußern kann. Eine Frau mittleren Alters, die ein Jahr lang an zunehmendem Gewichtsverlust, Müdigkeit und Anfällen von Diarrhöe gelitten hatte und nur noch fünfundsechzig Pfund wog, wurde in ein Spital eingeliefert. Die Ärzte vermuteten Magen- und Darmkrebs. Die Tests zeigten jedoch keinerlei Malignität. Im Spital verlor die Patientin weiterhin an Gewicht. Endlich, zwei Wochen nach der Einlieferung, wurde die Möglichkeit einer Schilddrüsenstörung in Betracht gezogen, und die Tests bestätigten sie. Die Krankheit war übersehen worden, weil die Patientin überhaupt keine der üblichen Symptome schwerer Schilddrüsenüberfunktion gehabt hatte. Nachdem sie Medikamente gegen ihre exzessive Schilddrüsentätigkeit bekommen hatte, gewann sie rasch Gewicht, Kraft und Gesundheit zurück.

Ein 57jähriger Mann wurde in dasselbe Spital eingewiesen, nachdem er während eines Jahres seiner Familie in zunehmendem Maße lästig geworden war. Er litt unter Anfällen von Erregung, Unruhe und Überaktivität, war manchmal streitsüchtig und hatte sogar Wahnvorstellungen. Nach der Untersuchung im Spital wurde er mit der Diagnose Psychose in eine psychiatrische Abteilung überwiesen. Dort konnte er nicht stillsitzen, meldete sich zum Fensterwaschen, zum Bodenwischen, zum Tellerabräumen. Er schlief kaum und verlangte beim Essen immer noch eine Extraportion. Ein Arzt, der sich zwei Wochen dieses Verhalten angesehen hatte, vermutete eine Schilddrüsenstörung. Die Tests bestätigten die Vermutung. Der Patient litt an schwerer Schilddrüsenüberfunktion. Er wurde in die Abteilung für innere Krankheiten überwiesen und mit einem Antithyreodikum behandelt. Er beruhigte sich rasch und konnte bald in bester Verfassung entlassen werden.

Obschon ein beträchtlicher Prozentsatz der Patienten, die unter schwerem Hyperthyreoidismus leiden, außergewöhnliches, ja bizarres Verhalten an den Tag legen, können diese Verhaltensstörungen sehr wohl als Folgen seelischer statt körperlicher Krankheiten mißgedeutet werden. Wie Dr. Gregory M. Brown, Professor für Psychiatrie an der Universität von Toronto, ausgeführt hat, war es in der Tat so, «daß man früher Angst und Streß als die Ursache von Hyperthyreoidismus ansah. Es existiert über diesen Zusammenhang eine Unmenge Literatur. Wenn Angst wirklich die Ursache wäre, so wäre das nur möglich auf der Basis, daß der Hypothalamus die Hypophyse anregt, die ihrerseits wieder die Schilddrüse stimulieren würde, aber das ist nicht die normale Abfolge. Beim Großteil der Fälle sind die Thyreotropinwerte (TSH) im Blutplasma niedrig, was bedeutet, daß die Hypophyse keine Übersekretion des thyreotropen Hormons bewirkt und das Gehirn nicht durch Angst stimuliert wird, die Schilddrüse anzutreiben. Die beim Hyperthyreoidismus auftretende Angst ist vermutlich eher ein Ergebnis als ein verursachender Faktor der übermäßigen Schilddrüsenhormonsekretion.»

Forscher, die an Schilddrüsenüberfunktion leidende Patienten studiert haben, stellten bei 20 % ernsthafte geistige Störungen fest. Die Störungen sind aber verschiedener Natur. Angst und Depression treten häufig auf. Ebenso einerseits destruktive Unbeherrschtheit und andererseits Menschenscheu.

An der Universität von Nord Carolina studierten Ärzte zehn hyperthyreoide Patienten mit Geistesstörungen. Vier hatten große Konzentrationsschwierigkeiten, und das Kurzzeitgedächtnis war gestört. Ein Patient litt an verminderter Hörschärfe und herabgesetzter Sehschärfe. Viele hatten Schwierigkeiten mit dem Einmaleins. Müdigkeit, Angst und Reizbarkeit gehörten zu den häufigsten Beschwerden. Zwei Patienten klagten über Niedergeschlagenheit. Zwei litten unter Verfolgungswahn, und der eine von ihnen hatte optische Halluzinationen. Bei allen diesen Fällen trat eine auffallende Besserung nach der Behandlung der Schilddrüsenstörung ein.

Andere bizarre Formen von Hyperthyreoidismus wurden gelegentlich festgestellt: Myasthenie oder Muskelschwäche; periodische Muskellähmung; starke Brustschmerzen; geschwollene Knöchel; komaähnliche Zustände.

Von allen Krankheiten bewirken Schilddrüsenüberfunktion und Schilddrüsenunterfunktion am meisten unechte seelische und körperliche Störungen.

## *Hypothyreose*

Die Erkennung der Schilddrüsenunterfunktion ist erst ungefähr seit 100 Jahren möglich. Sie hieß früher Myxödem und wurde zum ersten Mal in England festgestellt. Als im Jahr 1888 eine Britische Kommission, die fünf Jahre zuvor zwecks Studiums dieser seltsamen Krankheit ernannt worden war, einen Bericht über die Beobachtungen an einhundert Fällen veröffentlichte, war darin festgehalten, daß alle Patienten langsam dachten, langsam reagierten, ein schlechtes Gedächtnis hatten und daß fast die Hälfte an Wahnvorstellungen und Halluzinationen litt oder ganz einfach verrückt war. Mehr als zehn Jahre später veröffentlichte Dr. D. R. Murray, ein englischer Arzt, der als erster das Myxödem erfolgreich behandelte, einen Aufsatz, *A System of Medicine,* in dem er im Detail die Entwicklung der Symptome dieser Krankheit schilderte.

Oft tritt als erstes Ruhelosigkeit auf, stellte er fest, so daß die Verrichtung der gewöhnlichen, alltäglichen Pflichten, früher eine Selbstverständlichkeit, schwierig wird. In den meisten Fällen folgt Empfindlichkeit auf Kälte. Schon zu Beginn der Krankheit kann es zu akustischen und optischen Halluzinationen kommen. Murray stellte auch fest, daß alle Myxödempatienten — Myxödem, das bedeutete schwere Hypothyreose — Mühe hatten, ein neues Thema zu begreifen oder einem neuen Gedankengang zu folgen. Viele waren reizbar. Murray wies darauf hin, daß Manie, Melancholie oder Demenz sich entwickeln könnte, wenn man die Krankheit nicht im Anfangsstadium behandle.

Um die Jahrhundertwende wurde den Ärzten der Zusammenhang zwischen Schilddrüsenschwäche und gestörtem Verhalten klar und zwar dank ihren Erfahrungen mit Patienten mit riesigen Kröpfen (Vergrößerung der Schilddrüsen). Wuchsen die Kröpfe so üppig, daß sie durch Druck auf die Luftröhre den Patienten zu ersticken drohten, so blieb diesem als Ausweg nur noch die Operation. Dies war zu einer Zeit, als die Schilddrüsenhormonersatztherapie noch nicht möglich war. Und das Messer des Chirurgen war in der Tat das letzte Mittel, das kleinere von zwei Übeln, denn auf die Entfernung der Schilddrüse folgten schwere Verhaltensstörungen und anderes Ungemach.

Die medizinische Literatur überliefert den Fall eines zehnjährigen Jungen, dem die Schilddrüse operativ entfernt werden mußte. Sechs Monate später wurde «eine merkliche körperliche Veränderung», wie es genannt wurde, festgestellt. Der Junge, ein helles und quickes Bürschchen, wurde schweigsam und zog sich von den anderen Kindern zurück; sein Gesichtsausdruck veränderte sich zu dem eines Kretins; er hörte auf zu wachsen, sein Haar wurde dünn, seine Sprechweise schleppend. Er begriff in der Schule gar nichts mehr und trat mit vierzehn aus. Da er unfähig zu irgendeiner Beschäftigung war, verlor er bald auch die Fähigkeit zu denken.

Der Kropf ist heutzutage nicht mehr so weit verbreitet wie einst. Die Ursache des einfachen Kropfs ist ein Mangel an notwendigem Jod im Boden und im Trinkwasser. Die Schilddrüse ist eine Art Fabrik, die Sekrete produziert, und Jod ist ein hierzu unerläßlicher Rohstoff. Fehlt Jod, so läßt die Hormonproduktion nach. Kommt es zu einer Produktionskrise, so kommen von anderswo Ersuchen um eine vermehrte Hormonabgabe. Beim Versuch, gefällig zu sein, vergrößert sich die Drüse im blinden Drang, ihre Hormonabgabe zu verstärken, und die Vergrößerung bewirkt dann einen auffälligen Klumpen in der Kehle.

Es gibt viele Kropfgegenden auf der Welt. Jodarm sind das Himalajagebirge in Asien, Teile der Alpen, der Karpathen und der Pyrenäen in Europa, das Hochplateau der Anden in Südamerika, das Great Lake Bassin und das Gebiet des St.-Lawrence-Flusses in Nordamerika.

Die Häufigkeit von Kröpfen in einigen dieser Gegenden war erschütternd. Vor nicht allzulanger Zeit betrug sie in gewissen Alpengegenden fast 100 %. In jüngerer Zeit sind Kröpfe dank gejodetem Salz selten geworden.

Aber Hypothyreose kann ohne Kropf auftreten und tut das für gewöhnlich auch. Und sie kann auch andere Ursachen als Jodmangel haben. Zu diesen zählen die Unfähigkeit, das Jod in der Drüse zu halten; Unfähigkeit, es in eine brauchbare Form umzuwandeln; Unfähigkeit, andere Stoffe in wirksame Hormone zu verwandeln.

## *Übersehene Hypothyreose*

Niemand weiß genau, wie weit verbreitet Hypothyreose eigentlich ist. Aber seit vielen Jahren wird immer wieder behauptet, daß sie weit verbreitet sei und viel häufiger, als im allgemeinen von den Ärzten und von der Öffentlichkeit angenommen werde. Sie werde oft übersehen, vor allem in ihren harmlosen Formen. Zum einen haben viele Schilddrüsenfunktionstests sich zwar bei den schweren Störungen als sehr tauglich erwiesen, aber bei den leichten oft versagt. Zum anderen ist immer wieder die Klage vorgebracht worden, daß bei der Ärzteschaft betreffend Hypothyreose eine große Konfusion herrsche.

Schon im Jahr 1933 war Dr. O. P. Kimball, der während zehn Jahren diese Krankheit teils an der Klinik von Cleveland, teils in seiner Privatpraxis studiert hatte, zum Schluß gekommen, daß «in der modernen medizinischen Praxis keine Störung so häufig vorkommt oder so oft nicht richtig diagnostiziert wird wie Hypothyreose». Er wies darauf hin, daß der Hauptgrund für diese Tatsache in der fixen Idee liege, daß Hypothyreose ohne Myxödem nicht vorkommen könne. Allein schon auf den ersten Blick sei diese Auffassung absurd, weil sie annehme, daß es keine milden Formen der Schilddrüsenunterfunktion gebe, sondern bloß eine Funktionsstörung, die die schwersten Symptome produziere. Aber genau dies, bemerkte Kimball, war die Lehre, die ihm als Medizinstudent eingetrichtert worden war, und er fügte hinzu: «Es fällt einem schwer zu verstehen, warum eine Lehrmeinung trotz aller experimentellen Beweise für das Gegenteil immer noch aufrechterhalten wird.»

Sechs Jahre später publizierte Dr. G. K. Warton von der Ontario-Universität einen Bericht, der im Wesentlichen auf das gleiche Versagen der Medizin hinwies. «Viele Patienten, denen mit Schilddrüsenbehandlung leicht geholfen werden könnte, werden gar nicht als hypothyreoid erkannt. Kretinismus und Myxödem sind die Lehrbuchbeispiele der Schilddrüsenunterfunktion. Über mildere Schilddrüsenunterfunktion und atypische Formen dieser Krankheit existiert fast keine Literatur. Dabei unterscheidet sich die Hypothyreose in milder oder maskierter Gestalt so wesentlich von Myxödem und Kretinismus, daß ihre vielen und verschie-

denartigen Manifestationen konstante Wachsamkeit erfordern.»
Wieder vergingen einige Jahre, bis Dr. Arnold Jackson erneut versuchte, die Aufmerksamkeit der Mediziner auf die Tatsache zu lenken, daß «Hypothyreose die häufigste chronische Störung der Bewohner des Mittleren Westens Amerikas ist und zugleich die am häufigsten übersehene. Diese Behauptung gründet sich auf eine siebenunddreißigjährige Erfahrung in Diagnostizierung und Behandlung von Tausenden von Fällen.»
Und vor kurzer Zeit erst, gegen Ende der siebziger Jahre, wies Dr. Lewis C. Mills, Professor für Medizin an der Abteilung für Endokrinologie und Metabolismus in Philadelphia, darauf hin, daß zwar bei Patienten mit schwerer Hypothyreose oder Myxödem sofort die richtige Diagnose gestellt werde, aber daß Grenzfälle oder Störungen im Anfangsstadium sehr oft übersehen und daher auch nicht behandelt würden.
Tatsächlich lassen sich die Symptome schwerer Hypothyreose nicht übersehen. Wir haben sie bisher nur kurz erwähnt. Kretinismus, der bei Säuglingen und Kindern als Folge schwerer Schilddrüsenunterfunktion während des Fötalstadiums oder im frühesten Lebensalter entsteht, wobei die Drüse ihre normale Größe nicht erreicht oder gänzlich fehlt, zeigt sich in dicker, trockener, runzeliger Haut, einer vergrößerten Zunge, wulstigen Lippen, offenem geiferndem Mund, breitem Gesicht, flacher Nase, aufgeschwollenen Händen und Füßen. Das Kind ist apathisch, stumpfsinnig und bleibt, wenn es nicht behandelt wird, klein und wächst zum Zwerg heran.
Das Myxödem, die Reaktion des Erwachsenen auf starke Schilddrüsenschwäche, die durch ein Schwinden der Drüse bewirkt wird, durch chirurgische Entfernung oder mangelhafte Stimulierung der Schilddrüsentätigkeit durch die Hypophyse, äußert sich in auffälligen Körper- und Persönlichkeitsveränderungen. Zu ihnen gehört eine allgemeine fortschreitende Verlangsamung geistiger und körperlicher Aktivität, Gewichtszunahme, Appetitschwund, ein maskenähnlicher Gesichtsausdruck, Verdickung und Verhärtung der Haut, die auch trocken, kalt und rauh wird und abschuppt. Das obere Augenlid schwillt und die Brauen wer-

den im Bemühen, die Augen offenzuhalten hochgezogen. Das Haar wird grob und spröde. Es besteht eine Überempfindlichkeit auf Kälte in normal geheizten Räumen. Viele an einem Myxödem leidenden Patienten haben Gelenkschmerzen, Gelenksteife und eine verminderte Widerstandsfähigkeit gegen Infektionen. Sie machen einen trägen, schläfrigen, ruhigen Eindruck. Eine normale geistige Anstrengung bereitet ihnen enorme Schwierigkeiten, und oft schlafen sie während des Tages ganz einfach ein. Depressionen und Nachlassen des Geschlechtstriebs sind häufig. Aber alle diese Manifestationen können behoben werden, wenn Schilddrüsenhormon in der richtigen Dosis zugeführt wird.
Wie wir an den Beispielen von Kretinismus und Myxödem gesehen haben, kann sich kein Körpersystem den Wirkungen eines schweren Schilddrüsenhormonmangels entziehen. Doch selbst bei den extremen Formen der Hypothyreose zeigen sich die verschiedensten Manifestationen, einige offensichtlicher und lästiger als andere. Eine weniger stark ausgeprägte Hypothyreose ist oft schwer zu deuten. Auch sie mag diverse Körpersysteme zu beeinträchtigen, doch nicht alle im selben Maß. Ein Patient hat Symptome, die bei einem anderen nicht vorkommen. Es ist, als gäbe es bei den einzelnen Patienten in den Organen und Systemen, die am stärksten auf mangelnde Schilddrüsenhormone reagieren, Unterschiede, ähnlich wie bei den Allergikern, bei denen Überempfindlichkeit auf ein Nahrungsmittel, auf Pollen oder einen andern Stoff, verschiedene Symptome produziert, die abhängig sind vom affizierten «Ziel»-Organ: verstopfte Nase, Rotz und Niesen, wenn die Nase das Zielorgan ist; Jucken, Ausschlag und Ekzeme, wenn die Haut betroffen ist; und pfeifender Atmen, wenn die Luftröhrenäste überempfindlich reagieren.
Dr. P. C. Whybrow und andere Forscher, die an der Universität von Nord Carolina eine Gruppe von Patienten mit geistigen Störungen untersuchten, die sich als Folge einer Schilddrüsenunterfunktion herausstellten, bemerkten, daß fast alle über untaugliches Kurzzeitgedächtnis und Konzentrationsschwierigkeiten klagten. Einige Frauen jammerten, weil sie sich nicht mehr an Kochrezepte erinnern konnten, die sie doch jahrelang verwendet hatten. Eine Patientin erklärte, daß sie nicht mehr wisse, wohin sie die Dinge lege

und immer ihre Kinder fragen müsse. Für viele Patienten waren einfache Rechenoperationen mit Geldmünzen schwierige Probleme. Andere waren noch übler dran. Eine Frau glaubte, sie sei eine Last für ihre Familie und dachte oft an Selbstmord. Die Erinnerung an einen Sohn, der vor Jahren bei einem Autounglück ums Leben gekommen war, verfolgte sie; sie wünschte, sie wäre an seiner Stelle gestorben und träumte, sie grabe ihn mit bloßen Händen aus dem Grab; tagsüber hörte sie seine Stimme, die sie rief. Eine andere Frau litt unter Schlafstörungen, und wenn sie schlief, hatte sie makabre Träume, an die sie absolut glaubte. Sie träumte, ihr einziger Sohn sterbe, und andere Familienmitglieder würden verstümmelt. In zunehmendem Maße befürchtete sie, den Verstand zu verlieren. Obschon diese Patienten leicht als schwer geistesgestört hätten diagnostiziert werden können, testeten ihre Ärzte — umsichtige, neugierige Psychiater — auch die Schilddrüsenfunktion und heilten die Kranken mit Schilddrüsentherapie.

Aus einer Studie der Universität von Georgetown, die über hundert Patienten mit Schilddrüsenschwäche umfaßte, geht hervor, daß Konzentrationsschwäche bei 31 % ein Hauptsymptom war, Vergeßlichkeit bei 26 %, Taubheit bei 17 %, Ohrgeräusche bei 8 % und mangelhafte Muskelkoordination bei weiteren 8 %. Und anomale Empfindungen wie Stechen, Prickeln und Hautkribbeln traten bei 79 % auf.

Eine von einem Neurologenteam der Mayo-Klinik durchgeführte Untersuchung an fünf Männern und neunzehn Frauen, die aufgrund von verwirrenden Symptomen zu einer neurologischen Untersuchung überwiesen worden waren, ergab, daß alle an Hypothyreose litten. Zu den Symptomen gehörten geistiges Nachlassen, Gleichgewichtsstörungen, Muskelstörungen, verminderte Hörfähigkeit, Gliederinkoordination und anomale Empfindungen. Schilddrüsentherapie kurierte die Symptome. Unter den Patienten befand sich auch eine Frau, die wegen Verdachts auf Gehirntumor zu einer neurologischen Untersuchung überwiesen worden war. Sie hatte über längere Zeitperioden an Schwindel gelitten, dem sich Verwirrtheit und zunehmende Schwerhörigkeit zugesellt hatten. Tests ergaben Muskelstörungen und geistige Trägheit. Nach zweiwöchiger Schilddrüsenbehandlung war sie fähig, ohne Schwindelanfälle zu gehen. Nach sechs

Monaten hörte sie wieder tadellos. Nach achtzehn Monaten war sie gesund.

### *Ein einfacher Test zu Hause*

Dr. Barnes von Fort Collins, Colorado, hat einen einfachen Test entwickelt, der seiner Erfahrung nach wertvolle Hinweise auf die Möglichkeit einer Schilddrüsenunterfunktion gibt und der leicht zu Hause gemacht werden kann. Es handelt sich um einen Basaltemperaturtest, und er wird von den Ärzten im allgemeinen auch nicht als präziser Hinweis betrachtet. Nichtsdestoweniger kann er auf suggestive Weise nützlich sein, indem er einen Patienten auf die Notwendigkeit einer gründlichen Untersuchung seiner Schilddrüse hinweist.

Dieser Test erfordert nur einen einzigen Ausrüstungsgegenstand — ein gewöhnliches Thermometer. Man schüttelt es in der Nacht vor der Messung herunter und legt es in Reichweite neben das Bett. Sofort beim Aufwachen steckt man es in die Achselhöhle und mißt genau zehn Minuten die Temperatur. Die Normaltemperatur, unter der Achselhöhle gemessen, beträgt zwischen 36,5 und 36,8 Grad. Liegt die gemessene Temperatur darunter, besteht Verdacht auf Schilddrüsenunterfunktion, vor allem dann, wenn sich bei Wiederholung der gleiche niedere Wert zeigt.

Ein Mann kann diesen Test jeden beliebigen Tag ausführen. Eine Frau hingegen nicht. Während der Jahre der Monatsregel fluktuiert, wie alle Frauen wissen, die Temperatur während des Zyklus, steigt kurz vor dem Menstruationsbeginn an und erreicht ihren Tiefpunkt zur Zeit des Eisprungs. Während dieser Jahre wird die Basaltemperatur am besten zwei, drei Tage nach Beginn der Menstruation gemessen. Nach der Menopause kann die Messung an jedem Tag durchgeführt werden.

Vielleicht erinnern Sie sich noch an die Frau, die wir in Kapitel 3 kurz erwähnten, welche während fünfzehn Jahren wegen schweren mit Selbstmordversuchen verbundener Depressionen vergeblich mit Antidepressiva und Elektroschocks behandelt worden war, bis schlußendlich ihre wirkliche Krankheit, Hyperparathyreoidismus, entdeckt wurde. Die Nebenschilddrüsen produzieren ein Hormon, das ein Schlüsselfaktor ist bei der Verarbeitung der Minerale Kalzium und Phosphor durch den Körper. Kalzium ist das im Körper am meisten vorkommende Mineral. Zusammen mit Phosphor bildet es das Kalziumphosphat, die dichte, harte Substanz der Knochen und Zähne.

Hinzu kommt, daß ohne einen konstanten Kalziumspiegel im Blut viele wichtige Körperfunktionen nicht ausgeführt werden können, unter anderen Aufrechterhaltung der Herztätigkeit, Blutgerinnung und normales Funktionieren von Muskeln und Nerven. Beim Hyperparathyreoidismus führt die übertriebene Aktivität der Drüsen und die Übersekretion von Nebenschilddrüsenhormonen zu einer Kalkspiegelerhöhung, und diese Hyperkalzämie, der Kalziumüberschuß, produziert Symptome.

Die Hyperkalzämie kann zu Schwäche, Appetitlosigkeit, Übelkeit, Verstopfung, Bauchschmerzen, Durst und übermäßiger Urinausscheidung führen. In den Harnwegen können sich Kalziumsteine bilden, und in manchen Fällen kommt es zu Knochenkrankheiten und Nierenschäden. Bei schwerer Hyperkalzämie zeigen sich geistige Störungen wie Zurückgebliebenheit, Anfälle von Bewußtlosigkeit, Wahnideen, Verwirrtheit, Halluzinationen und Gedächtnisstörungen. Bei weniger schweren Fällen können scheinbar psychoneurotische Störungen auftreten wie Mattigkeit, Fehlen von Initiative, Depressionen.

Hyperparathyreoidismus entsteht fast immer bei Wucherung eines oder mehrerer Epithelkörperchen oder aufgrund eines gutartigen Tumors in einer der Drüsen. Oft kann auch ein Lungen- oder Nierentumor eine Verbindung ausscheiden, die eine gewisse Ähnlichkeit mit einem der Nebenschilddrüsenhormone hat und Hyperkalzämie bewirkt. Zu anderen möglichen Ursachen gehören sehr schwerer Hyperthyreoi-

dismus und eine Vitamin-D-Vergiftung aufgrund übermäßiger Zuführung.
Bluttests, die den Kalziumspiegel im Blut und im Urin messen, gibt es schon lange. Nun aber gibt es einen hochempfindlichen direkten immunologischen Nachweis des Nebenschilddrüsenhormones im Blut, mit dessen Hilfe nicht nur die Diagnose Hyperparathyreoidismus gestellt, sondern auch die eventuelle Ursache herausgefunden werden kann. Die wirksame Behandlung besteht in der chirurgischen Entfernung eines eventuellen Nebenschilddrüsentumors oder in der Entfernung von etwas Nebenschilddrüsengewebe, wenn Wucherung die Störung verursacht hat.
Die andere Störung der Nebenschilddrüse, Hypoparathyreoidismus, bei der die Drüsen nicht genügend Nebennierenhormone produzieren, und der Kalziumspiegel im Blut zu niedrig ist, können auch sowohl körperliche als geistige Symptome verursachen.
Hypoparathyreoidismus kann entstehen als Ergebnis einer zufälligen Entfernung oder Beschädigung der Nebenschilddrüsen während einer Schilddrüsenoperation. Solche Fälle werden aber schon nach 24 Stunden evident. Es gibt auch eine Form des Hypoparathyreoidismus, bei der die Drüsen nicht vorhanden oder geschwunden sind, aber sie ist sehr selten. Und zu guter Letzt gibt es auch noch den Pseudohypoparathyreoidismus, der nicht durch das Fehlen eines Nebenschilddrüsenhormons entsteht, sondern dadurch, daß das Hormon nicht richtig wirkt. Bei Hypoparathyreoidismus ist der Kalziumspiegel im Blut niedrig. Ist er sehr niedrig, dann kommt es zu Tetanie, die sich vor allem in Muskelkrämpfen zeigt, besonders in den Fingern und den Zehen. Die Krämpfe, unwillkürliche Kontraktionen, können alle Muskeln befallen, inklusive der Gesichts-, Augen-, Zungen- und Kehlkopfmuskeln.
Beim idiopathischen (das ist: aus sich selbst entstanden) Hypoparathyreoidismus sind ungefähr ein Drittel der Patienten intellektuell gestört, was bis zur geistigen Zurückgebliebenheit gehen kann. Ein weiteres Drittel zeigt Neurosen und emotionelle Störungen, eingeschlossen Gefühlslabilität, Angst, Depression, Reizbarkeit. Solche Störungen zeigen sich bei Patienten, bei denen der Hypoparathyreoidismus durch chirurgischen Eingriff entstanden ist, selten, vermut-

lich, weil sofort mit der Behandlung begonnen wird. Diese ist sehr wirksam. Sie besteht in der Zuführung von Kalzium in immer stärkeren Dosen, und ein Kalziumergänzungsmittel wie Kalziumglukonat oder Kalziumkarbonat kann ebenfalls verwendet werden. Sie bedingt auch angemessene Dosen von Vitamin D.
Dieses Vitamin hat eine ähnliche Wirkung wie das Nebenschilddrüsenhormon und hilft bei der Normalisierung des Blutkalziumspiegels. Es muß jedoch richtig angewendet werden, um eine Vitamin-D-Vergiftung und eine schwere Hyperkalzämie zu vermeiden.

### *Nebennierenstörungen*

Zeigt die Nebenniere Unterfunktion, wie das bei der Addison-Krankheit der Fall ist, oder Überfunktion wie beim Cushing-Syndrom, dann werden dadurch nicht nur körperliche Störungen bewirkt, sondern auch Gefühls- und Verhaltensstörungen, und in einigen Fällen werden sich die letzteren zuerst bemerkbar machen. Eine andere Nebennierenstörung, Pheochromozytom genannt, die von einem in der Regel gutartigen Tumor der Nebennieren bewirkt wird, kann auch beide Arten der Störung bewirken.
Die Nebennieren spielen eine vitale Rolle im Körperhaushalt. Jede Nebenniere ist, genau betrachtet, eine Drüse innerhalb einer Drüse: Nebennierenmark und Nebennierenrinde. Das Nebennierenmark produziert zwei Hormone, Epinephrin (Adrenalin) und Norepinephrin (Noradrenalin), die ähnliche Wirkungen haben. Sie beeinflussen die Herztätigkeit, die Motilität des Magen-Darm-Trakts und die Erweiterung der Pupillen. Die Nebennierenrinde produziert viele Hormone, so viele, daß man sie in drei Gruppen eingeteilt hat: Glukokortikoide (Kortisol oder Hydrokortison, Kortison und Kortikosteron); Mineralokortikoide (Aldosteron, Desoxykortikosteron und Kortikosteron) sowie Androgene oder männliche Geschlechtshormone. In den Nebennierensekretionen befinden sich auch geringe Mengen des weiblichen Geschlechtshormons, Östrogen und Progesteron. Die Glukokortikoide unterstützen den Körper bei der Verarbeitung von Proteinen, Fetten und Kohlehydraten; die Mine-

ralokortikoide beeinflussen die Konzentration von Natrium und Kalium in den Körperflüssigkeiten.

### *Die Addison-Krankheit*

Das ist eine heimtückisch fortschreitende Krankheit, bei der die Nebennierenrinde schlecht funktioniert. Bei mehr als zwei Dritteln der Fälle schrumpft die Rinde aus unbekannten Gründen. Im Rest kommt es zu einer teilweisen Zerstörung, die auf eine Entzündung, eine Krankheit, wie zum Beispiel Tuberkulose, oder auf einen malignen Tumor zurückzuführen ist. Die Addison-Krankheit kann in jedem Alter auftreten, und beide Geschlechter werden von ihr in gleichem Maß betroffen. Zu den Anfangssymptomen gehören Schwäche und Müdigkeit. Gewichtsverlust, Appetitlosigkeit, Übelkeit, Erbrechen und Durchfall kommen häufig vor, manchmal auch Überempfindlichkeit gegen Kälte sowie Schwindelanfälle und Ohnmachten. Und dann gibt es auch hier Symptome, die scheinbar auf geistige und seelische Störungen hinweisen: Apathie, Depression, Interesselosigkeit, Fehlen jeglicher Initiative, Gedankenarmut und allgemeiner Negativismus.

Es findet eine Hautpigmentierung statt, eine Bronzefärbung der bloßen und der bedeckten Körperteile, schwarze Sommersprossen zeigen sich auf Gesicht, Stirn, Nacken und Schultern, und es kommt zur blau-schwarzen Verfärbung von Lippen, Mund, After und Vagina. Die Diagnose Addison-Krankheit rechtfertigt sich in der Regel bei verstärkter Hautpigmentation, obschon diese in manchen Fällen minimal ist.

Hilfreiche Tests erleichtern die Feststellung der Krankheit. Ein gebräuchlicher bedient sich der intravenösen Infusion einer Dosis ACTH, eines Hypophysenhormons, das für gewöhnlich die Nebennieren stimuliert. Wenn nach der Infusion der Nebennierenhormonspiegel im Blut nicht steigt (bei Gesunden verdoppelt er sich), besteht Verdacht auf die Addison-Krankheit.

Verschiedene Laborbefunde können aber schon vor diesem speziellen Test Hinweise auf das Vorhandensein der Krankheit liefern. Darunter sind Bluttests, die eine Verringerung der Zahl der weißen Blutkörperchen anzeigen, eine Zunahme von Blutbestandteilen, niedriger Natrium- und hoher Kaliumspiegel, Kalzifikation der Nierengegend und Röntgenaufnahmen, die ein abnorm kleines Herz zeigen, sind ebenfalls Hinweise.

Wenn die Addison-Krankheit erkannt worden ist, kann sie mit Hormonen, die die Unterfunktion der Nebennierenrinde ausgleichen, so wirksam behandelt werden, daß selbst ein Patient mit schwerem Leiden wieder ein normales Leben führen kann.

### *Das Cushing-Syndrom*

Bei dieser Krankheit zeigen sich aufgrund der Überaktivität der Nebennierenrinde vielgestaltige Symptome. Die Überfunktion kann das Ergebnis eines anomalen Wachstums der Rinden sein, oder sie kann verursacht werden durch eine gutartige oder bösartige Wucherung der Nebennieren. Bei einigen Fällen kann die Überfunktion durch Sekretion der Hirnanhangdrüse oder durch einen Eierstocktumor hervorgerufen werden.

Unter die Symptome des Cushing-Syndroms fallen ein Vollmondgesicht, Fettansammlungen am Rumpf und auf dem Rücken (Büffelhöcker), dünne, leicht verletzliche Haut und manchmal purpurrote Flecken auf dem Bauch. Allgemeine Müdigkeit, hoher Blutdruck, Trommelbauch, gestörte Sexualfunktion und außergewöhnliche Verstärkung der Körperbehaarung gehören auch zu den Symptomen. Frauen haben in der Regel eine unregelmäßige Periode.

Seelische Störungen sind häufig. Am häufigsten findet sich Depression, und bis zu 10 % der Patienten machen Selbstmordversuche. Bis zu 20 % der Patienten wirken wie Psychotiker. Andere Manifestationen sind Reizbarkeit, Konzentrationsschwierigkeiten, Schlaflosigkeit, Verfolgungswahn, Halluzinationen, und, weniger häufig, Apathie, Erregtheit, Angst, Delirium, Desorientiertheit und Störung des Kurzzeitgedächtnisses.

Die Reichweite der geistigen Störungen ist bizarr. Wir wissen heute, daß die Störungen je nach Ursache der Überfunktion verschieden sind. Wenn zum Beispiel der Grund die exzessive Stimulierung durch die Hirnanhangdrüse ist, so werden sowohl zuviel Hypophysen- wie auch zuviel Nebennierenhormone ausgeschüttet, und der Hypophysenhormonüberschuß mag hier der ausschlaggebende Faktor sein. Wenn das Problem bei den Nebennieren liegt und keine Stimulierung durch die Hypophyse stattfindet, steigt der Nebennierenhormonspiegel, während der Hypophysenhormonspiegel normal bleibt. Zum Zwecke der Diagnose können Blut- und Urintests zur Bestimmung des Hormonspiegels angewendet werden. Infusion des Hypophysenhormons ACTH kann bei der Unterscheidung der Ursachen von Nutzen sein. Röntgenbilder des Schädels, die einen Hypophysentumor sichtbar machen würden, und weitere Tests können bei der genauen Bestimmung der Krankheitsursache gute Dienste leisten.

Die Behandlung bezweckt natürlich die Korrektur der Überfunktion der Hypophyse oder der Nebennierenrinde. Oft hilft Bestrahlung der Hypophyse. In anderen Fällen mag Nebennierenentfernung angezeigt sein.

In jüngster Zeit sind mit einem neuen Mittel, Cyproheptadin, vielversprechende Erfolge erzielt worden. Obschon es sich um ein Antihistamin handelt, das gegen Heufieber und andere Allergien verwendet wird, hat Cyproheptadin noch andere Meriten. Bei 60 % der Patienten, die am Cushing-Syndrom litten, hat das Medikament die Symptome zum Verschwinden gebracht. Es muß danach aber weiterhin genommen werden.

### *Pheochromozytom*

Es handelt sich hier, wie wir früher schon erwähnten, um einen Nebennierentumor. In der Regel ist er gutartig. Er bildet sich im Nebennierenmark, und da er aus Zellen besteht, die den hormonausscheidenden Zellen des Nebennierenmarks ähnlich sind, kann er Epinephrin und Norepinephrin ausscheiden. Die Symptome des Pheochromozytoms stehen im Zusammenhang mit der überschüssigen Menge dieser Hormone in den Geweben und im Blut.

Der Tumor bewirkt fast immer Bluthochdruck, entweder anfallsweise oder dauernd. Zu den anderen Symptomen gehören starke Kopfschmerzen, Erröten, kalte und feucht-klebrige Haut, Brustschmerzen, Herzklopfen, Übelkeit und Erbrechen, Sehstörungen, Atemschwierigkeiten, Verstopfung. Der Patient leidet für gewöhnlich auch unter starken Befürchtungen und Vernichtungsangst. Und in einigen Fällen kann das erste Anzeichen eines Pheochromozytoms eine Angst sein, die so stark ist, daß der Patient einen Psychiater aufsucht.

Blut- und Urintests unterstützen die Diagnose. Röntgenaufnahmen und andere Untersuchungen mögen ebenfalls dienlich sein. Die Behandlung besteht in der chirurgischen Entfernung des Tumors.

### *Hypopituitarismus* (Unterfunktion des Hypophysenvorderlappens)

Wenn die Hypophyse nicht richtig funktioniert, kann es zu Verhaltensstörungen kommen. Patienten mit Hypophysenstörung werden abhängig, apathisch, niedergeschlagen und schläfrig. Sie verlieren Unternehmungslust und Lebensmut. In der Regel sind sie müde. Die geistigen Störungen sind oft ausgeprägt, von der Verwirrtheit bis zum nackten Irrsinn.

Die Hypophyse ist in zwei größere Lappen geteilt, von denen jeder eine Anzahl verschiedener Hormone produziert. Der Hypophysenvorderlappen produziert mindestens sieben Hormone. Eines, das Wachstumshormon, wirkt direkt auf die Körpergewebe, um das Wachstum und die Entwicklung der Knochen zu garantieren. Die anderen sechs Hormone wirken vor allem auf die anderen endokrinen Drüsen. Eines von den sechs, Thyreotropin, auch thyreotropes Hormon genannt, kontrolliert die Sekretion der Schilddrüsenhormone durch die Schilddrüse. ACTH (Kortikotropin) stimuliert die Nebennierenrinde zur Ausscheidung ihrer Hormone.

Ein drittes Hypophysenvorderlappenhormon, das follikelstimulierende Hormon (FSH) wirkt auf die Fortpflanzungsorgane ein. Bei den Frauen stimuliert es die Entwicklung des Graafschen Follikels und die Sekretion von Oestrogen; bei den Männern steuert es die Spermatozoenbildung. Weil es die Gonaden oder Geschlechtsdrüsen anregt, wird FSH auch als gonadotropes Hormon bezeichnet. Ein weiteres gonadotropes Hormon ist das luteinisierende Hormon (LH). Bei der Frau bewirkt es zusammen mit FSH die Reifung des Graaf-Follikels und leitet auch den Eisprung ein. Dazu wirkt es auf die Zellen der das Follikel bergenden Kapsel, was in der Produktion des Hormons Progesteron resultiert, welches für die Schwangerschaft unerläßlich ist. Beim Mann stimuliert LH die Entwicklung der interstitiellen (in Zwischenräumen liegenden) Zellen der Hoden und kontrolliert so die Produktion des männlichen Geschlechtshormons Testosteron.

Ein weiteres Hypophysenvorderlappenhormon, das laktationsfördernde oder luteotrope Hormon (LTH), auch Prolactin und Mammotropin genannt, stimuliert die Milchproduktion in den Milchdrüsen. Das die Melanozyten stimulierende Hormon Melanotropin (MSH) beeinflußt vermutlich die Bildung oder Ablagerung von Melanin, einem dunklen Pigment, das für gewöhnlich in den Haaren, der Haut, den Augen und den Nervenzellen vorkommt.

Der Hypophysenhinterlappen produziert zwei Hormone. Eines, Vasopressin, vermindert die Harnbildung durch Reabsorption von Wasser durch die Nieren und ist bei der Aufrechterhaltung des Flüssigkeitsgleichgewichts von Bedeutung; es erhöht auch den Blutdruck, stimuliert die Kontraktion der intestinalen Muskulatur und wirkt auf den Uterus ein. Unterproduktion von Vasopressin führt zu vermehrter Harnausscheidung und kann die relativ seltene Krankheit Diabetes insipidus, Durstkrankheit, die trotz des Namens nicht verwandt ist mit dem häufiger vorkommenden Diabetes mellitus (Zuckerruhr), bewirken. Beim Diabetes insipidus kommt es nicht wie beim Diabetes mellitus zu einer Erhöhung des Zuckerspiegels in Blut oder Urin, sondern es werden ungeheure Mengen verdünnten, aber ansonsten normalen Urins ausgeschieden. Die Tagesausscheidung kann sich auf viele Liter belaufen, und weil via Urin soviel Wasser verlorengeht, stellt sich großer Durst ein und das Bedürfnis, Unmengen Wasser zu trinken. Die Anwendung von Vasopressin, in die Nase gesprüht oder injiziert, behebt die Störung.

Das zweite Hormon des Hypophysenhinterlappens ist Oxyocin, das für die Zusammenziehung des Uterus während

der Wehen und der Geburt notwendig ist. Es wird auch während der Stillperiode produziert und bewirkt die Milchausscheidung der Milchdrüsen.
Hypopituitarismus hat verschiedene mögliche Ursachen. Er kann die Folge eines Hypophysentumors sein oder einer Blutung oder eines Schocks nach der Geburt. Auch Pilz- oder andere Infektionen, gegen die die Hypophyse nicht gefeit ist, können ihn bewirken. In manchen Fällen kann auch die Erweiterung einer Arterie (Aneurysma), die das Gehirn mit Blut versorgt, die Ursache sein.
Je nach Ursache und Grad der Einwirkung auf die Hypophyse wird die Produktion von einem, von vielen oder von allen Hypophysenhormonen beeinträchtigt. TSH-Mangel führt zu Hypothyreose und ACTH-Mangel zu Nebennierenstörungen mit den dazugehörenden Symptomen, die wir schon erwähnt haben. Mangel an FSH und LH kann bei der Frau Unfruchtbarkeit und Ausbleiben der Regel bewirken und beim Mann Unfruchtbarkeit und Schwinden der Hoden. HGH-Mangel, vielleicht zusammen mit dem Nebennierenhormon Kortisol, kann Hypoglykämie (Verminderung des Blutzuckers) bewirken.
Ein Röntgenbild der Hypophyse zeigt, ob ein Tumor vorhanden ist. Und andere Tests können beim Versuch, die Ursache des Hypopituitarismus zu entdecken, gleichfalls nützlich sein. Zusätzlich kann mit Tests die Funktion von Schilddrüse, Nebennieren und anderen Drüsen überprüft werden.
Die Behandlung richtet sich natürlich gegen die Ursache. Ist ein Tumor vorhanden, so wird man es erst mit Bestrahlung versuchen. Weicht er nicht, so wird er chirurgisch entfernt. Die Behandlung kann auch im Ersetzen der Hormone der schlechtfunktionierenden Zieldrüse bestehen. Hypothyreose kann mit Schilddrüsenpräparaten kuriert werden, Nebenniereninsuffienz mit Hydrokortison, Hypogonadismus beim Mann mit Testosteronpräparaten und bei der Frau mit Östrogenpräparaten.
Man weiß bis heute noch nicht genau, ob die Persönlichkeitsveränderungen, die mit Hypopituitarismus verbunden sind, primär durch Nebenniereninsuffizienz, Schilddrüsen- oder Geschlechtsdrüsenschwäche oder einer Kombination dieser Defekte entstehen. Die Nebenniereninsuffizienz

scheint aber wichtig, ja sogar entscheidend zu sein, da die Behandlung mit Kortikosteroiden allein oft schon die Persönlichkeitsveränderung rückgängig macht. Geschlechtshormone lassen den Geschlechtstrieb wieder aufleben, haben aber wenig Wirkung auf andere Symptome wie Müdigkeit, Apathie, Gleichgültigkeit und Verwirrtheit.

### *Diabetes*

Die wohlbekannte gewöhnliche Form des Diabetes — Diabetes mellitus — entsteht, wenn die Langerhans-Inseln des Pankreas die notwendige Menge des Hormons Insulin nicht mehr produzieren oder wenn das Insulin nicht richtig wirkt. Ohne genügendes oder wirksames Insulin kann der Körper die Kohlehydrate und andere Nahrungsstoffe nicht richtig verarbeiten, und es kommt zu einem Ansteigen des Blutzuckerspiegels. Die Krankheit kommt bei Frauen häufiger vor als bei Männern, und das Auftreten nimmt mit dem Alter zu. Die klassischen Symptome von Diabetes sind starker Durst, starke Urinausscheidung und starker Hunger. Oft kommt es auch zu Hauterkrankungen; besonders Furunkel und Scheidenentzündungen sind häufig. Diabetes kann auch viele andere Störungen mit sich bringen: allgemeine Schwäche und Müdigkeit, verschwommenes Gesichtsfeld, Empfindungslosigkeit, Jucken und Brennen, Beinkrämpfe und Impotenz.

Nicht diagnostizierter Diabetes kann Symptome wie Angst, schizophrenes Benehmen und sogar akute psychotische Krisen bewirken, und oft sind diese Verhaltensstörungen die ersten Anzeichen der Krankheit. Wenn man ihre wahre Ursache erkennt, verschwinden sie mit der medizinischen Behandlung des Diabetes.

Besteht Verdacht auf die Zuckerkrankheit, dann kann durch Messung des Glukose- oder Zuckerspiegels im Blut die Diagnose leicht gestellt werden. Zur Behandlung gehören Diät, körperliche Betätigung und Medikamente. Bei schwachem Diabetes genügen oft schon Diät und regelmäßige körperliche Betätigung. Der Zweck der Diät ist die Erreichung des idealen Körpergewichts (Diabetes kommt im Erwachsenenalter bei übergewichtigen Leuten viel häufiger vor), eine ausgewogene Nahrungszufuhr und die Reduzierung der Kohlehydratzufuhr (vor allem raffinierter Kohlehydrate in Form raffinierten Zuckers), weil der Körper des Diabetikers mit ihnen schlecht zu Rande kommt. Körperliche Tätigkeit und Gymnastik sind zu empfehlen, weil dadurch der Blutzucker in den Muskeln verbraucht wird.

Genügen Diät und körperliche Betätigung nicht zur Behebung der Diabetes-Symptome, kann Insulin gespritzt werden, in manchen Fällen wird auch ein blutzuckersenkendes Medikament verabreicht.

# 9. Die Foppereien nicht erkannter Schlafstörungen

Ein Mann mittleren Alters wurde vor einiger Zeit von einer Störung befreit, die ihn seit seinen Schülertagen geplagt hatte. Obschon er keine Mühe mit dem Einschlafen hatte und, soviel er wußte, auch acht Stunden lang ungestört schlief, wachte er am Morgen völlig erschöpft auf. Das Müdigkeitsgefühl verließ ihn während des ganzen Tages keine Stunde, und er mußte gegen wiederholte Anfälle von Schläfrigkeit kämpfen. Kein Wunder, daß er reizbar war und seine schlechte Laune an der Familie und den Mitarbeitern ausließ. Er war von einem Arzt zum andern gegangen, hatte einen Haufen Geld ausgegeben, aber niemand hatte ihm helfen können. Als er eine Nacht in einer Schlafklinik im Montefiore Hospital in New York verbrachte, wo sein Schlaf durch ein elektronisches Abhorchgerät überwacht und auf Magnetbildband aufgenommen wurde, kam die Ursache seiner Schlafstörung ans Licht. Im Verlauf der Nacht unterbrach er Hunderte von Malen die Atmung, japste nach Luft, wobei er ein lautes Schnarchen hören ließ und atmete dann ruhig weiter. Die Atemstockung war so kurz, daß er sich am Morgen nicht mehr daran erinnerte.

Diese behandelbare Störung heißt Schlafapnoe. Die Gesamtzahl der unter Schlafstörungen, zu denen nicht nur Schlaflosigkeit zählt, Leidenden, dürfte in die Millionen gehen. Obschon die genaue Zahl nicht bekannt ist, läßt sich aus einigen Studien schließen, daß mindestens 20 % der Bevölkerung unter irgendeiner Form von Schlafstörung leiden.

Sicher sind in vielen Fällen seelische Störungen der Grund für schlechten Schlaf. Ebenso sicher ist aber, daß Schlafstörungen zu emotionellen Krisen Anlaß geben können, daß Schlafstörungen oft nicht als solche erkannt werden und daß die Symptome, die sie erzeugen, auf seelisch bedingte Ursachen zurückgeführt werden.

In jüngster Zeit hat sich ein anscheinend neuer Zweig der

medizinischen Wissenschaft entwickelt, der, auf Forschungen in speziellen Schlaflaboratorien und Schlafkliniken basierend, wertvolle neue diagnostische Mittel und wirksame Heilmethoden entwickelt hat.

### *Schlaf ist notwendig*

Es ist ganz klar, daß es sich beim Schlaf um eine biologische Notwendigkeit handelt. Ohne Schlaf sind wir nicht nur körperlich müde, sondern auch emotionell ausgebrannt. Wie verschiedene Forschungen gezeigt haben, beträgt der Rekord im Wachsein etwa 240 Stunden oder zehn Tage. Und die Freiwilligen, die sich so lange wachgehalten haben, empfanden diese Erfahrung als Tortur. Eine Testperson wurde schon nach 65 Stunden ohne Schlaf im Waschraum ertappt, wie sie dabei war, sich nicht existierende «Spinnweben» vom Gesicht zu wischen.

Obschon allgemein angenommen wird, daß der Achtstundenschlaf die Regel sei, haben wissenschaftliche Untersuchungen einen weiten Bedürfnisbereich festgestellt. Eine schottische Studie stellte fest, daß 8 % einer großen Untersuchungsgruppe mit maximal fünf Stunden auskamen, einige der Testpersonen sogar mit weniger. 15 % benötigten 5 bis 6 Stunden. Die Mehrzahl sieben bis acht. 13 % benötigten jedoch neun bis zehn Stunden Schlaf und einige noch mehr.

Es ist von verschiedenen Seiten die Meinung vertreten worden, daß der Körpertyp ein Faktor bei der Bestimmung der Schlafdauer sein könnte, daß der Endomorphe, der Wohlbeleibte, leicht und viel schläft, während der Ektomorphe, der Sensible und Magere — zur Schlaflosigkeit neige. Diesbezügliche definitive Beweise liegen aber bis jetzt nicht vor.

Hinweise, daß Schlafgewohnheiten Persönlichkeitsmerkmale widerspiegeln, finden sich in Untersuchungen an Lang- und Kurzschläfern, die von Dr. Ernest Hartmann und seinen Mitarbeitern im Schlaflaboratorium des Boston State Hospital durchgeführt wurden. In diesem Laboratorium wurden während einer achtnächtigen Periode mit neunundzwanzig Testpersonen, von denen einige normalerweise weniger als sechs Stunden und andere über acht Stunden schliefen, ver-

schiedene psychologische und andere Tests durchgeführt, und ihr Schlaf wurde elektronisch überwacht.
Gesamthaft gesehen waren nach Ansicht der Bostoner Schlafforscher die Kurzschläfer sozial tüchtiger und in Beziehungen mit andern dominierend. Es fanden sich unter ihnen Ingenieure, Geschäftsleute, Unternehmer, Zimmerleute. Es waren Konformisten, die sich bei Berufswahl und Meinungsbildung am Establishment orientierten. Es waren fleißige Leute mit der Neigung, psychologischen Problemen aus dem Wege zu gehen.
Die Langschläfer hingegen waren vielseitig interessierte Menschen und in den verschiedensten Berufen tätig. Einige waren auf hohen Posten, andere waren Künstler, einige wenige wurden als «Hippies» bezeichnet. Sie waren weniger konformistisch und einige waren sehr kreativ. Viele von ihnen waren jedoch schüchtern, einige leicht depressiv und andere schienen verängstigt. Die meisten waren in sexueller Beziehung gehemmt.
Aus der Studie ging hervor, daß der Langschläferschlaf zweimal so viel REM- oder Traumschlafperioden enthält wie der Schlaf der Kurzschläfer. Begreiflicherweise brauchten sie mehr Schlaf und mußten mehr träumen, um ihre psychischen Probleme besser verarbeiten zu können.
Nach der Ansicht einiger Wissenschaftler ist es durchaus denkbar, daß es eingebaute, genetisch bestimmte Anlagen für längeren oder kürzeren Schlaf gibt. Erziehung und Umwelt sind selbstverständlich Faktoren, die die Schlafgewohnheiten beeinflussen, wie das auch beim Essen und bei anderen Gewohnheiten der Fall ist, aber, wie Dr. Julius Segal vom Nationalen Institut für geistige Gesundheit bemerkte, «Der alte Satz: ‹Er ist halt so geboren›, der auf die Erblichkeit hinweist, scheint in diesem Fall zuzutreffen. Das heißt: die Schlafgewohnheiten, die viele Leute haben oder über die sie sich beschweren, lassen sich schon in frühester Kindheit feststellen. Und die vielen Eltern, die sich über die Schlafgewohnheiten ihres Kindes ärgern, sollten sich mit der Tatsache abfinden, daß diese Gewohnheiten mit dem Kind da sind und sich nicht so leicht ändern lassen.»

Während man früher glaubte, der Schlaf sei ein Zustand totalen Vergessens, weiß man heute, daß es ein Auf und Ab ist, eine Zusammensetzung von mindestens fünf verschiedenen zyklischen Stadien.

Zwei verschiedene Stadien, die sich wie Tag und Nacht unterscheiden, lassen sich leicht feststellen. Eines ist der REM-Schlaf (Phase der schnellen Augenbewegungen); das andere der NREM-Schlaf (Phase ohne die schnellen Augenbewegungen). Der NREM-Schlaf wird in vier Stadien eingeteilt, die vom Dösen (1. Stadium) bis zum Tiefschlaf (4. Stadium) reichen.

Die Schlaflaboratorien sind ausgerüstet mit hochkomplizierten Apparaten, welche die Gehirnströme aufzeichnen und verstärken, die Augenbewegungen kontrollieren, Pulsschlag und Atmung aufzeichnen, die Körperbewegungen und die Muskelspannung. All das und weitere Informationen haben ergeben, daß im Moment, wo man die Augen schließt, um einzuschlafen, die Körpertemperatur zu sinken beginnt und die Gehirnströme im Alpha-Rhythmus verlaufen, mit einer Frequenz von etwa 9 bis 13 Schwingungen pro Sekunde. Gleich wird der Schlaf einsetzen.

Im ersten Stadium des Schlafes schlägt der Puls langsamer, die Muskeln entspannen sich, und die Hirnwellen verlangsamen sich zu einer Frequenz von 4 bis 6 Hertz. Dies ist der leichte Schlaf. Im zweiten Stadium, dem mittleren Tiefschlaf, werden die Hirnwellen flacher und noch langsamer. Nach zirka dreißig Minuten fällt man ins dritte Stadium, und die Hirnwellen verlangsamen sich noch mehr. Der Tiefschlaf, das vierte Stadium, tritt hierauf ein, dauert aber nur etwa zwanzig Minuten, und dann schläft man weiter im leichten Schlaf. Während dieser Zeit bewegt man sich, dreht sich im Bett und erreicht fast, aber nicht ganz, wieder die Bewußtseinsebene.

Jetzt beginnen die Augen unter den geschlossenen Lidern sich zu bewegen, etwa so, wie wenn man sich einen Film ansieht. Das ist nun die Phase, in der man träumt, und wenn man jetzt aufgeweckt würde, würde man sich ganz genau an den Traum erinnern können. Nach etwa zehn Minuten dieses REM- oder Traumschlafs beginnt der Zyklus von neuem.

Jeder Zyklus dauert normalerweise ungefähr neunzig Minuten.
Daß eine gewisse Zeitspanne REM-Schlaf notwendig ist, wurde in den Versuchen dadurch bewiesen, daß man die Testpersonen jedesmal weckte, wenn sie diese Phase erreicht hatten, und sie so um den REM-Schlaf brachte. Sie glichen das Manko später in einer Phase wieder aus, in welcher der REM-Schlaf länger dauerte. Sie erreichten beim Einschlafen diese REM-Phase auch früher.
Es ist aber anscheinend jedes Schlafstadium wichtig, und jedes erfüllt einen bestimmten Zweck. NREM geht REM fast immer voraus, und einige Forscher sind der Ansicht, daß während der NREM-Phase gewisse Prozesse ablaufen müssen, damit deren Ergebnisse dann in der REM-Phase weiterentwickelt werden können. Einer Hypothese zufolge werden während der NREM-Phase im Nervensystem gewisse Proteine hergestellt, die teilweise in den darauf folgenden REM-Phasen verwendet werden. Einige Forscher vermuten, daß das dritte und vierte NREM-Stadium körperliche Erholung und Stoffwechselerneuerung nach oder in Vorwegnahme großer Anstrengung erlaubt. Anstrengende Abendgymnastik zum Beispiel bringt eine Stoffwechselbelastung mit sich, von der sich der Körper nur durch Verlängerung des dritten und vierten Schlafstadiums erholen kann, während die Morgengymnastik keinen Einfluß auf das dritte und das vierte Schlafstadium der folgenden Nacht hat.
Nach Ansicht von Dr. Ernest L. Hartmann werden während des NREM-Schlafes verschiedene Proteine — Proteide, Enzyme und Hormone — produziert, die während des REM-Schlafes zum Wiederaufbau des Nervenzellmembran-Potentials gebraucht werden, was für die geistige Aktivität beim Erwachen unerläßlich ist.
Gemäß dieser These wird der REM-Schlaf benötigt, um die emotionelle Stabilität in einer wechselnden Umgebung aufrechtzuerhalten.

Schlafapnoe, bei der es zu häufigen, 20 bis 130 Sekunden dauernden Atemstockungen kommt, ist erst in jüngster Zeit Gegenstand ärztlicher Aufmerksamkeit geworden, und zwar dank den speziellen Einrichtungen, über die die modernen Schlaflaboratorien verfügen. Diese Forschungsstätten haben auch Richtlinien für Ärzte herausgegeben, die es selbst dem Laien ermöglichen, eine eventuelle Apnoe auf eigene Faust herauszufinden.

Dr. Christian Guilleminault und ein Team von Forschern von der medizinischen Fakultät der Universität Stanford, Kalifornien, veröffentlichten unlängst eine Studie über 25 Männer zwischen 25 und 65, bei denen in Schlafbeobachtungen Apnoe festgestellt worden war. Die Ärzte von Stanford sind aufgrund ihrer Forschungen zum Schluß gekommen, daß dann Verdacht auf Schlafapnoe besteht, wenn zusammen mit dem lauten Schnarchen eines oder mehrere der folgenden Symptome auftreten: anomale Bewegungen während des Schlafes, exzessive Schläfrigkeit tagsüber, Automatismus, Halluzinationen, Persönlichkeitsveränderungen mit Verhaltensstörungen, Bluthochdruck und Bettnässen.

Atemstillstand wird unterschieden in zentrale Störung, in Apnoe infolge Verlegung der oberen Luftwege und in Kombinationsformen. Bei der zentralen Störung kommt es zu einer kurzen Unterbrechung in der regelmäßigen Bewegung des Zwerchfells, dem kuppelähnlichen Muskel, der Brust von Abdomen trennt und an der Atmung mitbeteiligt ist. Bei der Apnoe der oberen Luftwege findet ein Gewebestrukturkollaps statt, wodurch der Luftweg blockiert und die Atmung unterbrochen wird, obschon das Zwerchfell sich weiter zu einem Atemzug zusammenzieht. Bei der Mischform werden zuerst das Zwerchfell und hierauf die oberen Luftwege blockiert.

Da die Apnoe pro Nacht mehrere hundert Mal kurzes und manchmal längeres Aufschrecken bewirkt, kann sie sehr wohl die Ursache für starke Schlafstörungen sein. Der Patient, der in der Regel nichts von diesen Apnoe-Episoden weiß, wird sich über Schlaflosigkeit oder gestörten Schlaf beklagen. Die Apnoe kann auch bewirken, daß der Schläfer nur leicht schläft (Stadium 1 und 2 des NREM-Schlafes) und

keine Möglichkeit hat, sich in den Stadien drei und vier, dem Tiefschlaf, zu erholen. Ein solcher Schlafgestörter wird sich über sehr starke Schläfrigkeit während des ganzen Tages und Schlafanfälle beklagen, und die Diagnose lautet in diesem Fall: Schlafsüchtiger mit Schlafapnoe.
Apnoische Schlafsucht ist in manchen Fällen verbunden mit Fettsucht und kann sich, wenn sie schwer ist, zum Pickwick-Syndrom entwickeln. Dies ist ein krankhafter Zustand, bei dem der Patient nicht nur unter Apnoe der oberen Luftwege, die zu exzessiver Schläfrigkeit während des Tages und zu Schlafanfällen führt, sondern auch noch unter chronisch ungenügender Atmung (Hypoventilation) leidet, welche zu einem niedrigen Sauerstoffgehalt im Blut führt (Hypoxie). Um die ungenügende Oxygenzufuhr auszugleichen, muß die rechte Kammer des Herzens, die das Blut zwecks Sauerstoffanreicherung in die Lungen pumpt, stärker arbeiten und vergrößert sich dadurch. Es kommt zu pulmonalem Hochdruck, und das Herz kann Schaden nehmen.
Schlafapnoe führt oft zu Bluthochdruck, und die Forscher glauben, daß die Anzahl von Apnoe-Patienten recht hoch ist, wenn man alle Hypertoniker darauf hin testen würde. Eine Studie hat gezeigt, daß 60 % der schlafsüchtigen Schlafapnoe-Patienten erhöhten Blutdruck haben, und die zunehmende Zahl der Leute mit Schlafapnoe, die die Schlafstörungszentren aufsuchen, ist ein Hinweis, daß die Störung viel häufiger ist, als vorsichtige Schätzungen uns glauben machen wollen.
Eine Studie lieferte den Beweis, daß fünf Prozent der Patienten, die über Schlaflosigkeit klagen, an Schlafapnoe leiden, und daß 20 % der sich über exzessive Schläfrigkeit während des Tages Beschwerenden ebenfalls diese Krankheit hatten. 85 % der Schlafpatienten waren männlichen Geschlechts, und die Symptome treten nach dem vierzigsten Lebensjahr häufiger auf.
Eine einfache Diagnosehilfe ist die Frage an den Bettpartner, ob der Patient stark schnarcht und dabei schnaubt. Das laute, schnaubende Schnarchen entsteht bei der Wiederaufnahme der Atmung nach dem apnoischen Unterbruch. Eine weitere diagnostische Hilfe für den Arzt besteht darin, daß sich der Patient in seiner Praxis mit einem Atmungsmesser hinlegt und ungefähr eine Stunde schläft. Die Atemstockun-

gen der zentralen Apnoe können dann abgelesen werden. Dies ist jedoch keine ganz sichere Methode, weil die an zentraler Apnoe Leidenden manchmal mehrere Stunden hintereinander ohne Anfälle schlafen und die Atmungsstockung sie an manchen Tagen auch ganz verschont. Erstellung oder Bestätigung der Diagnose erfolgt am sichersten in einer Schlafklinik.

Bei schlafsüchtigen Schlafapnoe-Patienten mit ihrer exzessiven Schläfrigkeit während des Tages kann abgesehen vom Schlafmangel, der durch das häufige flüchtige Aufwachen bewirkt wird und eine Erholung verhindert, auch noch ein anderer Faktor im Spiel sein. Wie einige Schlafforscher glauben, ist es möglich, daß der Aufbau von Kohlendioxyd im Blut während der wiederholten nächtlichen Atemstockungen die Aktivität gewisser Körperzellen, der Chemorezeptoren, die die Atmung stimulieren, behindert. Die Folge davon, ungenügende Atmung oder Hypoventilation, kann sich auch noch am nächsten Tag bemerkbar machen, indem die Chemorezeptoren unzulängliche Signale betreffend die Atmung ins Atemzentrum im Gehirn senden.

Schlafsüchtige Schlafapnoe-Patienten werden oft während des Tages von häufigen kurzen Schlafperioden überrascht, die nur wenige Sekunden dauern. Trotz ihrer Schläfrigkeit sind sie imstande, einfache, ewig gleiche Routinearbeiten zu verrichten, aber auf komplizierte Arbeiten können sie sich nicht konzentrieren. Die häufigen Mininickerchen können auch verkehrtes Benehmen, Amnesie und Gedächtnisstörungen verursachen.

In der Regel sind diese «Schlafkranken» am Morgen nur schwer aus den Federn zu bringen. Beim Erwachen sind sie oft desorientiert betreffend Zeit und Ort, und diese Zustände der «Benebelung» dauern bis zu einer Stunde.

### *Die Heilung der Apnoe*

Die schwere Apnoe kann mit einem leichten chirurgischen Eingriff, der Tracheotomie, behoben werden. Ein kleiner Einschnitt wird in der Luftröhrenregion am Hals gemacht, und durch diese Luftröhrenfistel wird ein kleines Röhrchen eingeführt. Am Tag kann der Patient das Röhrchen, das un-

ter Kragen und Krawatte unsichtbar bleibt, mit einem Stöpsel verschließen und ganz normal sprechen. In der Nacht wird der Stöpsel entfernt, und der Patient atmet durch das Röhrchen ein und kann ohne Atemstockung und Schnarchen ruhig schlafen.
Ein Medikament, Chlorimipramin, das noch entwickelt wird und erst zu Forschungszwecken erhältlich ist, hat sich bei der Apnoe-Behandlung bewährt.
Dank einer Entdeckung von Dr. Georg B. Murray vom Massachusetts General Hospital, Boston, besteht die Möglichkeit, Patienten unter Vermeidung der Tracheotomie medikamentös zu helfen. Carbamazepin ist ein Mittel, das gegen die Trigeminusneuralgie verwendet wird und bei andern Störungen, die mit Apnoe nicht in Zusammenhang stehen. Murray verschrieb es einem Mann, der unter einer dieser Krankheiten litt, und es half ihm. Es stellte sich heraus, daß dieser Mann auch noch unter Apnoe litt, und Carbamazepin scheint eine Heilung der Apnoe bewirkt zu haben.
Das Pickwick-Syndrom kann zum Teil durch Herabsetzung des Körpergewichts kuriert werden. Damit wird auch die Häufigkeit der Schlafanfälle und Atemstockungen reduziert, und die Symptome der Schlafsucht sind weniger stark. Die Forschungen über eine wirksame Hormontherapie (entweder Progesteron oder Medroxyprogesteronazetat) sind noch nicht abgeschlossen.

## *Narkolepsie*

Bis vor kurzem war die 42jährige Frau eines Universitätsprofessors tagsüber ständig eingeschlafen, egal wie gut sie während der Nacht geschlafen hatte. Ihre Schlafanfälle, die oft bis zu fünfzehn Minuten dauerten und häufig auftraten, verschonten sie auch nicht, wenn sie bei Tische oder am Steuer saß. Ihre Störung — Narkolepsie — ist nun unter Kontrolle. Für sie. Nicht aber für tausend andere. Nach Ansicht einiger Autoritäten ist die Unfähigkeit, Narkolepsie bei Patienten zu erkennen, die sich über eine verwirrende chronische Müdigkeit beklagen, eines der häufigsten Versehen der praktischen Ärzte. Da die Störung den meisten Leuten unbekannt ist und auch viele Ärzte sie nicht kennen, vergehen durchschnittlich fünfzehn Jahre zwischen dem ersten Auftreten und der Diagnose. Und nach einigen verläßlichen Schätzungen zu schließen, wissen zwei Drittel der Opfer dieser Krankheit gar nicht, daß sie sie haben.

Das charakteristischste Symptom der Narkolepsie ist das, was viele der von ihr Betroffenen so treffend als Schlafanfälle bezeichnen, weil sie so überwältigend sind.

Im Gegensatz zu der aus andern Ursachen stammenden exzessiven Schläfrigkeit während des Tages sind die narkoleptischen Impulse unwiderstehlich. Man weiß von Patienten, die während des Gehens, ja sogar unter der Dusche, eingeschlafen sind. Es erfolgen pro Tag zwischen fünfzehn und zwanzig Schlafanfälle, von denen jeder in den meisten Fällen weniger als fünfzehn Minuten dauert. Viele Opfer leiden daneben noch unter einem andern Symptom, der Kataplexie. Einige oder viele Körpermuskeln werden plötzlich und kurz gelähmt, zum Beispiel bei einem starken Gefühl wie Furcht oder Wut. Das Gesicht erstarrt, der Patient geht in die Knie, manchmal fällt er auch auf den Boden. Oft bleiben die Augen offen, und das Opfer der Schrecklähmung nimmt während kurzer Zeit, einige Sekunden bis ein oder zwei Minuten, seine Umgebung zwar wahr, kann sich aber nicht bewegen. Als drittes Symptom können sich akustische und optische Halluzinationen einstellen, hypnagogische Halluzinationen genannt, weil sie kurz vor dem Einschlafen oder unmittelbar nach dem Erwachen auftreten. Vielleicht tritt auch noch ein viertes Symptom auf, eine rasch vorübergehende Lähmung, die ebenfalls beim Einschlafen oder beim Erwachen auftritt. Für eine kurze Zeit können die Körpermuskeln nicht bewegt werden.

Nur eine geringe Zahl der Narkoleptiker hat alle vier Symptome. Einer Studie über Hunderte von Narkoleptikern entnehmen wir, daß alle tägliche Schlafanfälle hatten, aber nur 70 % hatten kataplektische Anfälle. 25 % litten unter hypnagogischen Halluzinationen und 50 % unter Schlaflähmung. Nur 10 % hatten alle vier Symptome. Es scheint, daß die Neigung zu Narkolepsie vererbt wird. Bei nahen Verwandten von Narkoleptikern ist das Auftreten diesbezüglicher Symptome zwanzigmal wahrscheinlicher als bei der Durchschnittsbevölkerung. Oft beginnt die Störung in der Pubertät, in der Regel mit Schlafanfällen am Tage. Es wurde dar-

auf hingewiesen, daß die Störung mit den mit diesem Alter verbundenen hormonellen Veränderungen zusammenhängen könnte. Beweise hierfür liegen aber noch keine vor. Kataplexie zeigt sich erst vier bis fünf Jahre nach den ersten Schlafanfällen und manchmal erst dreißig Jahre später.
Hat sich die Narkolepsie einmal eingenistet, bleibt sie lebenslänglich. Wird sie nicht erkannt und behandelt, so führt sie zu Arbeits- und Dienstunfähigkeit.
Von einer Gruppe von Patienten in der Lahey Klinik, die alle zuvor erfolglos gegen ihre «Müdigkeit» behandelt worden waren, weil man diese den verschiedensten anderen Störungen zuschrieb, zeigten 38 nach der Einnahme von Analeptika prompt eine Besserung. Auch den andern Symptomen der Narkolepsie kann, so sie vorhanden sind, abgeholfen werden. Medikamente wie Imipramin und Protriptylin verhindern Kataplexie. Beides sind antidepressive Medikamente, aber ihre antikataplektische Wirkung scheint mit der antidepressiven Aktivität in keinem Zusammenhang zu stehen.

### *Lösung des Problems der Diagnose*

Diese liegt oft beim Opfer selber und bei seiner Familie. Wenn alle vier Symptome zusammen auftreten, ist die Diagnose leicht. Ein solcher Fall ist für den Arzt ein Kinderspiel. Aber nur bei einer kleinen Zahl der Fälle treten alle vier Symptome zugleich auf.
Viele der Narkoleptiker, die an Schlafanfällen leiden, gehen deswegen nicht zum Arzt. Sie glauben, sie hätten da eine persönliche Absonderlichkeit, gegen die kein Kraut gewachsen sei. Andere, die zum Arzt gehen, machen ihm die Diagnose schwer, weil sie sich nicht richtig ausdrücken. Narkoleptiker neigen dazu, «Müdigkeit» und andere Worte für ihren Zustand zu verwenden — «Mir fehlt's an Elan», «Ich habe keine Energie», «Mattigkeit», «Abgespanntheit», «Apathie», «Erschöpfung», «keine Lust» — statt zu sagen: «Ich kann die Augen nicht mehr offen halten.» Die Ausdrücke, welche die Patienten im allgemeinen verwenden, können Zustände beschreiben, die von anderen Ursachen stammen, und daher sehr irreführend sein.
Narkolepsie kann ein Kind in der Schule handikapieren, das

Eltern-Kind-Verhältnis stören und zu Spannungen und emotionellen Schwierigkeiten führen.
Dr. Robert E. Yoss und Dr. David D. Daly von der Mayo-Klinik haben eine typische Situation geschildert, bei der die Lehrer von einem Nachlassen der schulischen Leistungen des Kindes sprechen und diese seiner Unaufmerksamkeit zuschreiben, was zu elterlichen Pressionen führen kann. Das Kind befindet sich dann in einem konstanten Kampf gegen die Müdigkeit und gegen die Pressionen der Eltern und der Lehrer. Es wird zwangsläufig ungeduldig und gereizt sein, und dieser Zustand wird dann seelischen Störungen zugeschrieben.
Erwachsene, die an dieser Krankheit leiden, werden des öfteren von Verwandten, Vorgesetzten und oft auch von sich selber als «faul» gebrandmarkt. Diese Stigmatisierung könnte eine Erklärung bieten für das Auftreten von Depressionen bei 29 % einer Untersuchungsgruppe mit Schlafanfällen und bei weiteren 17 %, die auch noch an Kataplexie litten. Jedoch ist es nach Ansicht einiger Kapazitäten auch möglich, daß die Krankheit selber eine Tendenz zur Depression bewirkt.
Aus vielen Studien geht hervor, daß Narkolepsie eine wesentliche Ursache bei Autounfällen sein kann. In der Lahey Klinik in Boston, wo während Jahren Narkolepsie speziell studiert worden ist, wurden 105 Patienten untersucht, die in der Klinik als Narkoleptiker diagnostiziert worden waren. 81 gaben zu, daß sie beim Autofahren an gräßlicher Müdigkeit gelitten hätten, 42 waren buchstäblich am Steuer eingenickt und 17 hatten einen Unfall gehabt, weil sie vom Schlaf übermannt worden waren.
Zum Vergleich untersuchten die Ärzte 105 andere Patienten, die nicht an Narkolepsie litten. Nur 15 von ihnen waren während des Fahrens schläfrig geworden, und das nur bei den seltenen Gelegenheiten, wenn sie sich unausgeruht ans Steuer gesetzt hatten. Nur einer hatte einen Unfall, weil er am Steuer eingeschlafen war.

## *Die Behandlung der Narkolepsie*

Ist die Narkolepsie erkannt, so kann sie unter Kontrolle gehalten werden. Die Wirkung von Analeptika, von Medikamenten, die das Zentralnervensystem stimulieren und Schlafanfälle verhindern, ist seit Jahren bekannt. Zu diesen Medikamenten gehören Methylphenidat, Pemolin und Dextroamphetamin.

Für die Opfer ist die Behandlung mit einem dieser Medikamente ein wahrer Segen. Die Männer kommen wieder mit ihrer Arbeit zurecht, die Frauen, denen der Haushalt und die Kinder über den Kopf wuchsen, erledigen Hausarbeiten und Kindererziehung spielend. Viele der erfolgreich behandelten Kranken sagten, daß ihnen das Leben in vieler Beziehung wieder lebenswert geworden sei. Sie gehen zum Essen aus, sie laden Gäste ein, sie lesen, spielen Karten, schauen sich das Fernsehprogramm an; alles, was früher eine Last war, ist jetzt eine Quelle des Vergnügens. Auch Kinder haben sehr gut auf die Medikamente angesprochen. Unter den in der Mayo-Klinik Behandelten war auch ein kleiner Junge, der überwiesen worden war, weil er merkwürdige «Anfälle» hatte. Er mußte sich mehrmals im Tag auf den Boden legen, wo er ungefähr zehn bis zwanzig Minuten lang schlief. Er war auch schon mitten im Spiel mit Freunden eingeschlafen, in der Schule sogar während dem Unterricht. Und während der Schlafanfälle gähnte er ausgiebig. Nachdem ihm Methylphenidat verschrieben worden war, hatte er keine anomalen Schlafanfälle mehr.

Wenn Sie (oder jemand aus Ihrer Familie) trotz ausreichendem Schlaf tagsüber immer wieder von Schlafanfällen übermannt werden, dann kann es auf keinen Fall schaden, einen Arzt aufzusuchen. Wenn Sie beim Arzt sind, dann sagen sie genau, was Ihnen fehlt. Die richtige Beschreibung ist schon die halbe Diagnose und Behandlung.

Haben Sie irgendwelche Zweifel, dann wenden Sie sich an eine Schlafklinik. Eine Überwachung des Schlafs während einer ganzen Nacht garantiert Ihnen die Entdeckung einer eventuellen Narkolepsie. Die Narkoleptiker fallen nämlich nachts direkt in den REM-Schlaf, während normale Leute für gewöhnlich erst nach über neunzig Minuten Schlaf in die REM-Phase eintreten.

*Schlaflosigkeit: Verwirrung in der Vergangenheit*

Bis vor kurzem noch war die Schlaflosigkeit das Stiefkind der Medizin. Aus einigen Studien wissen wir, daß die Hälfte aller Befragten über fünfzehn zu irgendeiner Zeit ihres Lebens einmal an Schlaflosigkeit gelitten haben; etwa 15 % sagen, daß sie an chronischer Schlaflosigkeit leiden; ein weiteres Drittel beklagt sich über mehr oder weniger wiederkehrende Perioden der Schlaflosigkeit. Obschon Schlaflosigkeit ein kompliziertes Leiden ist, das aus einer beträchtlichen Zahl von Ursachen herstammen kann und deshalb sorgfältig diagnostiziert werden müßte, werden immer noch sehr viele Patienten ganz einfach mit einem Schlafmittelrezept abgefertigt. Doch in den wenigsten Fällen wird das Mittel wirklich benötigt, und in den meisten hilft es auch nichts. Manchmal verstärkt es sogar die Schlaflosigkeit oder bewirkt sie geradezu. Der sich auf Hypnotika (Schlafpillen) verlassende Patient steht am Ende oft da mit seiner ursprünglichen Schlaflosigkeit und einer Medikamentenabhängigkeit dazu.

Für gewöhnlich läßt die Wirksamkeit eines Schlafmittels schon nach zwei Wochen nach. Das mag daher kommen, daß der Körper eine verstärkte Fähigkeit zu seinem Abbau entwickelt oder das Gehirn eine verstärkte Toleranzfähigkeit oder aufgrund anderer biochemischer Mechanismen. Dann wird der Patient versucht sein, die Dosis zu erhöhen, weil er die Rückkehr der Schlaflosigkeit fürchtet. Schlußendlich gewöhnt er sich an stärkere Dosen. Er leidet immer noch unter Schlaflosigkeit, aber er muß das Medikament, das jetzt schon zu einer Droge geworden ist, weiter nehmen, damit er zu seinem bißchen Schlaf kommt.

Damit nicht genug, unterdrücken die Hypnotika oft den REM-Schlaf, also das Stadium, in dem der Mensch träumt. Versuche, sich das Mittel abzugewöhnen, führen zu kompensatorisch verlängerten REM-Schlafphasen — und selbst zu Alpträumen. In solchen Fällen greifen die Patienten dann gerne wieder zum Schlafmittel, um sowohl die Schlaflosigkeit als auch die Alpträume loszuwerden.

Ärzte von der Schlafklinik der Stanford-Universität berichten, daß zirka 40 % der Patienten, die sich über Schlaflosigkeit beklagen, Schlafstörungen haben, weil sie abhängig ge-

worden sind von eben den Mitteln, die sie gegen die Schlaflosigkeit genommen haben. Wenn die Dosis schrittweise vermindert wird — vorsichtig, alle fünf oder sechs Tage die normale Dosis, zur Vermeidung von Entzugserscheinungen wie schweren Träumen und Alpdrücken —, erreichen die Patienten durchschnittlich 20 % mehr Schlaf, und einige werden von ihrer Schlaflosigkeit kuriert.
Einer der an der Klinik untersuchten Patienten hatte während dreißig Jahren sechs verschiedene Schlafmittel geschluckt, insgesamt achttausend Milligramm pro Nacht, und war immer noch ganz «kaputt» von seiner Schlaflosigkeit. Es dauerte zwei Jahre, um ihm langsam die Pillen abzugewöhnen. Nachher schlief er sechseinhalb Stunden pro Nacht. Mit Hilfe der Schlafmittel hatte er bloß viereinhalb Stunden schlafen können.

### *Pseudo-Schlaflosigkeit*

Manche Leute werden schlafmittelsüchtig, weil sie unter dem leiden, was die Experten Pseudoschlaflosigkeit nennen. Sie haben einen gesunden Schlaf, aber sie lassen sich einreden, daß sie schlafgestört seien, weil sie weniger als die als normal geltenden durchschnittlichen siebeneinhalb Stunden schlafen.
Ein Schlafforscher berichtete von einem erfolgreichen Akademiker, der ärztliche Hilfe suchte, nachdem seine Frau ihn überzeugt hatte, daß er ein Schlafgestörter sei, weil er, obschon beide erst um ein Uhr früh zu Bett gingen, schon um halb fünf oder fünf wieder wach war, während sie bis halb sieben oder sieben durchschlief. War er während des Tages müde? Störte seine «Schlaflosigkeit» ihn bei der Arbeit oder bei anderen Tätigkeiten? «Eigentlich nicht», sagte er nachdenklich. «Es geht mir ausgezeichnet.»
«Was Ihnen fehlt», informierte ihn der Arzt, «ist, daß Sie mit weniger Schlaf auskommen als Ihre Frau oder andere Menschen. Und das ist wohl kaum ein Nachteil. Ich habe ein Rezept für Sie: Wenn Sie aufwachen, stehen Sie auf, und alles ist in Ordnung.» Das hat er auch getan.
Manchmal jedoch braucht es sehr viel Überredungskunst, um einen Pseudoschlafgestörten zu überzeugen, daß ihm

nichts fehlt. Dr. William C. Dement von der Universität Stanford schrieb, daß bei einigen Fällen «Kuren» nur dann wirkten, wenn man den Patienten anhand von Tabellen mit aufgezeichneten Schlafkurven bewies, daß sie genügend Schlaf bekamen.

### *Emotionell bedingte Schlaflosigkeit*

Echte Schlaflosigkeit kann viele Ursachen haben — psychische, physische, verhaltensbedingte —, und sie verschwinden eher, wenn die Ursache als wenn die Schlaflosigkeit behandelt wird, die ja nur ein Symptom ist. Gewiß kann Schlaflosigkeit eine Folge emotioneller Störungen sein. Und in einigen Fällen mag das der Schlaflosigkeit zugrunde liegende Problem dem Patienten nicht bewußt werden und oft auch dem Arzt nicht, wie aus einer Studie hervorgeht. Depression wurde als Problem Nummer eins erwähnt. Einige der Depressiven hatten Einschlafschwierigkeiten; andere schliefen einige Stunden und blieben für den Rest der Nacht wach.

Wenn Depression oder ein anderes emotionelles Problem wie Angst die Ursache der Schlaflosigkeit ist, ist eine Behandlung mit Antidepressiva oder anderen spezifischen Mitteln oder bei gewissen Fällen eventuell eine kurze Psychotherapie angezeigt. Schlafpillen lösen das Problem nämlich nicht.

### *Einige physische Ursachen*

Jede schwerere Krankheit kann zu Schlafstörungen führen. Zu den körperlichen Ursachen der Schlaflosigkeit gehören die Schlafapnoe, das Unruhige-Beine-Syndrom, Nachtmyoklonus, schmerzhafte nächtliche Erektionen, die wir weiter unten diskutieren werden und die eine weitverbreitete Ursache der Schlaflosigkeit sind. Andere sind Allergien wie Asthma; schmerzhafte Krankheiten wie Arthritis, Geschwüre, nächtliche Migräne; neurologische Störungen wie Epilepsie und Parkinson-Krankheit; Stoffwechselstörungen wie Diabetes, Nierenkrankheiten und Hyperthyreoidismus.

Heilung dieser Krankheiten bringt auch Heilung der Schlaflosigkeit mit sich. Zum Beispiel: Patienten, die an einer nicht behandelten Parkinson-Krankheit leiden, haben eine kürzere totale Schlafzeit, und auch eine kürzere REM-Schlafphase, und werden in der Nacht oft wach.
Nach Behandlung der Krankheit kommt es wieder zu längeren Phasen ungestörten Schlafes und zu einem normalen REM-Schlaf.
Patienten mit einer Schilddrüsenüberfunktion haben einen gestörten Schlaf, eine niedrige Totalschlafzeit und eine über dem Durchschnitt liegende Zahl von Schlafphasen drei und vier. Wenn der Patient von seiner Hyperthyreose geheilt ist, dauert es ungefähr noch ein Jahr, bis sich seine Schlafgewohnheiten wieder normalisiert haben.

### *Unruhige Beine und Schlaflosigkeit*

Bei zwanzig Prozent der Fälle chronischer Schlaflosigkeit ist, wie wir aus neueren Untersuchungen wissen, die Ursache der eine oder der andere oder eine Kombination dieser beiden merkwürdigen Zustände: Nachtmyoklonus und das Unruhige-Beine-Syndrom.
Der Nachtmyoklonus ist eine ruckartige Bewegung der Beine, die während des Schlafes alle zwanzig bis vierzig Sekunden auftritt. Diese heftige Bewegung weckt manchmal den Schläfer für fünf bis fünfzehn Sekunden. Die Anfälle können einige Minuten bis einige Stunden dauern und bei schweren Fällen mag es pro Nacht 400 Mal zum Wachsein kommen. Für gewöhnlich sind sich die Patienten dieser ruckartigen Bewegungen nicht bewußt. Ihre Bettgenossen können jedoch von den Tritten genug erzählen.
Das Unruhige-Beine-Syndrom macht es den Patienten schwer oder sogar unmöglich, während sie wach im Bett liegen, ihre Beine still zu halten. Oft spüren sie auch ein lästiges wenn auch nicht schmerzhaftes Kribbeln tief in den Muskeln der Unterschenkel und oft müssen sie für zehn bis zwanzig Minuten aufstehen und sich «ihre Beine vertreten». Sie kommen dadurch nie zur richtigen Zeit ins Bett und beschweren sich daher mit Recht über Einschlafschwierigkeiten. Patienten, die am Unruhigen-Beine-Syndrom leiden, ha-

ben in der Regel auch nächtliche Muskelkrämpfe, während viele der Patienten mit nächtlichen Muskelkrämpfen das Unruhige-Beine-Syndrom nicht haben.

In einigen Fällen ist Koffein ein mitwirkender Faktor, und Verzicht auf Kaffee mag schon helfen. Mit Diazepam sind beide Zustände mit beschränktem Erfolg behandelt worden. Das Mittel hilft gegen das Kribbeln, das den Schläfer zwingt, aufzustehen und umherzugehen. Es ist auch teilweise gegen Myoklonus wirksam. Bei einigen schweren Fällen hat es die Häufigkeit des Wachgeschütteltwerdens auf einen Zehntel reduziert — vierzig Mal und weniger — und auch die Stärke des Rucks gemindert. Carbamazepin, ein Mittel, das manchmal bei Epilepsie und Trigeminusneuralgie angewendet wird, hat beim Unruhigen-Beine-Syndrom gute Wirkungen gezeigt.

Dr. Samuel Ayres, Professor für Medizin am UCLA, hat mit Vitamin E gute Erfahrungen gemacht. Die Entdeckung verdankte er einem Zufall. Einem Patienten, den Ayres wegen eines Hautleidens mit Vitamin E behandelte, war aufgefallen, daß seine Unruhigen Beine, die ihn seit Jahr und Tag gestört hatten, seit der Einnahme des Medikamentes Ruhe gaben.

Aus gutem Grunde interessierte dieser Zusammenhang Ayres. Er und seine Frau litten ebenfalls an dieser Störung. Beide begannen sie Vitamin E zu nehmen, mit «promptem und erfreulichem Erfolg», wie er sagte.

Hierauf behandelte Ayres 134 Patienten auf diese Weise. Von 125, die an Myoklonus litten, in den meisten Fällen schon mehr als fünf Jahre, sprachen nur zwei nicht auf das Medikament an; 103 wurden völlig von ihren Beschwerden befreit. Von neun mit dem Unruhigen-Beine-Syndrom geplagten Patienten wurden sieben vollständig geheilt, die beiden andern teilweise.

## *Schlaflosigkeit aufgrund falschen Verhaltens*

Die Schlaflosigkeit ist ein relativ neuer Bereich der Medizin, und viele Aspekte des Schlafes sind noch unbekannt. Etwas, was schon eine gewisse Aufmerksamkeit auf sich gezogen hat, ist der Zusammenhang zwischen Schlaflosigkeit und gewissen Bräuchen, Gewohnheiten und Verhaltensweisen, und wie diese korrigiert werden können.

Dr. Richard R. Bootzin, Psychologe an der Northwestern University, Evanston, Illinois, hält den gewohnheitsmäßigen Mißbrauch des Bettes für einen wesentlichen Faktor der Schlaflosigkeit. Um das verkehrte Verhalten zu kurieren, erteilt der Arzt seinen Patienten spezielle Instruktionen, wie der Fall eines 25jährigen verheirateten Mannes illustriert, der während vier Jahren allnächtlich um Mitternacht zu Bett gegangen war, aber bis drei oder vier Uhr nicht einschlafen konnte, der alte Sorgen wiederkäute und sich neue machte, bis er es nicht mehr aushielt und zu lesen begann oder sich ein Fernsehprogramm anschaute.

Bootzins Rezept lautete folgendermaßen: Gehen Sie nur dann ins Bett (in Ihre intimen Beziehungen möchte ich mich hier nicht einmischen), wenn Sie rechtschaffen müde sind, und wenn Sie einmal im Bett sind, dann lassen Sie das Lesen, das Fernsehen und das Grübeln. Gehen Sie ins Bett, um zu schlafen, nicht um sich Sorgen für morgen zu machen. Wenn Sie im Bett nicht bald einschlafen können, stehen Sie auf und verlassen Sie das Schlafzimmer. Den Vorgang wiederholen Sie so lange, bis sie todmüde ins Bett fallen und sofort einschlafen. Kümmern Sie sich nicht darum, wie viel Schlaf Sie kriegen. Egal, ob es ein Wochentag oder ein Wochenende ist, stellen Sie den Wecker, und stehen Sie jeden Morgen um die gleiche Zeit auf. Der Körper braucht Ruhe, und ein regelmäßiger Stundenplan verschafft sie Ihnen auch.

Es war selbstverständlich, daß der Patient in diesem Fall bis fünf Mal pro Nacht das Schlafzimmer verlassen mußte. Aber nachdem er zwei Wochen lang in zunehmendem Maße das Schlafzimmer mit Schlafen statt mit Problemekauen, Lesen und Fernsehen in Verbindung gebracht hatte, gelang es ihm, zwei bis vier Stunden länger als üblich zu schlafen, und nach zwei Monaten verließ er das Schlafzimmer nur noch einmal pro Woche. Andere Forscher, die sich der gleichen Technik bedienten, berichteten, daß ihre Patienten nach vier Wochen nicht mehr anderthalb Stunden und mehr zum Einschlafen brauchten, sondern schon nach zwanzig Minuten in Morpheus' Armen ruhten.

In andern Fällen werden andere Gewohnheiten geändert werden müssen: Verzicht auf das tägliche Nickerchen; Vermeidung von Kaffee, Tee oder koffeinhaltigen Softdrinks am Abend; keine schweren Mahlzeiten am Abend.

Die Schlafforscher haben auch eine Störung entdeckt, die sie REM-Einmischungsschlaflosigkeit nennen, bei der der Schläfer etwa neunzig Minuten nach dem Einschlafen wach wird und dann die ganze Nacht immer wieder aufwacht. Aufzeichnungen des ganznächtlichen Schlafes haben gezeigt, daß solche Leute präzise zu Beginn der REM-Schlafphase wach werden, während der bekanntlich die meisten Träume stattfinden. Die These ist die, daß unangenehme Träume während einer gewissen Zeit den Träumer konditioniert oder daran gewöhnt haben, sich zur Vermeidung der REM-Phase selbst zu wecken. Mit Chlordiazepoxid sind bei der Abgewöhnung dieser Weckerei gute Ergebnisse erzielt worden. Es wurde auch noch eine andere konditionierte Schlaflosigkeit entdeckt — die innere «Wachrüttlungsschlaflosigkeit» — und in Verbindung gebracht mit dem Willen des Schläfers, sich zum Schlafen zu zwingen. Diese Art der Schlafstörung beginnt damit, daß der Patient vor einem wichtigen Ereignis unbedingt gut schlafen will, das Denken daran wird zur Gewohnheit, der Schläfer will den Schlaf erzwingen, und alles was bei dieser Verkrampfung herausschaut, ist das Wachwerden mitten in der Nacht.

Einige Schlafforscher haben Erfolge bei der Behandlung solcher Patienten erzielt, indem sie ihnen in ihrer Praxis Techniken der Muskelentspannung, Selbsthypnose oder Meditation beibrachten. Um dem Patienten zu zeigen, daß seine Entspannungsversuche Erfolg gehabt haben, wird EMG, elektromyographische Rückkoppelung, angewendet, um die Signale der auf der Haut über gewissen Muskeln plazierten Elektroden zu vergrößern und zur Anschauung zu bringen. Sobald es dem Patienten gelungen ist, sich zu entspannen, kann er im Bett dasselbe Resultat ohne die Apparaturen erreichen.

Bei einigen Fällen führten Anfälle von Schlaflosigkeit auch

zu Phobien, unvernünftigen Befürchtungen, nicht einschlafen zu können, die dann naturgemäß Schlaflosigkeit bewirken. Einige Forscher berichten von Heilungen dieser Phobien durch Erteilung von Befehlen. Dem Patienten wurde befohlen, so lange wach zu bleiben, bis sein Bedürfnis nach Schlaf stärker wurde als die Angst davor.

### *Die Schlafhilfen der Natur*

Während einigen Jahren haben gewisse Forscher spekuliert, daß es eine Substanz geben könnte, ein natürliches Schlafmittel, das dem Körper den Schlaf und dessen Regulierung ermögliche. Wenn es eine solche Substanz gab, mußte sie für den Körper rasch erreichbar sein, und er konnte sie nur aus der Nahrung beziehen oder durch Syntheseprozesse gewinnen. Wissenschaftliche Messungen mußten dann zeigen können, daß diese Substanz einen normalen Schlaf bewirken konnte, und zwar in Dosen oder Konzentrationen, die denen anderer Schlafmittel gleich sind. Wir wissen nun, daß eine solche Substanz in Gestalt von L-tryptophan existiert, einer, natürlich vorkommenden Aminosäure, einem der Bestandteile von Protein. L-tryptophan wird täglich in der Nahrung aufgenommen, und zwar in Mengen von 0,5 bis 2 Gramm. Verschiedene experimentelle Untersuchungen mit Testpersonen haben ergeben, daß die häufigste Nebenwirkung von L-tryptophan Schläfrigkeit ist. Als Forscher Leute in ihrem Schlaflaboratorium beobachteten, die zu Hause fünfzehn Minuten und länger brauchten, um einzuschlafen, stellten sie fest, daß durch eine Dosis von einem Gramm L-tryptophan die Einschlafzeit auf die Hälfte herabgesetzt wurde. Und die Schlafüberwachung — Aufzeichnung von Schlafstadien, Zyklusdauer und Aufwachhäufigkeit — zeigte, daß L-tryptophan einen anscheinend normalen Schlaf bewirkte. Es scheint, daß viele «Ammenmärchen» mehr als ein Gran Wahrheit enthalten. Wie angeführt wurde, bezweckte das alte Rezept, ein oder zwei Glas Milch vor dem Einschlafen zu trinken, vermutlich mehr als eine psychologische Gedankenverbindung mit der Mutter. Denn L-tryptophan kommt in Milch und anderen Nahrungsmitteln wie Fleisch und Frischgemüse vor.

Bei einem andern Test betreffend die Wirksamkeit von L-tryptophan als natürliches Beruhigungsmittel wurden zwölf Schlafgestörte, die oft bis zu einer Stunde brauchten, um einzuschlafen, ausgewählt. Sie verbrachten zwei Wochen in einem Institut, wo ihr Schlafverhalten elektronisch überwacht wurde. Bevor sie schlafen gingen, erhielten sie L-tryptophantabletten und zum Vergleich Placebos. Die Studie zeigte, daß die Schlafgestörten, die L-tryptophan geschluckt hatten, rascher einschliefen als die Placebopatienten. Ihr Schlaf dauerte fünfundvierzig Minuten länger als gewöhnlich, und die normalen Schlafstadien verliefen ungestört.

### *Schlafsucht*

In jüngeren Untersuchungen ist eine ganze Reihe von Schlafstörungen — wir meinen hier nicht Narkolepsie und Schlafapnoe — inklusive exzessive Schläfrigkeit am Tage ans Licht gekommen. Einige davon sind sehr selten; andere kommen relativ häufig vor.

Eine davon ist das *Kleine-Levin*-Syndrom, bei dem neben starker Schläfrigkeit tagsüber auch Freßlust und sexuelle Gier auftreten. Da männliche Geschlechtshormone ähnliche Zustände bewirken können, glauben einige Forscher, daß das Syndrom eine Überreaktion auf die Hormone der Hypothalamusregion des Gehirns sei, die bei der Geschlechtsreife leicht unreif zurückgeblieben sei. Das Syndrom zeigt sich vor allem bei jungen, sehr scheuen und in sich gekehrten Männern. Bei Frauen kann sich ein gleicher oder ähnlicher Zustand zu Beginn einer unregelmäßigen Periode zeigen. Bei manchen Fällen hat Lithiumkarbonat die Anfälle verhüten können. Bei Frauen verschwinden die Symptome oft beim Eintreten der nächsten regelmäßigen Periode oder nach der Einnahme von Östrogen/Progesteron.

Bei einer andern Störung, dem *Halbschlafsyndrom*, zeigt sich trotz normalem Schlaf während der Nacht tagsüber konstante Schläfrigkeit, und es kommt zu häufigen Episoden von Mikroschlaf, der zwar bloß ungefähr eine Minute dauert, aber mit Gedächtnisstörungen und Konzentrationsschwierigkeiten verbunden ist. Diese seltene Krankheit ist offensichtlich das Ergebnis einer Störung des Weckmechanismus im Gehirn, eines Mangels an der Substanz Dopamin. Es sind Forschungen im Gange, um Opfer mit Dopa (dihydroxyphenylalanin), einer Zusammensetzung, die im Gehirn zu Dopamin verwandelt wird, zu behandeln.

### *Allein auftretende Schlaflähmung*

Obschon die Schlaflähmung ein Symptom der Narkolepsie ist, kann sie auch allein auftreten und eine spezielle Schlafstörung sein. Wie bei der narkoleptischen Schlafdrucklähmung kann der Kranke für eine kurze Zeit nur die Augen bewegen und atmen.
Für die allein auftretende Schlaflähmung ist medikamentöse Behandlung nicht angezeigt. Ein davon Befallener kann durch kräftige Bewegung der Augäpfel, Versuche zu blinzeln und hierauf durch die Bewegung der Gesichtsmuskeln und anderer Muskeln den Anfall beenden.

### *Schmerzhafte nächtliche Erektionen*

Nächtliche Erektionen sind die Norm. Sie kommen während 80 bis 90 % der REM-Schlafphasen vor. Manche Männer, denen Erektionen im Wachzustand durchaus keine Schmerzen bereiten, leiden unter diesen schmerzhaften nächtlichen Erektionen und werden dadurch oft geweckt. Man kennt die Ursache nicht, und es existiert auch keine Behandlungsmethode. Tröstlich ist indes die Tatsache, daß schmerzhafte nächtliche Erektionen keinen Einfluß auf die normale sexuelle Aktivität haben.

### *Nachtschreck*

Der Nachtschreck äußert sich dadurch, daß der Patient wach wird, sich aufsetzt, bleich, mit offenen Augen und einem erschreckten Gesichtsausdruck, und schreit und stöhnt. Nach einem solchen Anfall nächtlichen Aufschreckens, der fünfzehn bis dreißig Minuten dauern kann, schläft der Patient für gewöhnlich wieder weiter und erinnert sich am

Morgen nicht an diesen Vorfall. Unter dem Pavor nocturnus leiden vor allem Kinder zwischen vier und acht Jahren. Manchmal tritt Nachtschreck aber auch bei Erwachsenen auf. Zwischen Nachtschreck und Nachtmahr besteht ein Unterschied. Ein Nachtmahr, das Alpdrücken, ist ein «schwerer Traum», der während des REM-Schlafes geträumt wird und an den sich der Schläfer nachher erinnert. Der Nachtschreck hingegen tritt in den Stadien 3 und 4 des NREM-Schlafes auf, also während des Tiefschlafes. Pavor nocturnus kommt oft zusammen mit Schlafwandeln, Reden im Schlaf und Bettnässen vor.
In einigen Fällen ist der Nachtschreck ein Symptom der Epilepsie, und hier helfen die richtigen krampflösenden Mittel. Wenn der Nachtschreck bei einem Kind vorkommt, wird er dem nicht ausgewachsenen Nervensystem zugeschrieben. Die Schlafexperten raten den Ärzten, die Eltern zu beruhigen. Die Sache wird sich auswachsen und wird im Erwachsenenalter keine Spuren hinterlassen.
Bei Erwachsenen kann der Nachtschreck sehr wohl von seelischen Störungen herrühren, muß es aber nicht. Häufig bewirkt Diazepam eine Reduzierung der Nachtschreckanfälle. Das Medikament, Handelsname Valium, ist ein Tranquilizer, der aber leider die Stadien 3 und 4 des Tiefschlafes unterdrückt.

## *Schlafwandeln*

Nach Ansicht der Schlafforscher sind ungefähr 15 % aller Kinder Schlafwandler gewesen, zumindest einmal. Schlafwandel scheint ererbt zu sein, speziell bei Knaben, die die Großzahl von Schlafwandlern bilden. Schlafwandeln kommt aber auch bei Erwachsenen vor. Der Schlafwandler wandelt häufig mit offenen Augen. Aber der Blick ist glasig und nimmt nichts wahr. Ein Kind, das durch seine Wohnung wandelt, ist nicht bei Bewußtsein, und es kann daher über Möbel stolpern oder aus dem Fenster fallen.
Schlafwandeln findet in der Regel zu Beginn der Nacht statt, während der Schlafstadien 3 und 4. Der Nachtwandler kann fünf bis dreißig Minuten umhergehen oder sich auch bloß während fünfzehn bis dreißig Sekunden im Bett aufsetzen.

EEG-Aufnahmen, die von Personen im Zustand des Somnambulismus gemacht wurden, zeigen die für die Schlafstadien 3 und 4 typischen Gehirnströme. Und da Träume in der REM-Phase stattfinden und das Nachtwandeln in der NREM-Phase, stellt der Schlafwandler nicht, wie früher geglaubt wurde, einen Traum szenisch dar.
Bei Kindern wächst sich in der Regel dieser Zustand aus. Nach Ansicht der Schlafforscher ist er eine Folge der Unreife des Nervensystems. Die Eltern können bezüglich emotioneller Schwierigkeiten beruhigt sein. Diese sind nicht die Ursachen des Schlafwandelns, und Schlafwandeln hat keinerlei Wirkung auf das spätere Leben des Kindes.
Häufiges Schlafwandeln bei Erwachsenen kann der Ausdruck emotioneller Störungen sein, ist es in vielen Fällen aber nicht. Sowohl der Tranquilizer Diazepam als auch das Antidepressivum Imipramin haben sich bei dieser Störung bewährt. Allerdings ist von einer chronischen Verabreichung dieser Mittel an Kinder abzuraten.
Bei einigen erwachsenen Schlafwandlern wurden auch hypnotische Befehle angewendet. Eine Ehefrau wendete eine Art von Verhaltensänderungstechnik an und jedesmal, wenn ihr schlafwandelnder Gatte aus dem Bett aufstehen wollte, hielt sie ihn zurück. Muskelentspannungstraining mit Hilfe von Biofeedback hat sowohl die hohe Muskelspannung während des Schlafwandelns als auch in der Folge die Häufigkeit der Störung herabgesetzt.

### *Sprechen im Schlaf*

Schlafreden, auch Somniloquenz genannt, kommt bei Kindern häufiger vor als bei Erwachsenen und ist in der Regel unverständlich. Während häufiges, vernünftiges und verständliches Sprechen im Schlaf bei Erwachsenen auf emotionelle Schwierigkeiten hindeuten kann, ist die Somniloquenz bei Kindern kein Zeichen einer gestörten Seele, und die Gewohnheit verschwindet im Verlaufe des Wachstums. Diazepam verringert die Häufigkeit des Schlafredens.

Bettnässen oder Incontinentia urinae, wie der Lateiner sagt, vom Mediziner Enuresis genannt, ist dauerndes Bettnässen über die Zeit hinaus, in der es für Kinder normal ist: zwischen vier und fünf. Zu diesem Zeitpunkt tun das die meisten Kinder nicht mehr. Aber bei über zehn Prozent kommt Enuresis auch noch mit fünf Jahren vor, bei zehn Prozent mit sieben, bei drei Prozent noch mit zwölf und bei drei Prozent sogar bis zu einem Alter zwischen 17 und 28. Das Bettnässen erfolgt in der Regel im ersten Teil der Nacht, während des NREM-Schlafes, das heißt also, daß der Bettnässer keinen Traum szenisch darstellt. Wenn der Bettnässer jedoch kurz nach dem Bettnässen in die REM-Schlafphase kommt, kann die Nässe in einen Traum einbezogen werden, eine Koinzidenz, die zu einer irrtümlichen Annahme eines Zusammenhangs zwischen Bettnässen und Träumen geführt hat.

Enuresis wird primär genannt, wenn sie über das normale Alter hinaus auftritt, und sekundär, wenn das Bettnässen nach Monaten oder Jahren der Trockenheit erneut wieder auftritt.

Die primäre Form kann das Resultat einer verspäteten Reife des Nervensystems sein. Sie kann aber auch organische Ursachen haben; beim Mann eine Blockierung der Urethra, einem Verschluß der Harnröhre, bei der Frau ein verschobener Ureter, der Kanal, der den Urin von der Niere zur Blase führt; eine Ausstülpung, ein Divertikel in der Urethra, eine Verletzung, Blasenmißbildung, Blaseninfektion (Zystitis).

Bei einigen hartnäckigen Bettnässern dürfte die Ursache eine Allergie der Harnwege sein.

Einige Kinder nässen das Bett, weil ihre Blase noch nicht völlig funktionstüchtig ist. Eine Besserung kann erzielt werden, wenn man das Kind dazu anhält, den Harn während des Tages so lange als möglich zurückzuhalten, und es ermutigt, indem man die immer größer werdende Menge Urin mißt, die es zurückhalten kann, bevor der Druck der Blase unerträglich wird.

Die Verwendung einer Unterlage, die einen Summer oder eine Glocke betätigt, wenn sie naß wird, und das Kind aufweckt, kann ebenfalls nützlich sein. Die Schlafexperten weisen aber darauf hin, daß sie nur sorgfältig und mitfühlend

verwendet werden darf und unter Anleitung eines mit der Technik vertrauten Verhaltenstherapeuten.
Sekundäre Enuresis kann auf ein seelisches Problem hinweisen, kann aber auch durch Diabetes und andere Krankheiten verursacht werden, und dieser Möglichkeit sollte durch gründliche körperliche Untersuchung nachgegangen werden.
Das Antidepressivum Imipramin hat sich gegen Enuresis als wirksam erwiesen. Das Mittel scheint nicht wegen seiner antidepressiven Wirkung zu helfen, sondern weil es die Blasenreizung herabsetzt.

### *Zähneknirschen im Schlaf*

Zähneknirschen, auch als Bruxismus bekannt, kann eine Tagesgewohnheit und/oder eine nächtliche Störung sein. Sie kann die Zähne abschleifen und zu Zahnverlust und Zahnfleischschäden führen. In der Nacht findet das Zähneknirschen während dem ersten oder dem zweiten NREM-Stadium statt.
Zähneknirschen während des Tages wurde mit Biofeedback erfolgreich behandelt. Gegen Bruxismus während des Schlafes trägt man einen Gummizahnschutz. Eine Untersuchung, die in der Armee durchgeführt wurde, zeigt, daß Bruxismus während des Schlafes bei 75 % einer Gruppe von Soldaten durch Biofeedback kuriert wurde, aber die Rückfallquote ist nicht bekannt.

### *Jactatio capitus nocturna*

Dieser Zustand, ein rhythmisches Schlagen mit dem Kopf gegen das Kissen oder ein Hin und Herwiegen des Körpers, beides Einschlafrituale, kommt bei Säuglingen und kleinen Kindern vor. Obschon dieses nächtliche Hin- und Herwerfen des Körpers und des Kopfes als Schlafstörung angesehen wird, bewirkt es keinen Schaden, scheint auch nicht das Symptom irgendeiner neurologischen Fehlfunktion zu sein. Es wächst sich aus und gehört eher in die Klasse der tröstlichen Gewohnheiten wie das Daumenlutschen.

### *Schlafkliniken*

Eine präzise Diagnose einer Schlafstörung ist einem Hausarzt, der sich Zeit nimmt, sie gründlich zu studieren, sehr wohl möglich. Wenn es nötig ist, kann dieser Hausarzt seinen Patienten zu einer noch gründlicheren Untersuchung in eine Schlafklinik überweisen. Die Klinik wird die Krankengeschichte des Patienten anfordern nebst dem Bericht über körperliche Untersuchung und Blut-, Urin- und andere Labortests. Vielleicht schickt sie ihm auch ein Tagebuch, in das er während einigen Wochen vor seinem Klinikaufenthalt detaillierte Eintragungen über seine Arbeitsstunden, seinen Schlaf, seine anderen Beschäftigungen, seine Nahrung und die Medikamente, die er allenfalls nimmt, macht. Im Schlafzentrum wird die Krankengeschichte studiert und eine genaue körperliche und neurologische Untersuchung durchgeführt. Der Patient muß auch einen detaillierten Fragebogen über seine Schlafstörungen ausfüllen und psychologische und andere Tests machen.
Die Schlafklinik ist imstande, Schlafapnoe, Narkolepsie und andere Schlafstörungen festzustellen oder auszuschließen. Sie kann für eine diagnostizierte Krankheit das richtige Medikament verschreiben, den Patienten von allfälliger Medikamentensucht heilen und nötigenfalls bei einer schweren Schlafapnoe eine Tracheotomie empfehlen und auch selber durchführen. An Universitäten und größeren medizinischen Zentren werden immer häufiger Schlafkliniken errichtet. Ihr Hausarzt sollte keine Schwierigkeiten haben, Ihnen eine zu empfehlen und Sie dort einzuweisen.

# 10. Maskierte Epilepsie

Ein dreizehnjähriges schüchternes Schulmädchen zieht eines Tages, als es von seinen Klassengenossen gehänselt wird, ein Messer und sticht einen Jungen nieder. Die darauffolgende Untersuchung ergibt eine Krankengeschichte mit dreißig Aufenthalten im Ortskrankenhaus. Die häufigen Kopfschmerzen und andere körperlichen Beschwerden des Mädchens wurden jedoch als psychosomatisch kategorisiert. Erst als es nach dem Zustechen gründlich getestet wurde, stellte sich heraus, daß es an Epilepsie litt.

Ein Mann mittleren Alters beginnt plötzlich zu delirieren und zeigt «irres» Verhalten. Während diesen Episoden wirkt er psychotisch, und losgelöst von der Realität. Die Ärzte stellen die Diagnose: «schwer geistesgestört». Aber er ist es nicht. Obschon er während seiner Verrücktheit keine sichtbaren Anfälle hatte, stellt sich am Ende heraus, daß er an Epilepsie leidet.

Seltene Fälle? Nein. Hoffnungslose Fälle? Nein. Epilepsie ist eine mißverstandene Krankheit.

Viele Leute glauben immer noch, daß sie selten vorkomme, aber das stimmt nicht.

Eine präzise Schätzung des Vorkommens läßt sich nicht geben, weil viele Opfer und ihre Familien sich über die Krankheit ausschweigen. Viel zu viele Leute glauben auch immer noch, daß Epilepsie nicht behandelbar sei, obschon es eine Tatsache ist, daß bei richtiger Diagnose und richtiger Behandlung die meisten der Patienten ein normales Leben führen können.

Es gibt noch eine andere wichtige Quelle des Mißverstehens. Neben den klassischen Formen der epileptischen Anfälle, oder an ihrer Stelle, kann sich Epilepsie auch in anomalem Benehmen äußern und in verquerem Denken, durch Impulsivität und Gewaltakte, in Sinnestäuschungen und Halluzinationen, Gefühlen von Depersonalisation und Unwirklichkeit, Depressionen mit Selbstmordgedanken, Automatismen

und anderen Zeichen und Symptomen, die für geistige Störungen gehalten werden können.
Einige Fachleute pflegen sogar zu sagen, daß es gar keine Krankheit namens Epilepsie gebe und daß das, was sie behandeln müßten eine Vielzahl von Symptomen sei, die ausgelöst würden durch eine plötzliche starke elektrische Entladung im Gehirn, die dessen normale elektrische Aktivität bei weitem überschreite und zu den Anfällen führe.

### *Die bekannten Formen*

Die drei Hauptformen der Epilepsie sind Grand Mal und Petit Mal (großer epileptischer Sturzanfall und Absenzen) und Temporallappenepilepsie, auch psychomotorische Epilepsie genannt.
Die bestbekannte, dramatischste, den harmlosen Zuschauer oft am meisten erschreckende Form ist das Grand Mal. Der große epileptische Anfall in seiner klassischen Form wurde auch als der «Von Wand zu Wand-Anfall» bezeichnet. Er findet dann statt, wenn sich fast alle Zellen des Gehirns schnell und ohne jede Koordination entladen. Er kann mit einer Vorahnung beginnen, die Stunden oder auch bloß Sekunden dauern kann. Es können auch ganz besondere Warnzeichen auftreten — Übelkeit, Ohrgeräusche, Lichtblitze, eine merkwürdige prickelnde Wärme in gewissen Körperregionen oder eine Geruchs- oder Geschmacksstörung. Der Anfall selber kann mit einem Stöhnen oder einem lauten Schrei anfangen, worauf ein Fall folgt und ein heftiges Zukken und Sichkrümmen, das ein bis fünf Minuten dauert. Nachher kann der Patient für einige Stunden in tiefen Schlaf fallen.
Petit Mal kommt am häufigsten bei Kindern vor. Ein Anfall dauert etwa zehn Sekunden, selten länger als dreißig, ohne Änderung des Muskeltonus oder Hinfallen. Es kommt bloß zu einer plötzlichen Bewußtseinstrübung, einem «Wegbleiben», während dem der Patient jede Tätigkeit einstellt. Sofort nach dem Anfall wird die Tätigkeit wieder aufgenommen.
Ein solcher Anfall, auch als «Absenz» bezeichnet, kann so flüchtig sein, daß er gar nicht bemerkt wird. Die Anfälle

pflegen sich mehrmals am Tag zu wiederholen, oft treten sie auf, wenn der Patient ruhig dasitzt.

Die psychomotorische Epilepsie, an der etwa ein Drittel der Erwachsenen, die Anfälle haben, leidet, ist charakterisiert durch einen kurzen Verlust des Kontakts mit der Umwelt. Oft ist es schwierig, einen solchen Anfall festzustellen, da er sich durch scheinbar zweckgerichtetes Verhalten äußert und keine der unübersehbaren Anzeichen des Grand Mal zeigt. Der Patient leidet also nicht an der fallenden Krankheit oder Fallsucht, er stolpert bloß. Manchmal macht er automatische sinnlose Bewegungen und äußert unverständliche Laute. Er versteht auch kaum, was man zu ihm sagt, lehnt aber jede Hilfeleistung ab. Vielleicht riecht oder schmeckt er auch nicht vorhandene Dinge. Nachdem der ein bis zwei Minuten dauernde Anfall vorüber ist, bleibt noch eine geistige Verwirrung, die ebenso lange dauert.

Für diese Anfälle gibt es viele Ursachen. Zum Beispiel: Hirnverletzung während der Geburt oder später, Gehirntumor, Infektionen wie Hirnhautentzündung, Gehirnentzündung, Blei- und Kampfervergiftung, Alkoholvergiftung, Medikamentenvergiftung, Blutung oder Blutgerinnsel in einem das Gehirn versorgenden Blutgefäß, Fieber (normalerweise bloß bei Kindern), Stoffwechselstörungen wie zum Beispiel niedriger Kalzium- oder Zuckerspiegel. Es gibt auch eine idiopathische Epilepsie, über deren Ursache wir gar nichts wissen.

Zur Diagnose gehören eine sorgfältige Aufzählung der Symptome, Kenntnis von früheren Krankheiten, gründliche medizinische Untersuchungen, zu denen auch die Bestimmung von Blutzucker und Blutkalzium gehören, Röntgenaufnahmen des Schädels und ein Elektroenzephalogramm.

Wenn die Ursache für die Anfälle gefunden ist, ist die Störung oft heilbar. Liegt es nur am niedrigen Zucker- und Kalziumspiegel, so ist schnell Remedur geschaffen.

Bei schweren Fällen können Medikamente helfen. Obschon die Medikamente nicht heilen, so erfüllen sie doch die wichtige Funktion, die exzessive Aktivität der hochempfindlichen Gehirnzellen zu dämpfen.

Mit der richtigen medikamentösen Behandlung kann die Hälfte der großen Anfälle verhindert werden. Bei weiteren 35 % geht die Häufigkeit stark zurück. Absenzen werden bei einem Drittel verhindert, beim zweiten geht deren Häufigkeit zurück. Und die psychomotorischen Anfälle verschwinden in 28 % der Fälle, und bei weiteren 50 % wird die Häufigkeit reduziert.

### *Einige der Maskierungen der Epilepsie*

Die Epilepsie ist eine große Verwandlungskünstlerin. Bei der Abdominalepilepsie zeigen sich zum Beispiel mysteriöse körperliche Beschwerden. Wiederkehrende Bauchschmerzen sind bei Kindern häufig, und oft kann keiner der üblichen Gründe gefunden werden. In einigen Fällen kann sehr wohl die Epilepsie dahinterstecken. Die typischen Symptome der Abdominalepilepsie, die manchmal auch bei Erwachsenen vorkommt, aber vorwiegend in der Kindheit auftritt, sind Schmerzanfälle im Mittel- und Oberbauch, die nur wenige Minuten dauern und manchmal von Übelkeit, Erbrechen, Appetitlosigkeit und leichter Verwirrung begleitet sind. Es kommt aber weder zu Krampfanfällen noch zu Bewußtlosigkeit. Nach einem solchen Anfall schläft der Patient gewöhnlich ein und fühlt sich beim Aufwachen wieder wohl. Aus neueren Berichten geht hervor, daß Patienten mit Abdominalepilepsie symptomfrei werden, wenn sie ein krampflösendes Mittel nehmen, wie etwa Diphenylhydantoin, und ein Ansprechen auf dieses Medikament bestätigt auch die Richtigkeit der Diagnose.

Epilepsie kann auch extreme Verhaltensstörungen bewirken. Dr. Charles E. Wells von der Vanderbilt-Universität in Nashville berichtete unlängst über eine Untersuchung an einer Reihe von Patienten zwischen zehn und fünfundsiebzig Jahren. Alle hatten deliriert und irres Verhalten gezeigt. Alle waren irrtümlicherweise als schwer geistesgestört bezeichnet worden. Bei keinem dieser Patienten waren die psychotischen Zustände von feststellbaren Anfällen begleitet gewesen. Es stellte sich aber schlußendlich heraus, daß sie allesamt Epileptiker waren, und die psychotischen Schübe konnten durch eine Langzeitbehandlung mit Antikonvulsiva unterbunden werden.

Nach der maßgeblichen Meinung von Dr. Wells sind solche Psychosen, die man als Iktuspsychosen bezeichnen könnte

(Iktus heißt Stoß, Schlag, Anfall), dann zu vermuten, wenn eine oder mehrere der folgenden Störungen auftreten: abrupter Beginn psychotischen Gebahrens bei einer bis anhin normalen Person; unerklärliches Delirium; Vorkommen ähnlicher Episoden mit plötzlichen Verschlimmerungen und Besserungen; eine Krankengeschichte, in der Hinfallen und Ohnmächtigwerden vorkommen.

### *Petit Mal als Täuscher*

Die Koryphäen auf dem Gebiet der Epilepsie glauben, daß Kinder, die von Lehrern, Eltern oder andern Leuten als faul «diagnostiziert» wurden, als unaufmerksam und lernunwillig, in Wirklichkeit oft unter nicht diagnostiziertem Petit Mal leiden. Darüber hinaus macht es nun den Anschein, als würde das Petit Mal manchmal neben Absenzen auch noch andere Symptome zeigen. In jüngster Zeit wurde von mehreren Fällen von schwerer Depression berichtet, die sich nicht nur in Zurückgezogenheit, verschleierter Feindseligkeit und Selbstmordgedanken äußerte, sondern die auch die für das Petit Mal typischen Gehirnwellen im Elektroenzephalogramm zeigte. Und obschon man immer wieder hört, daß das Petit Mal sich im späteren Leben nicht mehr zeigt, betrafen alle diese Fälle von Depression Erwachsene.

### *Das Grand Mal jenseits von Konvulsionen*

Auch die Grand-Mal-Epilepsie kann Symptome von Geistesgestörtheit produzieren. Es kann zu Verwirrtheitszuständen, psychotischen Zuständen und Dämmerzuständen kommen. Dämmerzustände können sich auf viele Arten äußern: Desorientierung, zielloses durch die Gegend Wandern, Schmatzen, Kaubewegungen, ruheloses Umherspähen, und alle diese Symptome können sich neben oder statt den sichtbaren Konvulsionen äußern.
Ein Beispiel von Grand-Mal-Epilepsie mit vorwiegend geistigen Störungen aus der Praxis: Eine junge verheiratete Frau wurde von ihrer Mutter in die Notfallstation eines Spitals gebracht, weil sie sich eine Woche lang aufs absonder-

lichste betragen hatte. Der diensttuende Arzt, der sie rasch untersuchte, wandte sich an einen Kollegen von der Psychiatrischen Abteilung. Dem Psychiater fiel auf, daß die Frau seine Fragen nicht beantwortete, aber den Eindruck machte, als würde sie es gerne tun. Wirklich versuchte sie davonzulaufen, weil sie gerne geantwortet hätte, aber kein Wort über die Lippen brachte. Sie wurde jedoch rasch wieder eingefangen.

Als sie gefragt wurde, ob sie Denkschwierigkeiten habe, nickte sie. Ihre Mutter konnte nur spärliche Auskunft geben: Ihre Tochter sei in der vergangenen Woche ruhig und distanziert gewesen, habe wenig gegessen und sich kaum um den Ehemann und die Kinder gekümmert, vorher habe ihr aber nichts gefehlt. Befragt, ob ihre Tochter jemals Krampfanfälle gehabt habe, sagte die Mutter, daß das sehr wohl möglich sei. Vor etwa einer Woche war die junge Frau halb bewußtlos auf dem Boden des Badezimmers liegend aufgefunden worden.

Eine Aufzeichnung der Gehirnwellen zeigte das für die Grand-Mal-Anfälle typische Muster und einen epileptischen Dämmerzustand.

### *Die seltsamen Maskierungen der psychomotorischen Epilepsie*

Zu den Forschern, die in jüngster Zeit die Aufmerksamkeit auf die psychomotorische Epilepsie, «vermutlich das Paradebeispiel eines Leidens, das leicht für eine Geistesstörung gehalten werden kann», richteten, gehört Dr. John LaWall von der Psychiatrischen Abteilung der Universität Arizona. Psychomotorische Epilepsie, so bemerkt er nachdrücklich, kann blödsinniges Gelächter, Halluzinationen, obszöne Wortschwälle, aggressives Benehmen und andere Verhaltensstörungen bewirken. In manchen Fällen produziert sie alle Symptome einer schweren Psychose mit Paranoia.

Einer von LaWalls Patienten war ein sechsundzwanzigjähriger Mann, der von seinem Hausarzt in die Notfallstation eingeliefert worden war mit der kurzen Botschaft: «Psychotiker. Muß unbedingt hospitalisiert werden.» Der Mann hatte während seiner Arbeit Azetylengas gerochen und war, eine mögliche Explosion befürchtend, der Sache nachgegangen, wobei er auf dem Dache seines Ladens Gasflaschen gefunden habe, deren Inhalt in die Klimaanlage ausgeströmt sei. Er hatte die Polizei und die Feuerwehr angerufen, die aber nichts Gefährliches entdecken konnten und ihm rieten, einen Arzt aufzusuchen.

Die Ärzte der Notfallstation ersuchten um eine Begutachtung durch einen Psychiater. Der Konsiliarius förderte keinerlei Hinweise auf frühere Verhaltensstörungen zutage. Der Patient wußte ebensowenig zu sagen wie seine Frau. Er bestritt, Drogen oder Medikamente zu nehmen, und eine Untersuchung betreffend seines Geisteszustands ergab keinerlei Hinweise auf Wahnideen oder Halluzinationen.

Der Patient schien bestürzt über das, was geschehen war. Eine genauere Befragung jedoch förderte die Geschichte einer Reihe von momentanen Bewußtseinsstörungen zutage, von denen eine sogar zu einem Autounfall geführt hatte, und ergab ferner, daß der Patient sich einmal in einem Gebäude befunden hatte, in dem es zu einer Gasexplosion gekommen war.

Es bestand Verdacht auf psychomotorische Epilepsie, und wirklich zeigte das EEG die für diese Art Epilepsie typischen Gehirnwellenmuster.

«Solche Fälle», bemerkte Dr. LaWall, «verursachen die größten diagnostischen Schwierigkeiten. Da schon ein psychiatrisches Etikett vorhanden ist und die Symptome ganz nach Geistesgestörtheit aussehen, warum sollte man es sich da nicht einfach machen? Das vereinzelte Vorkommen der Symptome, die Bestürzung des Patienten und seiner Frau und die nichts ergebende Krankengeschichte paßten nicht zu den meisten geistigen Störungen. Das einzige, was auf eine Anfallskrankheit hinwies, waren die kurzen Bewußtseinsstörungen des Patienten. Aus diesem Grunde sollten wir bei allen Krankengeschichten von Geistesgestörten nach kurzen Absenzen suchen.»

Unter den andern Patienten von LaWall befand sich ein achtzehnjähriges Mädchen, das zur psychiatrischen Behandlung in die Klinik überwiesen worden war, weil es unter schrecklichen Wutanfällen litt. Es erzählte, daß es zu gewissen Zeiten — mit und ohne Anlaß — von einem Gefühl der Wut übermannt werde und dann auf Leute losgehe oder Dinge zerstöre. Nach diesen Zuständen, die nur wenige Minuten dauerten, fühlte es sich erschöpft und verwirrt und hatte ein schlechtes Gewissen.

Genaueres Studium der Befunde zeigte eine junge Frau mit leichter Neigung zu Depression und konstanten schweren Auseinandersetzungen mit ihren Eltern. Die Mutter war, als die Patientin erst fünf Jahre alt gewesen war, mehrere Monate in einer Anstalt für Geisteskranke interniert gewesen.

Hierauf wurden neurologische Tests durchgeführt. Aber sowohl Hirnuntersuchungen wie auch spezielle Röntgenaufnahmen der Hirnarterien zeigten keinen anomalen Befund. Nur das EEG wies auf eine Störung hin, aber die Neurologen zögerten mit der Diagnose Epilepsie. Dennoch wurde eine Behandlung mit einem krampflösenden Mittel (Diphenylhydantoin) begonnen, das Mittel wirkte, und alle Anfälle hörten auf.

Dieser Fall illustriert die Schwierigkeit, Epilepsie zu definieren. Die Patientin hatte keine typisch psychomotorischen Anfälle, aber paroxysmale Krisen nicht normalen Verhaltens, das sich im EEG als Anfallskrankheit ablesen ließ. Diese Art des klinischen Bildes wird «episodische Dyskontrolle» genannt.

Daher sollte auch angesichts von Unklarheit betreffend Symptome und Diagnose klinischer Verdacht zur Inbetrachtziehung einer Anfallskrankheit führen.

Ein solcher klinischer Verdacht hätte, wäre er früher aufgetaucht, einem jungen Mann, dessen psychomotorische Epilepsie nicht erkannt worden war und den man für einen Schizophrenen hielt, dreißig Hospitalisierungen in Irrenanstalten erspart.

Dr. Victor Adebimpe von der psychiatrischen Klinik der Universität Pittsburgh entdeckte schließlich die Fehldiagnose. «Es ist keineswegs überraschend, daß die Diagnose Schizophrenie so rasch gestellt wurde», sagte Adebimpe. Der junge Mann zeigte unter anderem Halluzinationen, Ambivalenz, zunehmend gestörtes Denken, Agitation und depressive Wahnideen in verschiedenen Stadien. Dazu kam, daß sein älterer Bruder wegen Schizophrenie behandelt wurde. Der Patient war zu wiederholten Malen in die Notfallstation des Institutes eingeliefert worden mit im wesentlichen immer den gleichen Symptomen — aufgeregte Bewegungen und nicht normales Verhalten wie Brummen, Grunzen, Summen, Sichwälzen, Torkeln, Kriechen. Er murmelte auch immer wieder die Worte «Hare Krishna, Hare Krishna». Nach drei Stunden und zwei Dosen des antimanischen Mittels Chlorpromazin erwachte er jedesmal aus dem Anfall, rieb sich die Augen und bat ruhig um eine Zigarette.

Sein Zustand wurde von diversen Anstaltspsychiatern und Anstaltsleitern als akute Schizophrenie, chronische Schizophrenie, akute und chronische Schizophrenie, chronische Schizophrenie mit akuten Verschlimmerungen, chronische undifferenzierte Schizophrenie, paranoide Schizophrenie, paranoide Reaktion, psychotische Reaktion und schwere Zwangsneurosen diagnostiziert. In jüngster Vergangenheit hatte ihn ein diensttuender Psychiater, der einen seiner Anfälle miterlebt hatte, als einen Kranken bezeichnet, der «an Hypomanie im Zusammenhang mit chronisch schizoaffektiver Störung» leide. Er war behandelt worden mit diversen Mitteln gegen Geistesstörungen: Chlorpromazin, Trifluorperazinhydrochlorid, Haloperidol, Fluphenazindecanoat, und Lithiumkarbonat, entweder einzeln verabreicht oder in diversen Kombinationen.

Die Nutzlosigkeit dieser Mittel zeigt sich am besten, wenn man das Wiedereinlieferungsmuster studiert: einmal im Jahr 1971, fünfmal im darauffolgenden Jahr, gerichtliche Einweisung in ein staatliches Spital für neun Monate in den Jahren 72/73 und eine Wiedereinweisung im Jahr 1973, sieben im nächsten, zehn im darauffolgenden und fünf in den ersten drei Monaten des Jahres 1976. Zum Zeitpunkt der letzten Einweisung hatte es die Polizei satt, ihn in die Notfallstation zu bringen und ersuchte seine Mutter um Unterzeichnung der Überweisungspapiere für einen längeren Aufenthalt in einer öffentlichen Anstalt für Geisteskranke.

Als Adebimpe die Berichte über die vorangegangenen Vorkommnisse studierte, wurde er hellhörig und wies den «Rückfälligen» zwecks genauen Studiums in die Abteilung für stationäre Patienten. Bei aller Ähnlichkeit mit Schizophrenie fielen dem Arzt doch einige wesentliche Unterschiede auf: Zum einen waren die Anfälle des Mannes in einer bei Schizophrenie für gewöhnlich nicht vorkommenden Häufigkeit voraussagbar. Zum andern pflegen schizophrene Schübe ja selten weniger als vierundzwanzig Stunden zu dauern und hören abrupt auf. Und schlußendlich sind selbst die anomalen Aktivitäten eines Schizophrenen auf eine unbestimmte Weise zielgerichtet, im Gegensatz zu den ziel- und sinnlosen Betätigungen des Patienten.

Nachdem er den stationären Kranken eine Weile beobachtet hatte, kam Adebimpe schnell zur Überzeugung, daß er nicht geistesgestört war, sondern an psychomotorischer Epilepsie litt. Er verordnete krampflösende Mittel, und prompt hörten die Anfälle auf.

Wie Dr. LaWall bemerkt, ist die Reichweite der Gedanken-, Verhaltens- und Gefühlsstörungen, die als Symptome der Epilepsie gelten, groß. Obschon solche Störungen in der Regel mit Geisteskrankheiten in Verbindung gebracht werden, können die Symptome sehr wohl diejenigen von undiagnostizierter Epilepsie sein. Und um eine richtige Diagnose zu garantieren, sollten die behandelnden Ärzte diese Möglichkeit nie außer Acht lassen.

Gute Gründe für einen diesbezüglichen Verdacht sind sowohl für Ärzte als eventuell auch für die Patienten und ihre Familien: Periodizität der Symptome, die Tendenz, sich in mehr oder weniger regelmäßigen Abständen zu wiederholen, und jede Änderung des Bewußtseinszustandes, sei er auch bloß momentan.

# 11. Zerebrale Allergie

Unter den Patienten eines Spitals befand sich auch eine Frau mittleren Alters, die während Jahren periodisch von depressiven Phasen heimgesucht worden war, für die sich keine Ursachen fanden. Im vergangenen Jahr hatte sie zunehmend unter starker Müdigkeit gelitten, und in den letzten fünf Monaten war sie wegen Schlaflosigkeit, Appetitlosigkeit, Übelkeit und Bauchschmerzen nicht mehr fähig gewesen, ihren Haushalt zu führen. Nachdem man herausgefunden hatte, daß sie auf gewisse Lebensmittel allergisch reagierte, wurden ihr Schweinefleisch, Schokolade, Milch, Kaffee und Erdnußbutter verboten, und alle Symptome verschwanden.
Eine andere Patientin hatte im Alter von achtundzwanzig Jahren zum ersten Mal Anfälle von Verwirrtheit, Kopfschmerzen, Kältegefühl und Schwindel gehabt, Anfälle, die zwölf Stunden dauerten und in vier bis sechswöchigen Intervallen seit elf Jahren anhielten. Mit zweiunddreißig hatte sie Konvulsionen bekommen und wurde von da an mit einem krampflösenden Mittel behandelt. In den folgenden sieben Jahren hatte sie wiederkehrende unerklärliche Schreikrämpfe. Endlich wurde durch Tests herausgefunden, daß Bananen, Milch, Schokolade, Tomaten, Avocados und ihr Lieblingswein Ursache ihrer Symptome waren. Die Antikonvulsiva wurden abgesetzt. Als sie die Nahrungsmittel, auf die sie allergisch war, von ihrem Speisezettel strich, verschwanden ihre Krampfanfälle und auch die anderen Symptome.
Eine 25jährige Frau hatte während vier Jahren unter einer Vielzahl körperlicher und geistiger Störungen gelitten, darunter extreme Müdigkeit, Spannung, Angst, Ohnmachtsanfälle, tägliche längere Sehstörungen, während denen ihr die Umgebung schwarz vorkam. Sie hatte zahlreiche Ärzte konsultiert, aber keiner hatte ihr helfen können, weil keiner herausgefunden hatte, was ihr eigentlich fehlte. Während achtzehn Monaten wurde sie von einem praktizierenden Psychologen wegen «emotioneller Unreife» behandelt. Allergie-

tests wiesen endlich nach, daß Weizen, Mais und Roggen ein verschwommenes Gesichtsfeld bewirkten, Staub und einige Schimmelpilze die andern Symptome. Jetzt, da sie diese Substanzen meidet, ist sie frei von Symptomen.

Können Allergien den Verstand verwirren? Können allergische Reaktionen von Gehirn und Nervensystem bei gewissen Menschen Störungen bewirken, die auf eine Neurose oder sogar eine Psychose schließen lassen?

Dieser Ansicht ist eine kleine aber überzeugte Gruppe von Ärzten, in der Mehrzahl Psychiater und Fachärzte für Allergien, die bei Tausenden von Patienten Erfolg gehabt hatten, bei Patienten, die an chronischen oder seit langer Zeit bestehenden, jeder konventionellen Behandlungsmethode trotzenden Allergien litten.

Obschon sie von vielen, wenn nicht von den meisten Ärzten skeptisch betrachtet wird, ist die Idee, daß Hirn und Nervensystem allergisch reagieren können, nicht neu. Vor fünfzig Jahren berichtete ein kalifornischer Allergiespezialist, daß Allergie sich nicht nur in einer unmittelbaren akuten körperlichen Form wie Nesselfieber äußern könne, sondern auch als chronischer Zustand vorkomme und durchaus Symptome von Geistestörung produzieren könne. In den zwanziger Jahren wies eine Reihe eindrücklicher Untersuchungen auf diese Möglichkeit hin. Im Jahr 1921 berichtete ein Forscher im *British Medical Journal* über zweihundert Fälle von Epilepsie mit einer beträchtlichen Zahl gastrointestinaler Symptome und vertrat die Ansicht, daß bei einigen Patienten Hinweise auf Allergie bestünden.

Wenig später berichteten andere Forscher von bedeutsamen Familienanamnesen bezüglich Allergie bei einigen Epileptikern. Im Jahr 1923 untersuchte eine Gruppe 122 Epileptiker und fand heraus, daß bei 48 der Hauttest positiv war, was auf eine Allergie hinwies.

Im Jahre 1927 führten zwei Wissenschaftler an einer großen Zahl Epileptikern und Geisteskranken Hauttests durch; 57 % der Epileptiker zeigten Überempfindlichkeit auf Protein, von den Geisteskranken 37 %. Es war Dr. Herbert Rinkel, selbst ein Opfer von Allergien, der einen bedeutenden Schritt tat zur Lösung der Aufgabe, die Allergie des Zentralnervensystems zu erkennen. Rinkel berichtete, daß, wenn verdächtigte Speisen vom Speisezettel während fünf Tagen

oder länger gestrichen waren, die Symptome sich sprunghaft vermehren, sobald man die für die Allergie verantwortlichen Nahrungsmittel dem Körper wieder zuführt.
Viele Jahre später tat Dr. Therson Randolph von der Northwestern University einen weiteren Schritt. Er schlug vor, daß der Patient, bei dem Verdacht auf eine verborgene Gehirnallergie bestehe, zur Vorbereitung oder Entgiftung seines Organismus vier Tage faste. Während des Fastens verschwinden die Symptome, und wenn die allergieerzeugenden Nahrungsmittel dann wieder zugeführt werden, ist der Kausalzusammenhang mit den auftretenden Symptomen klar erwiesen.
Dr. Randolph leitet nun eine spezielle Abteilung mit einundzwanzig Betten im Zion Benton Hospital in der Nähe von Chicago. Hier fasten seine Patienten während mindestens vier Tagen. Dann bekommen sie Testmahlzeiten, die aus nur einem Nahrungsmittel bestehen. Nach mehreren Wochen liefern, wie er berichtet, seine Tests in der Regel eindeutige Hinweise auf die die Symptome produzierenden Nahrungsmittel, welche dann gemieden werden.
Zerebrale Allergie kann jedoch auch durch andere Substanzen hervorgerufen werden. Randolph hat festgestellt, daß in einigen Fällen Haustiere bei der zerebralen Allergie eine Rolle spielen, wie übrigens bei andern Allergien auch. Ebenfalls verschiedene im Haushalt verwendete Materialien: Putzmittel, Insektizide, Kochgas und Heizungsgas.

## *Das Phänomen Allergie*

Warum sollten gewöhnliche Nahrungsmittel und andere gewöhnliche Substanzen in der Lage sein, eine zerebrale Allergie hervorzurufen?
Wohlbekannte allergische Krankheiten sind natürlich weitverbreitet. Heuschnupfen, Asthma, Nesselfieber, Hautausschläge und andere Reaktionen von Überempfindlichkeit — auf Inhalate, Nahrungsmittel, Haustiere, Kosmetika, Medikamente, chemische Substanzen — rangieren zuoberst auf der Liste dieser lästigen Störungen.
Allergie bedeutet «veränderte Reaktionsfähigkeit auf sonst normale Reize». Ein Allergiker ist empfindlich auf eine spe-

zifische Substanz oder mehrere spezifische Substanzen, die der nichtallergischen Bevölkerung nicht schaden. Wichtig ist das Adjektiv «spezifisch». So kann zum Beispiel ein allergischer Mensch einen heftigen Asthmaanfall bekommen, wenn er mit den Hautschuppen einer Katze in Berührung kommt, sich in der Gegenwart von Hunden oder andern Haustieren aber sehr wohl fühlen.

Die schädliche Substanz heißt Allergen, und ein Allergen besteht entweder aus Protein oder hat die Fähigkeit, sich mit Protein im Körper zu verbinden. Ein Mensch kann auf Eiweiß, wie es in Eiern, Milch oder Hummern vorkommt, allergisch reagieren, während ihm zum Beispiel Fette in der Butter oder Stärke nicht schaden. Zeigt sich hingegen auf eine nicht eiweißhaltige Substanz, wie zum Beispiel Jod, eine Allergie, so ist nach Ansicht der heutigen Medizin die schädliche Substanz nur ein Teilallergen, das erst im Körper ganz wird, wo es sich mit einem Protein verbindet.

Beim allergischen Menschen scheint der Körper spezifische Allergene als Fremde zu betrachten, als ebenso potentielle Bedrohungen wie Krankheitserreger, und der Körper produziert zur Bekämpfung der Allergene Antikörper, genau wie er sie zur Bekämpfung der Erreger produziert. Allergene und Antikörper wirken aufeinander ein, und indem sie das tun, lösen sie die Freisetzung eines chemischen Stoffs aus, des Histamins, das Schwellungen und andere örtliche Gewebeveränderungen bewirkt. Dementsprechend bewirken die Medikamente, die man Antihistamine nennt, bei einigen Allergien, wenigstens bis zu einem gewissen Grad, eine Neutralisierung des Histamins.

Allergene affizieren die «Zielorgane» des Körpers auf verschiedene Weise. Luftübertragene Allergene greifen Nase und Luftwege an; Allergene in der Nahrung werden absorbiert, und in verschiedene Körperregionen transportiert und zeigen ihre Wirkung oft auf der Haut; Kontaktallergien affizieren Haut, Lippen und Augen; Medikamentenallergie verändert ebenfalls oft die Haut; manche Leute leiden unter physikalischer Allergie und reagieren auf Sonne, Hitze, Kälte oder Feuchtigkeit mit Hautausschlägen und anderen allergischen Reaktionen.

Selbstverständlich hängen die Symptome der Allergie ab vom Zielorgan. Ist die Nase betroffen, so ist sie verstopft oder läuft, und man kommt wie beim Heuschnupfen aus dem Niesen nicht heraus; ist die Haut das Ziel, kommt es zu Ausschlägen, Nesselfieber, Ekzemen. Wenn die Luftwege betroffen sind, ist die Folge das pfeifende Atmen des Asthmatikers.

Das Gehirn ist nur ein weiterer Körperteil, der auf Allergene reagieren kann.

### *Übersehene Hinweise*

Es gibt eine Unmenge Leute, die übertriebene chemische Reaktionen zeigen und deren Krankheit nie festgestellt worden ist. Diese Menschen gelten als eingebildete Kranke. Man behandelt sie mit Achselzucken und tätschelt ihnen den Rükken. «Das sind nur die Nerven. Vielleicht gehst du mal zu einem Psychiater.» Die Wahrheit ist jedoch, daß sie eine ganz bestimmte Krankheit haben.

Laut Dr. Mandell liefern die Patienten den Ärzten oft Hinweise, aber die Ärzte vermögen die Hinweise nicht richtig zu deuten. Eine seiner Patientinnen berichtete ihm, daß sie immer, wenn sie Bourbon trank, von ihrer Umgebung «losgelöst» war, rascher atmete, sich deprimiert fühlte und keinen Satz sagen konnte. Mandell testete sie mit Mais, aus dem der Maisbranntwein ja hergestellt wird. «Ich habe», sagte er, «sie gefilmt. Sie war ungefähr dreißig Minuten völlig unfähig, sich wie ein normaler Mensch zu benehmen. Ich habe ihren Hinweis beachtet.»

Eine seiner Patientinnen, die unter schwerster Migräne litt, war Krankenschwester, die ihm, wie er sagte, eine wundervolle Anamnese lieferte. Wenn sie an einem Tag auch nur ein Gläschen getrunken hatte, so hatte sie am folgenden einen schrecklichen Katzenjammer: Reizbarkeit, schwere Migräne, Schmerzen, Beschwerden. Niemand hatte sich die Mühe genommen, auf diese Hinweise zu achten. Als er sie mit allen Bestandteilen ihres Lieblingsgetränks testete und zu Weizen kam, waren alle Symptome urplötzlich wieder da.

«Es gibt», so führt Dr. Mandell weiter aus, «viele Arten körperlicher und geistiger Krankheiten, manchmal äußerst schwere, bei denen wir den Kausalzusammenhang zwischen den Substanzen in der Umgebung und dem Auftreten der

Krankheit klar beweisen können. Wir können heute Duplikate von Krankheiten herstellen. Wir können geistige und körperliche Krankheiten sozusagen andrehen und abstellen. Wir haben Testpersonen und Patienten akutes Asthma und Muskelschwäche angehext, und das mit Hilfe von Mitteln, auf die sie nie verfallen wären.
Und wo finden wir diese Mittel? In der Umwelt. Diese Krankheiten sind weitverbreitet und machen etwa fünfzig bis achtzig Prozent der täglichen Arbeit des Allgemeinpraktikers aus — wenn wir von Unfällen, Verletzungen, Infektionskrankheiten und Krebs absehen — und diese Krankheiten heißen seelische Spannung, nervöse Erregbarkeit, psychosomatische Störung oder ‹Ich weiß nicht, was Ihnen fehlt.›»
«Es kann da zu den bizarrsten Symptomkombinationen kommen», fährt Dr. Mandell fort. «Sie stehen zwar nicht im Lehrbuch, aber der Patient erleidet sie immer und immer wieder. Wenn eine Frau in die Sprechstunde kommt und sagt: ‹Ich bin so nervös, ich habe Sehstörungen, meine Nase ist verstopft, ich habe Krämpfe, leide unter Blähungen und Scheidenjucken, und mein Knöchel tut mir weh›, schüttelt der Arzt den Kopf und sagt: ‹Schon wieder eine Spinnerin.› Ich habe diese Symptome wieder und wieder bei Leuten künstlich erzeugt. Wenn sie an einer spezifischen Schwäche des Stoffwechsels leiden — und das macht ja die Allergie aus, die Unfähigkeit, gewisse Stoffe richtig zu verarbeiten —, wenn ihr Körper sie nicht erträgt, wenn er biochemisch unfähig ist, eine Substanz aufzuschließen, erkranken diese Leute im Gewebe, das reagiert.»
Es sitzen Tausende von Leuten in Irrenanstalten, die von Rechts wegen gar nicht dort hin gehören. Wir kennen diese Leute bloß aus den Beschreibungen der Psychiater. Sie sagen, der Patient sei niedergeschlagen oder erregt. Das kann jeder sagen, aber die Ursache sagen sie uns nicht. Sie stellen Spekulationen an über die Vergangenheit des Patienten und seine zwischenmenschlichen Beziehungen. Sie kommen gar nicht auf die Idee, sich über die Beziehung des Patienten zur Umwelt, der Luftverschmutzung, der Nahrungsveränderung, der Wasserverschmutzung, gegen die er sich nicht wehren kann, Gedanken zu machen.
Als er stellvertretender Leiter des Fuller Memorial Sanato-

riums in South Attleboro, Massachusetts, war, studierte Dr. William H. Philpott, ein Psychiater, allergische Reaktionen bei Schizophrenen. Bei einer Gruppe von 53 Patienten stellte er fest, daß 92 % nach dem Genuß gewisser Speisen Zeichen von Geistesgestörtheit zeigten. 64 % reagierten auf Weizen, 52 % auf Mais, 50 % auf Milch. Dreiviertel der Patienten vertrugen Zigarettenrauch schlecht und 30 % zeigten Symptome, wenn sie mit petrochemischem Kohlenwasserstoff in Berührung gerieten, einer Substanz, die sowohl in Ofenreinigungsmitteln als auch im Kochgas und im Auspuffrohr eines Wagens vorkommt. Philpott dehnte seine Allergie-Testversuche auf eine größere Zahl von Patienten aus und berichtete, daß «fast alle der in der gesamten medizinischen Literatur beschriebenen Symptome der Schizophrenie aufgetaucht waren, als wir den hundertfünfzigsten Patienten getestet hatten. Weizen war der am häufigsten vorkommende Auslöser von paranoiden Reaktionen.»

In dieser Heilanstalt behandelte Dr. Philpott mit Dr. Mandell als Konsiliarius die Adoleszentin, die wir zu Beginn dieses Buches erwähnten: das Mädchen, das zwischen dreizehn und sechzehn viermal wegen Depression und Selbstmordtendenzen hospitalisiert gewesen war. Es war nach der letzten Einweisung besonders in sich gekehrt, und da die Schockbehandlung seine Depression nicht heilen konnte, verbrachte es bis zum Beginn der Allergieuntersuchung drei Jahre in der Anstalt.

Als es auf Überempfindlichkeit getestet wurde, stellte sich heraus, daß es auf verschiedene Substanzen allergisch war, was merkwürdige Reaktionen hervorrief: Saccharin verursachte Schwindel, Übelkeit und Angst; Chlor, selbst in Konzentrationen, die schwächer waren als die im Trinkwasser, bewirkte Depressionen und Angst vor dem Schlucken; der Genuß von Lammfleisch hatte Handschweiß, Verwirrtheit und Weinen zur Folge.

«Sobald diese Allergene ausgeschaltet waren», berichteten Philpott und Mandell, «gewann die Patientin ihr seelisches Gleichgewicht zurück, und wir konnten sie unbesorgt entlassen. Seit sie die Anstalt verlassen hat, haben sich keine Symptome mehr gezeigt, und sie bereitet sich jetzt auf das Studium vor.»

### *Maskierte Allergie und Freßsucht*

Nach Ansicht einiger Forscher könnte noch ein weiteres Phänomen bei der zerebralen Allergie eine Rolle spielen. Es ist die maskierte Allergie, die zu einer Nahrungsmittelabhängigkeit führen kann. Im maskierten Stadium bewirkt ein Nahrungsmittel schwache Symptome. Vielleicht fällt das dem Patienten sogar auf. Aber wenn er die Speise meidet, bringt dieser Verzicht die Symptome nicht zum Verschwinden. Im Gegenteil: In großen Mengen genossen, kann das Nahrungsmittel die Symptome kurieren.

Die Besserung ist jedoch nur temporär. Schon wenige Stunden, nachdem der Patient ein Nahrungsmittel gegessen hat, das ihn zum Beispiel von Kopfweh, Müdigkeit oder Depression befreit, kehren die Symptome wieder, er ißt erneut, und damit ist der Teufelskreis geschlossen. Denn es kann sehr leicht geschehen, daß er abhängig wird von der Speise, und wenn sie ihm fehlt, kommt es zu schweren Entzugserscheinungen.

Einige Forscher weisen darauf hin, daß eines der Probleme dieser Form der zerebralen Allergie darin besteht, daß der Patient sich seiner Süchtigkeit nicht bewußt ist, da unmittelbar nach dem Essen keine Symptome auftreten. Zeigen sie sich später, dürfte der Patient kaum realisieren, daß sie die Folgen der schon vor vielen Stunden gegessenen Speise sind.

### *Symptome, die bei einer Allergie des Zentralnervensystems auftreten können*

Im Verlauf der Jahre sind in der medizinischen Literatur viele Symptome erwähnt worden, die einer Allergie des Zentralnervensystems zugeschrieben werden. Sie reichen von Kopfweh, Schwindel, Schmerzzuständen bis zu unwillkürlichen Bewegungen, Ungeschicktheit, asozialem Verhalten, Angst, Depression und anderen geistigen Störungen.

*Kopfweh:* Die durch Allergie bewirkten Kopfschmerzen beginnen meistens im Hinterkopf und im Nacken und breiten sich dann nach vorne aus. Der Schmerz kann schwach sein und sich dann immer mehr verstärken, oder er kann plötzlich da sein, und im Unterschied zu anderen Kopfschmerzen können die allergischen Kopfschmerzen Tage und Wochen dauern.

*Schwindel:* Es gibt viele Arten von Schwindel, die nichts mit einer Allergie zu tun haben, aber chronische Schwindelanfälle, die sich auf keine Weise erklären lassen, können sehr wohl allergiebedingt sein. Die Zustände können zeitweilig auftreten oder sich häufen, drei bis sechs Wochen dauern und alternierend mit Kopfschmerzen auftreten. Es können auch Ohrgeräusche auftreten.

*Gleichgewichtsstörungen:* Gleichgewichtsstörungen und das Gefühl, man falle entweder auf die eine oder andere Seite, können durch Allergie bewirkt werden. Vielleicht sind sie aber auch die Folge von Ohrenkrankheiten oder anderen Störungen. Die Anfälle können sich häufen, Wochen und Monate dauern, verschwinden und dann plötzlich wieder auftauchen.

*Schlafstörungen:* Ein unter einer Allergie leidendes Kind hat am Morgen oft Schwierigkeiten, aufzustehen und schläft in den Schulstunden manchmal ein. Bei einem Erwachsenen manifestiert sich die Allergie in Schlaflosigkeit.

*Muskelschwäche:* Muskelschwäche, die bei einem Allergiker auftritt, ist meist begleitet von Müdigkeit, die durch Schlaf nicht behoben werden kann.

*Schmerzen:* Schmerzen können sich als Neuralgie äußern, zum Beispiel als Kopfschmerzen, Nackenschmerzen, Bauchschmerzen, Brustschmerzen, Beinschmerzen oder häufiger als Arm- und Schulterschmerzen.

*Unwillkürliche Bewegungen:* Bei einigen Fällen treten Trommeln mit den Fingern oder wiederholte Fingerbewegungen auf, die irgendwie an das Üben von Tonleitern auf dem Klavier erinnern. Es können auch plötzliche unwillkürliche Bewegungen von Kopf, Nacken, Armen und Beinen auftreten.

*Heiß, kalt oder zittrig:* Hitze- und Kältegefühle und plötzliches Zittern kommt bei Allergikern häufig vor.

*Emotionelle Unreife:* Impulsives, unerwartetes Benehmen und Gefühlsausbrüche bei Erwachsenen. Teenager und Kinder: Halsstarrigkeit, Schmollen, Zaudern und Aggressivität.

*Asoziales Benehmen:* Rücksichtslosigkeit, Unkontrolliertheit und Fehlen jedes Kameradschaftsgeistes.

*Depression:* Es können sich Appetit- und Interesselosigkeit zeigen, Konzentrationsunfähigkeit, alles meistens begleitet

von Schwäche und Müdigkeit. Ein Allergiker zeigt allerdings auch bei schweren Depressionen nur selten Suizidneigung.
*Geistige Trägheit und Abgestumpftheit:* Für diese Zustände gibt es natürlich auch andere Ursachen, aber Allergiefachleute haben ihr Vorkommen auch bei ihren Patienten festgestellt.
*Schizophrenieartige Reaktionen:* Diese können sich beim Allergiker unter anderem in einer Änderung der persönlichen und der Arbeitsgewohnheiten äußern, in Ideenflucht, exzentrischem Betragen, Wahnideen und Halluzinationen.

### *Finden Sie Ihr Nahrungsallergen selber heraus!*

Dr. Friedrich Speer von der Speer-Allergieklinik, Kansas, hat vor kurzer Zeit mitgeteilt, daß nach seinen Beobachtungen die Hauptsünder unter den Nahrungsmitteln, die verschiedene allergische Symptome, die «neurotischen» eingeschlossen, produzieren, die folgenden sind: Kuhmilch, Schokolade, Mais, Eier, die Erbsenfamilie (vor allem die Erdnuß, die im übrigen keine Nuß ist), Zitrusfrüchte, Tomaten, Weizen und andere Getreidearten, Zimt und die künstlichen Nahrungsmittelfarben.
Um herauszufinden, welche Nahrungsmittel im einzelnen Fall die Allergie hervorrufen, empfiehlt Dr. Speer «Elimination und ‹Frage nach Feldruf und Losung›». Wenn sich unter den Nahrungsmitteln zwei oder mehrere Verdächtige befinden, werden sie während drei Wochen vom Speisezettel gestrichen. Hierauf wird eines wieder in die Kost aufgenommen; später, in zweitägigen Intervallen, auch die anderen. Gibt es nur einen Verdächtigen, wird er ebenfalls für drei Wochen vom Speisezettel gestrichen. Verschwinden dann die Symptome, tauchen aber wieder auf, sobald der Verdächtige wieder auf dem Speisezettel figuriert, so hat man den Schuldigen.

### *Die Eskalationsmethode der Entdeckung*

Die Eskalationsmethode der Nahrungsallergiediagnose funktioniert folgendermaßen: Man beginnt mit einer hypoallergisierenden Grunddiät, das heißt mit einer Kost, die mit an Sicherheit grenzender Wahrscheinlichkeit keine allergiebewirkenden Nahrungsmittel enthält, fügt dann ein Nahrungsmittel nach dem andern hinzu, in der Hoffnung, den Störenfried herauszufinden.

In dem von Dr. Campbell angewendeten Verfahren besteht die ursprüngliche Diät, die mindestens zehn Tage lang eingehalten wird, bevor irgendein anderes Nahrungsmittel hinzugefügt wird, aus Folgendem:

*Frühstück:*
Ananassaft, Apfel, Birne, Pfirsich, Zwetschge, Grapefruit, Aprikose
Tee
Rohrzucker
Reis, Weizenkonzentrat
Brot und Butter
evaporierte Milch

*Mittagessen:*
Lammfleisch, Kalbfleisch, Rindfleisch
Karotte, Runkelrübe, Steckrübe, Schwedische Rübe, Kürbis, Pastinak, Lattich, Spargel, Broccoli, Spinat
Mit Öl und Essig angerichteter Salat
Suppe mit nur den in der Diät erlaubten Zutaten
Weiße oder süße Kartoffeln
Tee
Brot und Butter
Backäpfel, Ananas, Birne, Pflaume, Pfirsich, Grapefruit oder Aprikose
evaporierte Milch

*Abendessen:*
Ananas, Apfel, Birne, Pfirsich, Pflaume, Grapefruit oder Aprikose
Tee
Karotte, Runkelrübe, Schwedische Rübe, Steckrübe, Kürbis, Pastinak, Lattich, Spargel, Broccoli, Spinat
Brot und Butter
Lammfleisch, Kalbfleisch, Rindfleisch
Kondensmilch

Salz ist gestattet, ebenfalls das Kochen mit Butter oder Backfett, und eine Speise, die bei einer Mahlzeit gegessen wurde, kann auch bei der nächsten Mahlzeit wieder verzehrt werden. Früchte oder Fruchtsäfte dürfen nicht gesüßt sein. Und alle in Plastik verpackten Nahrungsmittel müssen mindestens drei Tage vor dem Verzehr aus der Packung genommen werden.

Diese Diät ist nicht vollkommen hypoallergisierend und enthält einige Nahrungsmittel, die in vereinzelten Fällen zu einer allergischen Reaktion führen können, aber sie ist praktisch, und Campbell hat damit in den meisten Fällen gute Erfahrungen gemacht.

Campbell empfiehlt den Patienten das Führen eines Tagebuchs, in das sie während der ganzen Zeit des Versuchs eintragen, was sie gegessen haben und welche Symptome sich zeigten. Nach den erforderlichen zehn Tagen wird der Grunddiät ein Nahrungsmittel nach dem anderen hinzugefügt. Jede zusätzliche Speise wird vier Tage lang zweimal pro Tag ausprobiert. Zeigen sich Symptome, so wird sie eliminiert, und die nächste Speise kommt erst nach einem Zeitraum von vier Tagen an die Reihe.

Gewisse Nahrungsmittel sind kreuzreagierend, das heißt, daß sie einige Bestandteile gemeinsam enthalten, die zu allergischen Reaktionen führen können. Bei den Mitgliedern der gleichen *Pflanzenfamilie* wie Orangen und Grapefruits, Bohnen und Limabohnen, Kakao und Kola, verschiedenen Nüssen und verschiedenen Gewürzen ist die Wahrscheinlichkeit der Kreuzreaktion natürlich am größten. Solche Nahrungsmittel der gleichen Familie können in ein und demselben Nahrungsmittelexperiment getestet werden.

Dr. Campbell hat eine Liste der Allergien bewirkenden Nahrungsmittel zusammengestellt, die zu ein und derselben Familie gehören:

*Geflügel:* Huhn, Truthahn, Eier, Ente, Gans
*Krustentiere:* Krabben, Panzerkrebse, Hummer, Garnelen
*Säugetiere:* Rindfleisch, Kalbfleisch, Ziegenfleisch, Schweinefleisch, Kaninchen, Milch und Milchprodukte
*Weichtiere:* Seeohr, Muscheln, Miesmuscheln, Austern, Tintenfische
*Fisch:* Alle den Wirbeltieren zugehörigen — Barsch, Dorsch, Flunder, Heilbutt, Thunfisch, Schwertfisch
*Kaschu:* Kaschu, Pistazien, Mangopflaumen
*Bananen:* Bananen, Paradiesfeigen
*Zerealien:* Bambussprößlinge, Gerste, Hafer, Mais, Reis, Hirse, Weizen
*Zitrusfrüchte:* Orangen, Grapefruits, Kumquats, Zitronen, Limonen, Tangerinen, Zitronat
*Pilze:* Wiesenchampignon, Hefe, Trüffel
*Ingwer:* Kardamom, Ingwer, Turmerik
*Kürbis:* Kantalupe, Gurke, Melone, Wassermelone, Kürbis
*Lorbeer:* Sassafras, Zimt, Avocado, Lorbeerblätter
*Gemüse:* Johannisbrot, Akaziengummi, Tragantgummi, Lakritze, Limabohne, Weiße Bohne, Soyabohne, Tonkabohne, Erdnuß
*Lilienartige Pflanzen:* Knoblauch, Zwiebeln, Spargeln
*Krappgewächse:* Kaffee
*Minze:* Weißer Andorn, Majoran, Minze, Pfefferminze, Thymian, Salbei, Grüne Minze
*Myrte:* Nelkenpfeffer, Gewürznelke, Guajaca, Piment
*Muskatnuß:* Muskatnuß, Muskatblüten
*Petersilie:* Anis, Koriander, Kümmel, Dill, Petersilie, Pastinak
*Pfeffer:* Schwarzer Pfeffer, Weißer Pfeffer
*Kartoffeln:* Paprika, Auberginen, Grüner Pfeffer, Roter Pfeffer, Kartoffeln, Tabak, Tomaten
*Sterkuliazeen:* Kakao, Schokolade, Kolabohnen
*Walnuß:* Walnuß, Pekannuß, Hickorynuß

Dr. Campbell hat die Erfahrung gemacht, daß die Nahrungsmittelallergene sich vor allem in folgenden Nahrungsmitteln befinden (Reihenfolge ist Rangfolge): Schokolade, Milch, Tomaten, Schweinefleisch, Nüsse, Kaffee, Orangen, Mais, Schalentiere, Gewürze, Eier, Erbsen, Bohnen, Alkohol, Bananen.

### *Ein synthetisches Nahrungsmittel hilft bei Allergietests*

In jüngster Zeit hat sich ein synthetisches Nahrungsmittel, das zur vollständigen Ernährung von Frischoperierten und von Leuten mit schweren Verbrennungen dient, auch tauglich erwiesen für die Beschleunigung und Vereinfachung der Diagnose von Nahrungsmittelallergien. Es heißt Vivonex, und es enthält zwar kein Eiweiß, aber an seiner Stelle Aminosäuren, die Bausteine des Proteins, ohne das der Körper nicht lebensfähig ist. Es enthält ebenso alle bekannten notwendigen Nährstoffe. Die Substanz wird in Wasser aufgelöst, hierauf wird der gewünschte Geschmack hinzugefügt, und das Getränk wird getrunken.

Vivonex darf aber nicht ohne ärztliche Überwachung eingenommen werden.

Dr. Everett Hughes und andere Allergiefachleute probierten an der Universität von Süd-Kalifornien die Wirkungsmöglichkeiten dieser synthetischen Speise an siebenundzwanzig Schwerkranken, die zwischen acht und neunzehn Symptome hatten, welche von Nahrungs- und anderen Allergien stammen konnten. Über die Hälfte der Patienten litt an Müdigkeit, Kopfschmerzen und Störungen des Magen-Darm-Trakts. Nicht alle litten unter Nahrungsmittelallergien, einige hatten Inhalationsallergien. Aber bei den zwölf Patienten, die auf Nahrungsmittel überempfindlich reagierten, brachte eine ein- bis zweiwöchige Vivonexdiät alle Symptome zum Verschwinden. Diese Ausschaltungsdiät wurde hierauf teilweise weitergeführt, aber zur synthetischen Nahrung kamen andere Nahrungsmittel hinzu, und auf diese Weise gelang es den Allergiespezialisten, herauszufinden, welche Speisen ihre Patienten ungestraft essen durften und welche nicht.

In seinem in der Zeitschrift *Modern Medicine* erschienenen Bericht schreibt Dr. Hughes: «Die Raschheit der Symptomeverminderung, die Einfachheit der Diät und die ganz klaren Ergebnisse lassen den Schluß zu, daß dieses Verfahren bei der Diagnose und der Behandlung von Nahrungsmittelallergien beträchtliche klinische Bedeutung hat.»

## 12. Ist niedriger Blutzuckerspiegel an allem schuld?

In jeder denkbaren Rangordnung umstrittener Krankheiten würde Hypoglykämie — Verminderung des Blutzuckers — den ersten oder doch den zweiten Platz einnehmen. Daß ein niedriger Blutzuckerspiegel eine bemerkenswerte Vielfalt an Störungen bewirken kann — geistige, körperliche und solche des Verhaltens — ist unbestritten. Die Frage lautet: Wie oft? Hypoglykämie hat eine außerordentliche Presse gehabt. Zahllose Artikel in Zeitungen und Magazinen und eine Unmenge Taschenbücher haben sich mit ihr beschäftigt. Nach Ansicht einiger Ärzte hat sich ein wahrer Kult gebildet; die Hypoglykämie kommt zwar vor, aber sie ist nicht sehr verbreitet, und es besteht kein Grund, ihr bei jeder Gelegenheit die Schuld in die Schuhe zu schieben. Andere Ärzte hinwiederum sind der Meinung, daß Hypoglykämie weitverbreitet ist. Einige von ihnen haben darauf hingewiesen, daß «die zuckersüße amerikanische Kost zu einer nationalen Hypoglykämie geführt hat», und sie schätzen, daß bis gegen 10 % der amerikanischen Bevölkerung hypoglykämisch ist. Dasselbe gelte leider auch für Europa.

Da die Hypoglykämie auf das Hirn, das Nervensystem und auch auf die Nebennieren wirkt, kann sie Müdigkeits- und Schwächegefühle hervorrufen, Schwindelanfälle, Erschöpfung, Reizbarkeit, Verwirrung, um nur einige der Symptome zu nennen.

Von verschiedenen Seiten wurde auch darauf hingewiesen, daß sie sehr wohl kriminelle Taten auslösen könne, und es wurde mehrfach behauptet, daß Adolf Hitler einen niedrigen Blutzuckerspiegel gehabt habe.

Wenn in Cuyahoga Falls, Ohio, ein rückfälliger Rechtsbrecher Barbara Reed in die Finger gerät, der Schutzaufsichtsbeamtin für auf Bewährung entlassene Gefangene, ordnet sie als erstes einen Hypoglykämietest an, weil sie überzeugt ist, daß es für einige Verbrechen nur eine biochemische Erklärung gibt. Weist der Test auf diese Störung hin, sind die

beiden Richter in dieser 50 000 Einwohner zählenden Stadt mit Selbstverwaltung berechtigt, den Rechtsbrecher zu einer Diät zu verurteilen, und er muß statt Süßigkeiten und Kohlehydraten eine proteinreiche Nahrung, frisches Gemüse und Früchte und zusätzliche Vitamine zu sich nehmen. Weigert er sich, so kann die Bewährung rückgängig gemacht werden.
Mrs. Reed berichtete, daß sie in einem einzigen Jahr durch Hypoglykämietests an 106 Delinquenten entdeckt habe, daß 82 % an mindestens 15 Symptomen litten, die die Folge verminderten Blutzuckers waren, und daß durch eine Änderung in der Zusammensetzung der Nahrung bei fast allen ihren Schützlingen sich eine Änderung in der Geisteshaltung, dem Verhalten und der äußeren Erscheinung gezeigt habe.
Einer der Delinquenten, ein zwanzigjähriger Mann, der wegen Sachbeschädigung und Ruhestörung, und weil er mit einem Revolver in der Gegend herumgeballert hatte, verhaftet worden war, wurde, nachdem der Test Hypoglykämie angezeigt und Untersuchungen ergeben hatten, daß er paranoid und depressiv sei und ein «schwer gestörtes Selbstwertgefühl» habe, auf Diät gesetzt. Nach der Diät, sagte Mrs. Reed, war die Depression geheilt, und er wurde «optimistisch, kooperativ und realistisch». Laut ihrem Bericht hatte er vier Monate später schon einen Job gefunden, der ihm sieben Dollar pro Stunde einbrachte, nach drei Monaten wurde er befördert, und die Bewährung wurde zehn Monate danach aufgehoben.
Dr. Salem Shah, Leiter des Zentrums für Untersuchungen von Verbrechen und Kriminalität am Amerikanischen Institut für geistige Gesundheit, ist nicht überzeugt, daß Hypoglykämie ein wesentlicher Faktor bei der Begehung einer Tat ist, bedauert aber, daß es diesbezüglich keine genauen Studien gibt. «Obgleich wir nicht imstande sind, den Grad abzuschätzen, bis zu welchem Hypoglykämie und ihre Folgen Leute mit dem Gesetz in Konflikt bringt, würde meiner Ansicht nach der Quotient eher niedrig sein», sagt Shah und fügt hinzu: «Merkwürdigerweise sind diese Verhältnisziffern nie systematisch errechnet worden.»

## *Glukose und der Körper*

Glukose oder Blutzucker ist lebenswichtig für den Körperhaushalt, eine sofort sprudelnde Energiequelle für alle Gewebe. Besonders wichtig ist Glukose für das Gehirn, das für seinen Energiebedarf ganz von ihr abhängig ist.
Die durch die Nahrungsmittel in den Körper gelangenden Kohlehydrate — Zucker und Stärke — werden absorbiert, nachdem sie vorher zu einfachen Zuckern abgebaut worden sind — Glukose, Fruktose und Galaktose. Es kommt hier auf die Glukose an: Galaktose und Fruktose werden in der Leber in Glukose umgewandelt.
Schon bald nach einer Mahlzeit steigt der Blutzucker- (Glukose)spiegel, und 100 Milliliter Blut enthalten etwa 130 bis 140 Milligramm Glukose. Nach ungefähr zwei Stunden sinkt der Glukosespiegel auf 60 bis 90. Und zwischen den Mahlzeiten bleibt dieser Wert unverändert. Dafür sorgt die Leber. Wenn Kohlehydrate konsumiert werden und sie der Körper in Form von Glukose absorbiert, wird die überschüssige, nicht unmittelbar vom Blut benötigte Glukose in der Leber als Glykogen gespeichert. Im gleichen Ausmaß wie die Körpergewebe Glukose benötigen und dadurch seinen Spiegel im Blut senken, wird Glykogen wieder in Glukose zurückverwandelt und aus der Leber in den Blutkreislauf entlassen. Bei der Kontrolle des Glukosespiegels hilft auch die Niere mit, indem sie bei unnatürlichem Glukoseüberschuß (in der Regel bei mehr als 170 bis 180 Milligramm per 100 Milliliter) eingreift, ihn dem Blut entzieht und ihn im Urin ausscheidet. Selbstverständlich ist auch die Bauchspeicheldrüse ein wesentlicher Faktor bei der Blutzuckerkontrolle. Sie produziert nämlich das Hormon Insulin, das die Glukose aus dem Blut in die Zellen überführt und seine Verwendung durch die Zellen stimuliert. Insulin bewirkt auch, daß die Leber den Glukoseüberschuß in Glykogen umwandelt. Auch andere Hormone aus der Hypophyse und den Nebennieren spielen bei der Blutzuckerkontrolle eine Rolle.
Werden die Glukoseregulierungsprozesse gestört, so kann es zu Hyperglykämie oder Diabetes mit seinem erhöhten Blutzuckerspiegel kommen, oder anderseits zu Hypoglykämie mit abnorm niedrigen Werten.

### *Symptome der Hypoglykämie*

Sinkt der Blutzuckerspiegel auf 40 Milligramm per 100 Milliliter oder noch tiefer, so zeigen sich Symptome. Die Symptome können in Art und Grad beträchtlich variieren. Allgemein gilt: Je rascher der Blutzuckerspiegel fällt, desto stärker sind die Symptome. Treten Symptome auf, so sind es im allgemeinen zuerst Kopfschmerzen, Schwäche, Verwirrtheit, Unruhe, Benebeltheit, Hunger, Durst, Reizbarkeit und Sehstörungen. Weitere Symptome treten auf, wenn die Nebennieren als Reaktion auf den sinkenden Blutzuckerspiegel das Hormon Epinephrin ausscheiden. Zu diesen gehören Angst, Zittern, Schweißausbrüche, Herzjagen, krankhafte Blässe und ein Prickeln in den Fingern und um die Lippen.

### *Spontane Hypoglykämie*

Verminderung des Blutzuckers kann auf zwei Arten geschehen: spontan und reaktiv. Spontane Hypoglykämie, weniger häufig auftretend, findet während des Nichtessens statt. Sie ist manchmal, das kommt allerdings äußerst selten vor, das Ergebnis der Unfähigkeit des Körpers, einen starken Glukoseverbrauch, wie er zum Beispiel nach großen physischen Anstrengungen und während der Schwangerschaft auftritt, durch die normale Glukoseproduktion wettzumachen. Oft ist eine Leberstörung für die ungenügende Glukoseproduktion verantwortlich. Spontane Hypoglykämie kann aber auch das Ergebnis exzessiven Glukoseverbrauchs durch Insulinüberproduktion sein, die durch einen insulinausschüttenden Tumor der Langerhansschen Inseln der Bauchspeicheldrüse bewirkt wird. Solche Tumore sind selten, und 90 % von ihnen können durch chirurgischen Eingriff entfernt werden.
Bisweilen kann der exzessive Glukoseverbrauch auch von einem Mangel an einem Hormon der Hypophyse, Nebenniere oder der Schilddrüse stammen, das wichtig ist als Gegenspieler des Insulins. Bei einem solchen Mangel kommt es zu einer verstärkten Insulinwirkung und folglich wird viel zu viel Glukose verbraucht.

## *Reaktive Hypoglykämie*

Reaktive Hypoglykämie, die häufigste Art dieser Störung, ist charakterisiert durch das Auftreten von Symptomen innerhalb zwei bis vier Stunden nach dem Essen.

Sie kann — muß aber nicht — auftreten nach einer Magenoperation, bei der wegen eines Magengeschwürs oder aus einem andern Grund Teile des Magens entfernt wurden. In diesem Fall wird die Glukose abnorm schnell in den Blutkreislauf absorbiert, und daraufhin kann es dann zu einer exzessiven Insulinausschüttung kommen, was zu einem raschen Abfallen des Blutzuckers führt.

Reaktive Hypoglykämie kann auch von einem leichten Diabetes bewirkt werden und ist oft das erste Anzeichen dafür. In diesen Fällen verzögert sich die Insulinausschüttung nach einer Mahlzeit, besonders, wenn die letztere kohlehydratreich war. Wie wir gesehen haben, ist der Blutzuckerspiegel nach einer Nahrungszufuhr hoch. Dieser sehr hohe Glukosespiegel bewirkt dann, daß die Bauchspeicheldrüse zuviel Insulin ausschüttet, was einen Blutzuckersturz zur Folge hat.

Reaktive Hypoglykämie kann auch auftreten als Reaktion auf Alkohol und Medikamente wie Salizylat (Salz der Salizylsäure, das in Aspirin und aspirinähnlichen Verbindungen vorkommt), Aminobenzoinazid, Haloperidol, Propoxyphen und Chlorpromazin.

Eine andere Form der reaktiven Hypoglykämie, die auf eine kohlehydratreiche Mahlzeit folgt, wird als «funktionell» bezeichnet; über ihren Mechanismus wissen wir wenig.

## *Die Diagnose*

Die Symptome der Hypoglykämie kommen nicht nur bei Verminderung des Blutzuckers vor, sondern bei allen möglichen anderen Krankheiten auch. Das ist der Haken.

Voraussetzung für eine korrekte Diagnose ist daher die Feststellung eines niedrigen Blutzuckerspiegels in Verbindung mit den für ihn typischen Symptomen. Einige Ärzte glauben, daß bei einem Patienten mit diesen Symptomen mindestens zwei Blutzuckertests gemacht werden sollten. Es ist aber gar

nicht so leicht, während des rasch vorübergehenden Zustands zu Blutproben zu kommen.
Wenn die Symptome auftreten — innert vier Stunden nach einer Mahlzeit oder nach dem eine Nacht oder länger dauernden Fasten — geht es in erster Linie darum, die richtigen Diagnosetests zu machen. Bei dieser Form der Hypoglykämie ist es wichtig, durch Tests festzustellen, ob ein Tumor der Langerhans-Inseln vorhanden ist, der auf chirurgischem Weg beseitigt werden kann.
Man darf bei dieser Art von Hypoglykämie auch andere mögliche körperliche Ursachen nicht vernachlässigen, inklusive eine Leberstörung, die behandelt werden muß, oder einen Mangel an Hormonen der Hypophyse, der Nebenniere und der Schilddrüse, dem leicht abgeholfen werden kann.
Bei einer reaktiven Hypoglykämie ist ein Glukosetoleranztest ein wichtiges diagnostisches Hilfsmittel. Der gewöhnliche Test besteht darin, den Patienten am Morgen auf nüchternen Magen ein Glas mit etwa 100 Gramm reinem Zucker trinken zu lassen. Ein Frühstück bekommt er nicht, und es werden ihm dann periodisch Blutproben entnommen, und zwar über einen Zeitraum von drei bis fünf Stunden. Die Menge der in allen Blutproben vorhandenen Glukose wird in ein Kurvenblatt eingezeichnet, um die Veränderung des Blutzuckerspiegels festzuhalten. Die Aufzeichnung auf dem Kurvenblatt läßt in der Regel die häufig auftretenden Formen der Hypoglykämie erkennen — die durch eine Magenoperation bewirkte, den leichten Diabetes und die «funktionelle» Hypoglykämie.
Ist die Störung eine Folge des chirurgischen Eingriffs, so kann sie oft sehr schnell durch ein Medikament behoben werden, zum Beispiel durch Propanthelin (Pro-Banthin), welches die Kohlehydratabsorption verlangsamt und die Insulinausschüttung verringert.
Ist leichter Diabetes die Ursache, so genügt oft schon eine Gewichtsreduktion, um ihn zu heilen. Andernfalls können Diabetesmittel helfen. Handelt es sich um «funktionelle» Hypoglykämie ohne organische Ursache, so hilft eine eiweißreiche, kohlehydratarme Diät, bei der der Patient oft ißt, aber immer nur kleine Portionen.

## *Der Zusammenhang mit dem Zucker*

Wenn man einigen Forschern glauben darf, dann ist die «funktionelle» Hypoglykämie heute relativ häufig, jeder Zehnte leidet in irgendeiner Weise an ihr; sie ist die Folge unserer Nahrung und unserer Eßgewohnheiten.

Was unsere Nahrung anbetrifft, so ist sie sehr reich an Kohlehydraten und überreich an Zucker. Enthält eine Speise Zucker und Stärke, so werden diese rasch absorbiert und gelangen in Form von Glukose rasch ins Blut. Besteht sie aus Fett und Protein, so wird sie auch teilweise in Glukose umgewandelt, aber nicht so schnell.

Bei einer normalen Kost steigt zwar der Blutzucker, aber das Ansteigen ist nur temporär, da durch die Erhöhung des Blutzuckerspiegels die Bauchspeicheldrüse veranlaßt wird, Insulin auszuschütten, was zur Speicherung der überschüssigen Glukose in Form von Glykogen in der Leber führt, und der Blutzuckerspiegel wird wieder normal.

Werden hingegen große Mengen von Zucker konsumiert, so kann es zu Störungen kommen, besonders wenn die Zuckerzufuhr zwischen den Mahlzeiten stattfindet, wenn sich keine anderen Nahrungsbestandteile im Magen-Darm-Trakt befinden, die eine Absorption verzögern könnten. Dann findet ein rasches Ansteigen des Blutzuckerspiegels statt, und als Reaktion darauf eine übertriebene Insulinausschüttung. Aus diesem Grund erfolgt das darauf folgende Absinken des Zuckerspiegels so schnell. Der Zuckerspiegel ist dann abnorm niedrig, und wenn er niedrig genug ist, zeigen sich die Symptome der Hypoglykämie. Eine kontinuierliche übertriebene Zuckerzufuhr kann, zumindest während einer gewissen Zeit, zu einer verstärkten Reaktionsbereitschaft der Bauchspeicheldrüse führen, die dann rascher mehr Insulin abgibt, wodurch die Hypoglykämie beschleunigt wird.

Was macht man also gegen Hypoglykämie? Nun, wenn man sich nicht die Mühe nimmt, über die Folgen des eben Gesagten nachzudenken, dann behandelt man natürlich einen Menschen mit niedrigem Blutzuckerspiegel, indem man ihm Zucker gibt. Die Wirkung ist eine mirakulöse: Schon nach wenigen Minuten hören das Schwitzen, die Schwäche und der Schwindel auf. Aber wenn Sie sich jetzt einen Moment zurückerinnern, wird Ihnen klar werden, daß eben gerade das nicht getan werden sollte, so wirksam es auch während kurzer Zeit ist. Statt dessen muß man das rasche Ansteigen des Blutzuckers verhindern, weil es ja unweigerlich in einem ebenso raschen Absinken endet. Aus diesem Grunde sollte man nur Speisen essen, die den Blutzuckerspiegel langsam ansteigen lassen. Damit provoziert man die Bauchspeicheldrüse nicht zu ihren exzessiven Insulinausschüttungen. Das heißt also, so paradox es tönen mag, daß die Verminderung des Blutzuckers am besten dadurch behandelt wird, daß man dem Patienten eine zuckerarme Diät verschreibt.

Viele Ärzte zeigen auf den Zucker als Schuldigen. Sie weisen darauf hin, daß Hypoglykämie, die durch zuviel Zucker bewirkt wird, eine solche Gier auf Süßigkeiten auslösen kann, daß das betreffende Zuckermaul ein ganzes Flickendeckenmuster körperlicher und geistiger Störungen produziert und sofort als «nervöser Spinner» eingestuft wird.

Die meisten Hypoglykämiepatienten werden von ihren Angehörigen als «überkandidelt» oder «wehleidig», von ihren Ärzten als «Hypochonder» und von der Gesellschaft als «Neurotiker» bezeichnet. Bei harmloseren Fällen wird man ihnen sagen: «Das geht vorbei — iß halt etwas Süßes, wenn du Lust hast.» Und das ist das Verkehrteste, das ein Hypoglykämiker tun kann, denn je mehr Süßigkeiten gegessen werden, desto mehr wird Insulin ausgeschüttet, je größer der Zuckersturz, desto größer das Bedürfnis nach Zucker . . . und das ist der Teufelskreis.

Es gibt Ärzte, die der Ansicht sind, daß jeder zehnte mit einer Bauchspeicheldrüse auf die Welt kommt, die speziell empfindlich auf Zucker ist, mit einer Zufuhr großer Zuckermengen nicht zu Rande kommt, und dann als selbstverständliche Reaktion zu viel Insulin produziert.

Wenn dem so ist, dann läuft die Ernährungsweise der meisten Länder der sogenannten zivilisierten Welt auf ein ununterbrochenes Reizen der Empfindlichkeit der Bauchspeicheldrüse hinaus.

Während Jahrhunderten wurde die Saccharose — der wissenschaftliche Name für Rohr- und Rübenzucker — nur von Apothekern verkauft, die die Körnchen nach Unzen abwogen. Nur die Reichen konnten sich diesen Luxus leisten, aber auch sie konnten nicht in Zucker schwelgen, da er knapp war. In der Elisabethanischen Zeit war der Zuckerverbrauch ganz Englands nicht höher als 88 Tonnen im Jahr. Erst vor weniger als einem Jahrhundert, als Lateinamerika mit der Zuckerrohrkultivierung begann und die Europäer eine Methode zur Raffinierung des Rübenzuckers erfanden, begann die Produktion des Tafelzuckers anzusteigen. Im Jahr 1850 betrug die gesamte Weltproduktion nur 3,5 Millionen Tonnen; 1950 waren es schon 35 Millionen, und heute sind es mehr als 70 Millionen Tonnen. In den Vereinigten Staaten und den industrialisierten Ländern der westlichen Welt beträgt der Pro-Kopf-Verbrauch zwischen 140 und 150 Pfund im Jahr, das macht pro Woche über zwei Pfund Zukker. Ein erschreckend großer Anteil der täglich konsumierten Kalorien von 500 an aufwärts stammt vom Zucker. Und von den 535 Pfund Nahrungsmitteln, die in den Vereinigten Staaten im Jahr pro Kopf konsumiert werden, macht Saccharose grob geschätzt einen Zehntel aus.

Dabei ist es gar nicht leicht, dem Zucker immer gleich dahinterzukommen. Selbst Leute, die auf ihre Linie achten oder Diät leben müssen und zu jedem Kuchen und zu jeder Torte pflichtschuldigst «Nein, Danke» sagen, nehmen unheimlich viel heimlichen Zucker zu sich. Zucker kommt in Produkten vor, in denen man ihn am wenigsten vermuten würde: Ketchup, Gewürzen, Büchsensuppen, tiefgefrorener Pizza, Salatsaucen. Eine vom Zentrum für Wissenschaft im Interesse der Öffentlichkeit herausgegebene Tabelle zeigt den Zuckergehalt von 65 fabrikmäßig hergestellten Nahrungsmitteln an. Einige enthielten bis zu 68 % Zucker. Selbst viele gängige Medikamente, die mit und ohne Rezept zu kaufen sind, enthalten Zucker.

Unsere Eßgewohnheiten können auch ein Faktor bei der Entstehung der Hypoglykämie sein.

Viele Leute frühstücken überhaupt nicht. Andere wieder trinken nur eine Tasse Kaffee und essen ein süßes Brötchen, worauf der Blutzuckerspiegel steigt und nach zwei, drei Stunden wieder sinkt. Hierauf trinkt der Patient etwa um zehn Uhr morgens wieder eine Tasse Kaffee und ißt noch ein süßes Brötchen oder etwas Ähnliches, wonach er sich ein Weilchen wieder besser fühlt. Wenn nun um die Mittagszeit seine Nerven einen kleinen Drink verlangen oder er auch diese Mahlzeit ausläßt und seinen Hunger mit einer weiteren Tasse Kaffee, einem süßen Softdrink oder einer kohlehydratreichen Mahlzeit stillt (die auch in Glukose umgewandelt und rasch absorbiert wird und eine ähnliche Wirkung auf die Insulinproduktion hat wie Saccharose), ist er um zwei Uhr angespannt, nervös und reizbar, um vier Uhr ist er miserabel gelaunt, und auch ein wohlausgewogenes Abendessen kann sein geistiges und körperliches Gleichgewicht dann nicht wiederherstellen. Obschon er erschöpft ist, kann er vermutlich nur ein paar Stunden schlafen.

Der Körper, der während der Nacht gefastet hat, braucht am Morgen etwas Nahrhaftes. Um während des Vormittags das Absinken des Blutzuckerspiegels zu verhindern, sind zwischen 15 und 20 Gramm hochwertiges Protein notwendig.

Wie wir zu Beginn des Kapitels feststellten, gehört Hypoglykämie zu den umstrittensten Krankheiten. Und das gilt besonders für die reaktive Hypoglykämie. 1977 wurde eine spezielle Diskussion über die Streitfrage Hypoglykämie abgehalten. Die Diskussionsteilnehmer stimmten darin überein, daß die reaktive Hypoglykämie eine sehr umstrittene, aber auch eine überdiagnostizierte Krankheit sei und daß dafür andere Formen der Hypoglykämie oft nicht beachtet würden. Nach der Meinung des Leiters der Diskussionsrunde führt jede Diskussion über die reaktive Hypoglykämie zu einem vehementen Wortwechsel über die Frage, ob es diese Krankheit überhaupt gebe. Ein anderer Arzt gab der Meinung Ausdruck, daß «reaktive Hypoglykämie eine psychosomatische Manifestation akuter Angstzustände gewisser Patienten sei, die sich nach den Mahlzeiten als körperliche Beschwerden äußerten.» Andere Diskussionsteilnehmer hielten es für ungeschickt, wenn man die Beschwerden des Patienten bagatellisiere. Ihrer Meinung nach sollte man ihn damit trösten, daß sie harmlos seien. Ein Mediziner aus Chicago nahm einen positiveren Standpunkt ein: Eine stark eiweißhaltige Diät mit wenig Kohlehydraten bringt nach seinen Erfahrungen in vielen Fällen die Symptome zum Verschwinden.

# 13. Der «nervöse» Magen ist nicht immer nervös

Zu den am weitesten verbreiteten Krankheiten gehören die Magen-Darm-Störungen. 60 % der Erwachsenen, die zu einem Allgemeinpraktiker gehen, tun das, weil ihre Verdauung nicht richtig funktioniert. Wir geben jährlich Millionen für Abführmittel, Medikamente gegen Magensäure und noch mehr für Beruhigungsmittel, krampflösende Mittel und so weiter aus.

Können Emotionen sich auf den Magen schlagen? Keine Frage. Seit Jahrhunderten weiß man, daß Furcht Mundtrokkenheit und ein Gefühl der Leere im Solarplexus bewirken kann. Als im Jahr 1822 ein Schuß aus einer Schrotflinte Alexis St. Martin Haut und Muskelgewebe des obern Teils des Abdomens wegriß und zusätzlich die Außenschicht der Magenwand, konnte Dr. William Beaumont, ein junger Feldscher des amerikanischen Heeres, nichts weiter tun, als den Magenrand an die Haut zu nähen. Zum Glück für ihn und die Wissenschaft genas St. Martin und lebte weiter mit einem Loch im Magen. So konnte Beaumont mit der freundlichen Genehmigung von St. Martin hineinschauen und den Magen sehen, und es fiel ihm auf, daß Erregung und Wut sein Aussehen veränderten.

Einen noch bedeutenderen Beitrag zum Verständnis der Wirkungen der Gefühle auf den Magen lieferte ein Mann namens Tom. Als neunjähriger Junge hatte Tom dampfend heiße Suppe geschluckt, wobei er sich die Speiseröhre so stark verbrannte, daß sie blockiert war und von einem Chirurgen ersetzt werden mußte durch einen künstlichen Mageneingang. Tom mußte lernen, seine Nahrung zu kauen, sie dann aus dem Mund zu nehmen und sie durch einen Trichter in einen Gummischlauch gleiten zu lassen, der in den Magen führte.

Er kam mit dieser Behinderung gut zurecht, bis er eines Tages während der Arbeit aus der Öffnung zu bluten begann, die offensichtlich durch seine körperliche Tätigkeit verletzt

worden war. Er wurde ins Spital eingeliefert, wo zwei Mediziner gerade mit Untersuchungen über den Einfluß der Emotionen auf den Körper beschäftigt waren und ihn überredeten, ihr Versuchskaninchen zu werden.
Im Verlaufe dieser Untersuchung fielen den beiden Wissenschaftlern viele Phänomene auf. Wenn Tom wütend war oder Ressentiments hatte, sahen sie, wie die rosarote Farbe des Magens sich zu Rot veränderte und wie der Magensaft reichlicher floß. War er hingegen traurig, verängstigt oder niedergeschlagen, wurde die Magenauskleidung blaß und die Magensaftausscheidung ließ nach. Wurde Nahrung zugeführt, während Tom wütend oder verängstigt war, wurde sie viel schneller als gewöhnlich verdaut. War er niedergeschlagen, blieb sie oft stundenlang unverdaut im Magen liegen.
Seit damals haben viele Forscher nachgewiesen, daß auch andernorts im Verdauungstrakt Krankheiten durch emotionelle Störungen bewirkt oder verstärkt werden können. Wut, Ressentiments, Schuldgefühle, Angst, Probleme und das Gefühl, daß man einer Situation hoffnungslos ausgeliefert sei, bewirken vermehrte Schleimabsonderung und andere Sekretionen in den Därmen, Zusammenziehungen und weitere Aktivitäten, die zu Durchfall und anderen Beschwerden führen. Depression, Furcht, das Gefühl der Nutzlosigkeit und Verteidigungsbereitschaft haben, wie nachgewiesen wurde, Verminderung der Sekretionen und anderer Aktivitäten zur Folge und führen oft zu Verstopfung. Es ist also ganz klar, daß der Verdauungstrakt auf emotionellen Streß reagiert. Doch haben neuere Untersuchungen gezeigt, daß manchen häufig auftretenden Störungen, die bisher für psychogen gehalten wurden, vielleicht andere Ursachen zugrunde liegen.

### *Das sogenannte Reizkolonsyndrom oder Ist der Grimmdarm wirklich so reizbar?*

Das Reizkolonsyndrom, die häufigste Darmstörung, wird auch als spastisches Reizkolon und als Colitis mucomembranosa bezeichnet, obschon die letztere Bezeichnung irreführend ist, da Colitis Entzündung des Colons heißt und beim Reizkolon und beim spastischen Reizkolon keine Ent-

zündung vorhanden ist. Es wurde auch schon oft als Zivilisationskrankheit bezeichnet.
Das Reizkolonsyndrom kann sehr lästig sein, manchmal so lästig, daß es ein normales Leben verunmöglicht.
Symptome gibt es verschiedene, und sie sind auch im besten Fall stets unangenehm. Es kann zu einem Trommelbauch kommen, zu stechenden und messerscharfen Bauchschmerzen, aber auch zu dumpfen, unbestimmten, und Verstopfung oder Durchfall oder eins mit dem andern abwechselnd können auftreten. Schleimstuhl ist häufig, Blutstuhl selten, es sei denn, der Patient leide auch noch unter Hämorrhoiden, was bei chronisch Konstipierten meistens der Fall zu sein pflegt. Viele der am Reizkolonsyndrom Leidenden beschweren sich über Appetitlosigkeit am Morgen, Durchfall, Sodbrennen, übermäßiges Rülpsen. Schwäche, Erschöpfung, Palpitationen, Kopfschmerzen und Schlafstörungen gehören auch zu den Symptomen. Die Diagnose Reizkolonsyndrom wird dann gestellt, wenn solche Symptome auftreten, aber eine Untersuchung von Kolon und Kot keinen Krankheitsbefund ergeben.
Emotioneller Streß wurde lange als Hauptfaktor bei der Entstehung des Reizkolons betrachtet.
Vielen Ärzten ist aufgefallen, daß Patienten mit dieser Störung oft verkrampft und verängstigt und stimmungslabil sind. Die Anamnese ergibt Überarbeitung, zu wenig Schlaf, heruntergeschlungene Mahlzeiten und Abführmittelmißbrauch.
Die Kolontätigkeit wird vom autonomen Nervensystem gesteuert. Nervenimpulse stimulieren und hemmen die Darmtätigkeit, und im normalen Fall erlaubt das Gleichgewicht der Nervenimpulse dem Kot ein ruhiges Passieren des Grimmdarms. Wird dieses Gleichgewicht jedoch gestört, so kann der Darminhalt nicht normal passieren, und seine Bewegung ist entweder gebremst oder beschleunigt. Eine der Funktionen des Colons besteht darin, dem Kot Wasser zu entziehen. Wenn die Faeces sich zu langsam bewegen, wird ihnen zu viel Wasser entzogen, sie werden trocken und hart, und der Patient leidet an Verstopfung. Wenn jedoch das Material sich nicht lange genug im Colon aufhält, ist die Möglichkeit der Wasserabsorption gering, und es kommt zu Durchfall mit dünnem, formlosem Stuhl. Verkrampfen sich

dann auch noch die Darmmuskeln, was die Regel ist, so entstehen Schmerzen.
Die Symptome des Reizkolonsyndroms kommen und gehen; die einzelnen Krisen dauern manchmal Tage, manchmal sogar Wochen und Monate. Und damit nicht genug, gesellen sich zu all diesem Ungemach oft noch Müdigkeit, Depression, Angst und Unfähigkeit, sich zu konzentrieren.
Zur Behandlung gehörte, daß man dem Patienten versicherte, daß er organisch gesund sei und daß er so gut wie möglich Streßsituationen vermeiden solle. Sedative und Tranquilizers wurden verschrieben, ebenfalls krampflösende Mittel, die letzteren nicht selten um den Preis von Mundtrockenheit, verschwommenem Gesichtsfeld und Schläfrigkeit. Die Ärzte haben es auch mit dem Verschreiben einer Diät versucht und den Patienten geraten, frisches Obst und ungekochtes Gemüse zu meiden.

### *Reizbar oder gereizt?*

Es scheint hier die Frage erlaubt, ob das Reizkolonsyndrom treffend benannt worden ist. Ist der Grimmdarm wirklich reizbar? Wie wir aus einigen Untersuchungen wissen, leiden 60 % der Patienten, die sich zur Behandlung in eine Klinik für Magen- und Darmkrankheiten begeben, an der als Reizkolon bezeichneten Darmstörung, mit andern Worten: Weder der Grimmdarm noch irgendein Teil des Verdauungstraktes zeigen eine anomale Veränderung. Es ist nun allein schon aus Gründen der Evolution in hohem Maße unwahrscheinlich, daß so viele Menschen, ein so hoher Prozentsatz der Bevölkerung, schon mit einem ererbten reizbaren Darm auf die Welt kommt. Ein englischer Chirurg sah sich vor einigen Jahren das Reizkolonrätsel unbefangen an und kam zum Schluß, daß das Wort «gereizt» (statt «reizbar») die Sache genauer bezeichne, weil der Darm nicht von Natur aus reizbar sei, sondern konstant gereizt werde, und daß diese Reizung eine Folge der Nahrung sei. Sie werde aber nicht durch das, was man esse bewirkt, sondern durch das, was man nicht esse. Der Arzt kam zu dieser Schlußfolgerung — und die Forschungsergebnisse anderer Wissenschaftler wie auch seine eigenen haben sie unterdessen mit Beweisen

erhärtet —, indem er eine andere häufige Verdauungsstörung, die Divertikulitis, studierte, von der viele Ärzte glauben, daß sie sich gerne bei Menschen mit «reizbarem» Colon entwickle.
Ein Divertikel — gebildet nach dem lateinischen Verb für «abbiegen» — ist eine Ausstülpung (oder ein Säckchen) der Darmauskleidung in die Darmwand. Bei der Krankheit kommt es zur Bildung von vielen, manchmal Hunderten von Divertikeln, die zu Beginn gutartig sind und es häufig auch bleiben. Aber diese Säckchen können sich mit Kot füllen, und etwa 20 Prozent der Menschen mit Divertikeln bekommen eine Entzündung, eben die Divertikulitis, die zu Schmerzen im linken Unterbauch, zu Übelkeit, Erbrechen, aufgetriebenem Leib, Schüttelfrost und Fieber führt. Divertikel sind häufig. Ein Drittel aller Amerikaner über 45 und zwei Drittel der über Sechzigjährigen leiden an ihnen. Kommt es zu einer Divertikulitis, so helfen manchmal Medikamente, oft ist aber auch eine Operation unumgänglich.
Unser englischer Chirurg maß vor Jahren den Colondruck bei Divertikulitis und verglich die Meßergebnisse mit Röntgenaufnahmen des Colons. Er stellte fest, daß der Druck abnorm hoch war und erzeugt wurde von den Kolonwänden, die außerordentliche Anstrengungen unternehmen mußten, um die vertrocknete kleine Fäkalmasse der Divertikulitispatienten, die meist an chronischer Verstopfung litten, vorwärts zu bewegen. Und diese buchstäblich krampfhaften Bemühungen drückten dann so stark auf die Auskleidung des Colons, daß diese die Muskelwand des Colons durchstieß und Divertikula bildete.
Jahre sollten vergehen, bevor 1967 eine Untersuchung begann, die die Auffassung betreffend der Divertikulitis und auch die Behandlungsmethoden revolutionierte.
Unterdessen war aber auch noch anderes geschehen. Manchen britischen Forschern war aufgefallen, daß viele der Krankheiten, die in hochindustrialisierten Ländern, wie etwa Mitteleuropa und Amerika, weit verbreitet waren, in den afrikanischen Eingeborenendörfern nicht vorkamen. Unter diesen Störungen waren auch Verstopfung und Divertikulitis. Nachdem die Forscher die Unterschiede in der Nahrung der afrikanischen Dorfbewohner und der Mitteleuropäer und Amerikaner genau studiert hatten, kamen sie

zum Ergebnis, daß es auf die Fasern ankam. Die Nahrung der Afrikaner war faserreich; die Abendländer nahmen wenig davon zu sich, denn sie waren aus den Getreidekörnern, wo sie besonders reichlich vorkamen, herausgemahlen worden zwecks Erzeugung verfeinerter Zerealien und feinen Weißmehls.

Nun begannen die Forscher, englische Patienten zu untersuchen. Sie stellten fest, daß sich Verstopfung beheben ließ, wenn die Patienten anstelle des feinen Weißbrotes Brot aus Vollweizenmehl aßen oder wenn Kleie, der Teil des Korns, der faserreich ist und durch das Mahlen auschied, der Diät wieder hinzugefügt wurde.

Beflügelt von diesen Ergebnissen begann Dr. Painter mit seiner Studie der Divertikulitis. Vom Standpunkt der konventionellen Medizin aus war das ein Unsinn, lautete doch der die Divertikulitis betreffende medizinische Grundsatz: Bei Divertikulitis eine faserarme Kost, so frei wie möglich von Schlacken. Man war von der Idee ausgegangen, daß die sogenannte Schlacke einen Grimmdarm voller Divertikel reizen würde. Aber wie die Forschungen von Painter und andern Wissenschaftlern zeigten, ist Faser keine Schlacke. Im Verdauungstrakt absorbiert sie Wasser, und so gibt sie dem Kot Volumen. Damit war es vorbei mit dem kieselähnlichen harten Stuhl der Verstopften. Die Kotmasse war weich und wurde ohne Anstrengung ausgeschieden. Den siebzig Divertikulitispatienten, die Painter untersuchte, verschrieb er eine faserreiche Diät. Die Patienten aßen Weizenkeime, Porridge, Brot aus Vollweizenmehl, sehr viel Früchte und Gemüse. Sie mußten auch dreimal täglich zwei Teelöffel Kleie einnehmen.

Die Darmgewohnheiten änderten sich geradezu auf dramatische Weise. Die Verstopfung hörte auf; der Stuhl wurde weich, der Stuhlgang regelmäßig, und im Grimmdarm kam es nicht mehr zu krampfhaften Bemühungen und Krämpfen. Dank der veränderten Diät verschwanden die Symptome der Divertikulitis bei 86,6 % der Patienten, selbst bei jenen schweren Fällen, die schon als Kandidaten für die chirurgische Entfernung des befallenen Abschnitts des Grimmdarms betrachtet worden waren. Keiner kam unters Messer. Painters Untersuchung, der bald ähnliche folgten, beeinflußte die Behandlungsmethoden bei Divertikulitis radikal.

Nicht lange danach nahm Painter das Reizkolonsyndrom unter die Lupe. Ihm schien die Tatsache, daß eine stark faserhaltige Diät die Symptome der Divertikulitis zum Verschwinden brachte, von doppelter Bedeutung zu sein, denn die Heilung wird zwar erreicht, die Divertikel jedoch, die Ausstülpungen, bleiben. Und er stellte sich die Frage: Woher stammen sie? Painter überlegte sich folgendes: Wenn eine faserarme Nahrung imstande war, das Colon so zu beschädigen, daß es zur Bildung von Divertikeln kam, war es in höchstem Maße unwahrscheinlich, daß vom gesamten Verdauungstrakt nur das Colon, und oft nur ein Teil davon, der Sigmaabschnitt, gegen diese Art Nahrung überempfindlich war. Die Symptome konnten sicher ebensogut in andern Teilen des Darmes auftreten, die sich einer rückstandsarmen Kost noch nicht angepaßt hatten. Damit wäre nicht nur erklärt, warum solche Störungen des oberen Verdauungswegs, wie Sodbrennen und Übelkeit, die Begleiterscheinungen der Divertikulitis sind, sondern auch, warum sie durch eine faserreiche Nahrung behoben werden können. Und damit, so schloß er, würde auch etwas Licht auf die Ursache der Symptome des Reizkolons fallen. Und richtig, es dauerte nicht lange, bis Painter berichten konnte, daß auch die Symptome des Reizkolons sich durch faserreiche Nahrung beseitigen ließen.

Einer der ersten, die Painters Entdeckung bestätigten, war ein Arzt der US-Marinereserve. Bei einer Untersuchung von dreißig Patienten mit Symptomen des Reizkolons verschrieb er über drei Wochen 8 bis 10 Teelöffel Kleie pro Tag. Vier Patienten fielen aus, weil sie die Kleie ungenießbar fanden, aber von den 26, die die Kleie schluckten, berichteten die meisten, daß ihre Symptome am Abklingen seien.

Bei einem unter strengster wissenschaftlicher Aufsicht durchgeführten Versuch im Königlichen Krankenhaus von Bristol teilten die Forscher die Patienten, welche an Reizkolon litten, in zwei Gruppen: Eine erhielt eine faserreiche Nahrung, die andere, zu Vergleichszwecken, eine faserarme. Nach sechs Wochen faserreicher Diät ließ sich ein wesentliches Zurückgehen der Symptome feststellen und eine klar meßbare positive Veränderung der Grimmdarmtätigkeit. Die faserarme Diät hingegen bewirkte keinerlei Verbesserungen. Die Forscher hoben hervor, daß Reizkolonpatienten unbedingt dazu gebracht werden müßten, eine faserreiche Diät einzuhalten.

### *Milchunverträglichkeit — eine alltägliche Sache*

Bis vor kurzem gehörte auch eine Frau aus Baltimore zu der großen Gruppe von Leuten, die unter wiederholten und unerklärlichen Blähungen, Bauchkrämpfen und Durchfall litten. Bei ihr, wie bei so vielen anderen, wurde keine organische Ursache gefunden.
Heute ist sie glücklich, denn sie ist nicht nur von den Symptomen befreit, sondern sie weiß auch, daß sie nicht unter den Manifestationen einer Neurose gelitten hatte, sondern ganz einfach unter Milchunverträglichkeit, genauer gesagt: Sie vertrug einen bestimmten Bestandteil der Milch nicht.
Die Störung ist weit verbreitet, und bis vor ungefähr zehn Jahren hielt man diese Unverträglichkeit für eine selten vorkommende Verdauungsstörung, die sich im wesentlichen beschränkte auf wenige Neugeborene mit Geburtsfehlern. Heute wird geschätzt, daß ein grosser Teil der Bevölkerung darunter leidet.
«Im Verlauf der letzten zehn Jahre», sagt ein führender Forscher, «hat sich in zunehmendem Maße herausgestellt, daß Milchunverträglichkeit bei manchen Fällen von Reizkolon, auf Magenoperationen folgenden Durchfall und am häufigsten bei unerklärlichen Bauchschmerzen und Flatulenz der Hauptfaktor ist; wir wissen ferner, daß sie auch bei Patienten mit bekannten organischen Ursachen der Diarrhöe, wie zum Beispiel ulceröser Colitis oder Crohn-Krankheit, eine Rolle spielt.»

### *Milchzucker*

Milch enhält Laktose, einen unverdaulichen Zucker. Aber ein im Dünndarm produziertes Enzym, Laktase, kann Laktose in einfache Zucker aufschließen, die dann rasch absorbiert werden. Die Milchunverträglichkeit zeigt sich erst, wenn nicht genügend Mengen dieses Enzyms produziert werden. Die nicht verdaute Laktose passiert dann die Eingeweide und verursacht auf dem ganzen Weg Störungen. Aus neueren Untersuchungen geht hervor, daß bei vielen Menschen schon in frühester Jugend der Großteil der Fähigkeit, dieses Enzym zu produzieren, verlorengeht. Beim Säugling sind die Laktasewerte bei der Geburt am höchsten und bleiben so lange hoch, wie Milch die Hauptnahrung des Babys ist.

Was die Säugetiere anbetrifft, so weiß man schon lange, daß sich der Laktasespiegel nach der Entwöhnung und dem Übergang von Milch zu andern Nahrungsmitteln langsam senkt. Aber vom Menschen wurde lange geglaubt, er sei ein spezielles Säugetier, eine Ausnahme, und er könne ein Leben lang seinen hohen Laktasespiegel aufrechterhalten. Nun ist es aber klar geworden, daß das auf die Absetzung folgende Absinken beim Menschen ebenso stattfindet, obschon der Grad des Abfalles von Gruppe zu Gruppe beträchtlich variieren kann.

Vor kurzem durchgeführte Umfragen haben ergeben, daß in Nordamerika 58 bis 100 % der von Eskimos, nordamerikanischen Indianern, Afrikanern südlich der Sahara und Asiaten Abstammenden laktose-intolerant sind. Bei den weißen Amerikanern ist der Prozentsatz niedriger, aber es sind doch bis zu 24 %. Einige Wissenschaftler haben die Meinung geäußert, daß die meisten Erwachsenen auf unserem Planeten Laktose nicht verdauen können und daß nicht Unverträglichkeit, sondern eher Laktoseverträglichkeit das Anomale sei. Sie haben betreffend dieser Anomalie folgende Theorie entwickelt: Vor der Domestizierung der milchproduzierenden Tiere hatte der Mensch, wie alle Säugetiere, während der Stillperiode einen hohen Laktasespiegel, der sich nach der Absetzung beträchtlich senkte. Mit dem Aufkommen der Milchwirtschaft änderte sich der normale Zustand der Laktoseunverträglichkeit bei einigen Völkern, die als «abartige» Individuen während ihres ganzen Lebens eine hohe intestinale Laktaseaktivität beibehielten.

Wenn Sie unter Völlegefühl im Magen, Bauchkrämpfen und Diarrhöe leiden, die im Zusammenhang mit Laktose-Intoleranz stehen könnten, wie können Sie dann herausfinden, ob sie es auch wirklich tun?

Eine Möglichkeit besteht darin, daß der Arzt einen Laktose-Toleranztest macht. Zu diesem Zweck brauchen Sie bloß

eine bestimmte Menge Milch zu trinken, und dann wird Ihnen etwas Blut entnommen. Die Blutprobe zeigt dann einen hohen Zuckerspiegel, wenn Sie keinen Laktasemangel haben und Ihre Störungen in keinem Zusammenhang mit Unverträglichkeit stehen, weil durch eine genügende Laktaseproduktion die Laktose absorbierbar gemacht wurde, was ihr gestattete, in den Blutkreislauf zu gelangen. Im Gegensatz dazu zeigt ein niedriger Zuckerspiegel Überempfindlichkeit an.
Es gibt aber auch noch andere Möglichkeiten, die Laktose-Toleranz herauszufinden. Sie können während einer ganzen Woche Ihren Milchverbrauch herabsetzen oder überhaupt keine Milch mehr trinken und dann beobachten, ob die Symptome verschwinden. Oder Sie können das Gegenteil tun und zwei Glas kalte Milch, die mehr Symptome zu produzieren scheint als gewärmte, auf den leeren Magen trinken. Das dürfte eigentlich genügen, um den Zusammenhang zwischen Milch und Bauchschmerzen zu demonstrieren.
Stellt es sich heraus, daß Überempfindlichkeit gegen Laktose die Ursache Ihrer Beschwerden ist, dann ist die Vermeidung der Symptome einfach.
Die meisten der Laktose nicht vertragenden Menschen können zwar nicht ungestraft größere Mengen Milch trinken, aber sie können ohne weiteres Milch in Zerealien und im Kaffee zu sich nehmen. Sie werden gleich vielen anderen feststellen können, daß Sie keinen Ärger haben, wenn Sie Milch zu den Mahlzeiten trinken und nicht auf nüchternen Magen, und wenn Sie auf den Genuß eisgekühlter Milch verzichten.
Sie können sich auch mit Milchprodukten trösten. Joghurt, Hartkäse und andere ähnliche Meiereiprodukte haben einen niedrigeren Laktosegehalt, weil die Laktose während der Verarbeitung fermentiert wurde zu Milchsäure.
Eine Neuerfindung ist für die Laktoseüberempfindlichen vielversprechend. An mehreren Universitäten haben Forscher mit einem von der Hefe stammenden Laktaseenzym experimentiert. Wird es in kleinen Mengen der Milch beigegeben, so spaltet es die Laktose auf. Die mit diesem Enzym behandelte Milch hat den gleichen Nährwert wie die normale. Der einzige Unterschied besteht in einem etwas süßeren Geschmack, was die meisten Testpersonen akzeptabel fan-

den und einige sogar wünschenswert. Die mit dem Enzym behandelte Milch kann als abgerahmte Milch und Vollmilch getrunken werden, und man kann aus ihr Eiscreme, Hüttenkäse, Joghurt und Pudding machen. Eine Molkerei hat damit begonnen, Milch mit diesem Enzym vorzubehandeln, und viele andere wollen dem Beispiel folgen.

### *Die Story vom Sodbrennen*

Sodbrennen braucht man kaum zu definieren. Zu irgendeinem Zeitpunkt haben fast alle von uns dieses Gefühl des Brennens in der Speiseröhre hinter dem Brustbein gespürt. Ein gelegentliches Sodbrennen ist nicht der Rede wert. Es gibt jedoch Leute, die an chronischem, häufig wiederkehrendem Sodbrennen leiden.

Schlagen Sie in populärwissenschaftlichen Büchern, die von Gesundheit und Medizin handeln, unter «Sodbrennen» nach, so werden Sie mit ziemlicher Sicherheit lesen, daß «nervöse Leute, die unter großem Streß stehen», chronisch an Sodbrennen leiden. Und auch in wissenschaftlichen Abhandlungen und medizinischen Lehrbüchern kann man Behauptungen lesen wie «Es besteht überhaupt kein Zweifel, daß seelische Probleme, Erregung und nervöse Spannung häufig die Ursache von Sodbrennen sind.»

Es bezweifelt kein Mensch, daß in vielen Fällen von Sodbrennen psychogene Einflüsse mitspielen. Das heißt aber noch lange nicht, daß alle, die darunter leiden, notwendigerweise emotionell gestört, erregt, nervös, angespannt oder gestreßt sind. Und selbst bei denen, auf die das zutrifft, können noch andere Faktoren im Spiel sein.

Zum Sodbrennen gehört der Reflux, das nicht normale Zurückfließen von Nahrung samt Magensäure aus dem Magen die Speiseröhre hinauf, wo die Magensäure reizt und brennt. Für gewöhnlich ist der Reflux von einem Krampf begleitet, einem anomalen Zusammenziehen der Muskeln des Oesophagus. Der Krampf bewirkt in der Regel ein drittes Phänomen: das Luftschlucken, durch das der Körper versucht, dem Krampf entgegenzuwirken. Das Schlucken von Luft erweitert den Oesophagus und unterbindet dadurch die Zusammenziehung der Muskeln. Und nach dem Schlucken wird etwas von der Luft wieder hochgerülpst. Auch das Rülpsen dient der Unterbrechung des Krampfs. Nicht alle geschluckte Luft wird sogleich wieder ausgestoßen, und was übrigbleibt, kann dann den Magen erweitern und ein Völlegefühl bewirken.

Das Hauptproblem ist jedoch die muskelähnliche, etwa 3 cm lange Region am untern Ende der Speiseröhre, wo diese in den Magen führt. Sie heißt Sphincter und dient als Klappe. Sie öffnet sich, um die Nahrung von der Speiseröhre in den Magen einzulassen. Hierauf schließt sie sich, um das Regurgitieren des Mageninhalts zu verhindern. Oder sie sollte es wenigstens tun.

Die Bedeutung des Sphincters ist erst kürzlich erkannt worden.

Früher glaubte man, chronisches Sodbrennen sei eine Folge einer Zwerchfellhernie, eines Spalts im Zwerchfell, dem gewölbeähnlichen Muskel zwischen Brust und Abdomen, durch welchen die Speiseröhre führt. Ist dieser Spalt sehr groß, so kann es geschehen, daß ein Teil des Magens in den Brustraum hinaufreicht, und man glaubte, daß diese Wölbung eine häufige Ursache für das Zurückfließen des Mageninhalts in die Speiseröhre sei. Aber in den letzten Jahren haben viele Forscher entdeckt, daß nicht alle Menschen mit Zwerchfellhernie unter Sodbrennen leiden und daß Leute, die dauernd unter Sodbrennen leiden, keine Zwerchfellhernie haben. Das Grundproblem liegt bei der Klappeninsuffizienz. Ebenfalls in den letzten Jahren haben Studien erwiesen, daß beim normalen Menschen der Rest- oder Basalsphincterdruck groß genug ist (etwa 15 Millimeter Quecksilbersäule), um ihn zu schließen und den Reflux zu verhindern. Aus den Studien ging ferner hervor, daß der Druck nach jedem Bissen und auch als Reaktion auf Verstärkung des interabdominalen Drucks, wie er bei Gymnastik vorkommen mag, steigt. Auch dies geschieht zur Vermeidung des Refluxes.

Bei Patienten mit Reflux ist hingegen der Basalsphincterdruck unter dem normalen Wert (weniger als 10 Millimeter Quecksilber), und der Druck steigt auch nach dem Essen oder nach körperlicher Betätigung nicht an wie bei Gesunden. Als Folge der Verschlußunfähigkeit des Spincters kann es zu Reflux kommen, sowohl wenn der Patient ruht oder

schläft als auch nach dem Essen und nach körperlicher Anstrengungen.
Obschon wir noch nicht wissen, wie es zu einer Klappeninsuffizienz kommt, ist die Entdeckung ihrer Rolle beim Sodbrennen von großem praktischem Wert. Sie hat zu Untersuchungen und Studien geführt, aus denen wir jetzt wissen, was den Sphincter positiv und negativ beeinflußt, welche Substanzen, eingeschlossen Nahrung und Medikamente, seinen Druck vermindern und dadurch verhindern, daß er sich ganz schließt, und welche Substanzen den gegenteiligen, nützlichen Effekt haben.
Die Studien beweisen, daß der Sphincterdruck durch Gastrin stimuliert wird, ein Hormon, das der Magen während des Essens produziert und in geringeren Mengen auch zu anderen Zeiten. Ein anderes Hormon, Cholezystokinin, das auch während des Essens produziert wird, vermindert hingegen den Druck. Und gewisse Speisen können das Sodbrennen beeinflussen, weil sie sowohl auf Gastrin als auch auf Cholezystokinin und die Säureabsonderung einwirken.
Fette Nahrung stimuliert Cholezystokininsekretion und reduziert dadurch den Druck. Stark zuckerhaltige Nahrung kann beim Reflux eine Rolle spielen, weil sie die Absonderung der Magensäure anregt, aber nicht zugleich auch einen verstärkten Durck bewirkt. Protein jedoch stimuliert die Gastrinsekretion, wodurch der Druck verstärkt wird, und wirkt den Einflüssen von Fett und Zucker entgegen. Es wurde festgestellt, daß der Druck bei gesunden Testpersonen nach einem eiweißreichen Mahl stetig ansteigt und sich nach einer fettreichen Mahlzeit aber wesentlich abschwächt.
Aufgrund der individuell unterschiedlichen Empfindlichkeit verstärken gewisse Nahrungsmittel bei einigen Menschen das Sodbrennen, bei andern nicht. Zu den häufigsten Missetätern in dieser Gruppe gehören Knoblauch, Zwiebeln und Pfeffer. Auch Alkohol kann einigen Menschen diesbezüglich Beschwerden verursachen, da er den Sphincterdruck herabsetzt und gleichzeitig die Säuresekretion verstärkt. Die Rolle des Kaffees ist fragwürdig. Man hatte angenommen, daß das Koffein im Kaffee die Säuresekretion verstärken und den Sphincterdruck abschwächen würde. Aber Spezialuntersuchungen haben gezeigt, daß Kaffee zwar wirklich die

Säureabsonderung stimuliert, aber eher eine Verstärkung statt eine Abschwächung des Sphincterdrucks bewirkt.
Und doch glauben einige Ärzte aufgrund ihrer Erfahrungen mit Patienten, die an Sodbrennen leiden, immer noch, daß Kaffee einer der Missetäter ist. Sie berichten, daß das Auftreten von Sodbrennen bei starken Kaffeetrinkern seltener wurde, wenn sie auf koffeinfreien Kaffee umsattelten oder überhaupt auf Kaffee verzichteten. Sie stellten auch Besserungen bei Patienten fest, die weniger Koladrinks, Kaffee und Tee zu sich nahmen, die alle koffeinhaltig sind.
Merkwürdigerweise bewirkt Zitronensaft bei einigen Patienten Sodbrennen, obschon niemand weiß warum. Ein Rätsel ist auch, warum in schwimmendem Fett Gebratenes zu Sodbrennen führen kann, in der Pfanne Gebratenes aber keine Beschwerden verursacht. Und warum frisches Brot, speziell Roggenbrot und Pumpernickel, weniger gut vertragen werden als altbackenes Brot.
Zigarettenrauchen war ebenfalls verdächtig. Aber erst die Untersuchungen britischer Forscher am königlichen Spital in Hull haben überzeugende Beweise für seine Schuld erbracht. Die Wissenschaftler, die mit Testpersonen beider Geschlechter zwischen 24 und 71 Jahren, alles chronischen Rauchern und Sodbrennenopfern, arbeiteten, zeichneten mit Hilfe eines Apparates den Sphincterdruck auf. Der Druck fiel bei einem Durchschnitt von 40 % während des Rauchens, und zwar begann das Absinken zwischen einer bis vier Minuten nach dem Anzünden der Zigarette. Die Meßinstrumente erlaubten auch eine Aufzeichnung von Säure in der Speiseröhre, was ein Beweis für den Reflux sein würde. Und wirklich fand ein Reflux statt, und zwar so stark, daß er bei 68 % während der Zeit des Rauchens oder nachher Sodbrennen bewirkte.
Der erste Schritt für jeden, der an chronischem Sodbrennen leidet, besteht darin, es mit einer Änderung des Speisezettels zu versuchen und weniger Nahrung zu sich zu nehmen, die den Sphincterdruck herabsetzt, und dafür mehr von der, die ihn steigen läßt. In manchen Fällen ist damit das Problem schon gelöst.
Das würde heißen, so gut wie möglich in Fett gekochte oder fetthaltige und zuckerreiche Speisen zu vermeiden. An ihrer Stelle sollte eiweißreiche Nahrung bevorzugt werden, die

eine Verstärkung des Sphincterdrucks bewirkt und den druckvermindernden Wirkungen unvermeidlicher Fett- und Zuckerbestandteile der Nahrung entgegenarbeitet.
Andere Diätmaßnahmen, die einen Versuch wert sind: Reduzierung oder Eliminierung des Kaffeekonsums oder Umsteigen auf koffeinfreien Kaffee nebst einer zeitweiligen Vermeidung von Knoblauch und Zwiebeln und andern Nahrungsmitteln, die man als sodbrennenbegünstigend betrachtet. Weitere Maßnahmen, die einen Versuch wert sind: Reduzierung oder Eliminierung von Alkohol- und Zigarettengenuß.
Da das Sichzurücklehnen oder das Sichhinlegen kurz nach einer Mahlzeit den Reflux erleichtert, weil der Magen ja dann noch voll ist, sollten der Verdauungsschlaf und schwere Mahlzeiten kurz vor dem Zubettgehen vermieden werden. Wartet man nach dem Essen zwei oder mehr Stunden, bevor man sich hinlegt, so erspart man sich die lästigen Symptome.
Einigen Patienten bringt auch folgendes Erleichterung: Man erhöhe das Kopfende des Bettes um etwa 15 bis 20 cm, so daß die Schwerkraft dem Regurgitieren entgegenwirken kann. Und weil enge Kleider den interabdominalen Druck verstärken können, sollte man auf sie verzichten.
Mittel gegen Magensäure? Sie haben keinerlei Wirkung auf die Ursache des Reflux, die Sphincterinsuffizienz, wirken aber auf die Magensäure ein und neutralisieren sie, was zur Linderung führt. Die Ärzte weisen jedoch auf folgendes hin: Je stärker die Antazidtätigkeit ist und je unmittelbarer sie wirkt, desto stärker ist auch die reaktive Hyperazidität, was heißt, daß der Magen stimuliert wird, innerhalb etwa einer halben Stunde zusätzlich Säure zu produzieren. Viele Patienten haben herausgefunden, daß doppelt kohlensaures Natron schneller wirkt als die handelsüblichen Mittel gegen Magensäure, aber die schnelle Wirkung läßt auch schnell wieder nach. Und häufiger Gebrauch ist wegen des Natriums nicht ratsam, weil zu viel Natrium eine Erhöhung des Blutdrucks bewirken kann.
Einige der handelsüblichen Mittel gegen Magensäure enthalten Kalziumkarbonat oder ein anderes Kalziumsalz. Gegen ihren gelegentlichen Gebrauch läßt sich nichts einwenden, aber eine exzessive Zuführung von Kalzium enthal-

tenden Präparaten über einen längeren Zeitraum kann zu Kalziumüberschuß im Blut und zu Nierenstörungen führen. Zu den Antaziden, die von vielen Ärzten empfohlen werden, gehören die, die kein Kalzium sondern Aluminium- und Magnesiumtrisilikat und -hydroxyd enthalten.
Für etwas über 80 % der an chronischem Sodbrennen Leidenden können Veränderung der Kost, Vermeidung des Sichhinlegens kurz nach den Mahlzeiten und vielleicht gelegentlich ein Magensäuremittel Linderung verschaffen. Wer aber mehr als zweimal pro Woche ein Mittel gegen Magensäure schluckt, täte besser daran, zum Arzt zu gehen, um sicher zu sein, daß keine ernsthafte Krankheit, wie Magengeschwür, Krebs oder ein Herzleiden vorliegt, und daß alles nur von diesem lästigen Reflux stammt.
Eine sehr taugliche Diagnosehilfe, der Bernstein-Test, der in jeder Arztpraxis gemacht werden kann, besteht darin, daß der Grund des Schlundes anästhesiert und hierauf via Einführung eines kleinen Röhrchens eine Säurelösung in den Oesophagus getropft wird. Liegt's am Reflux, so wird die Säure die typischen Symptome produzieren. Der Test ist auch insofern nützlich, als er vielen Patienten die Angst vor Schlimmerem nimmt.
Jene vielen, denen bisher noch kein Mittel gegen Sodbrennen geholfen hat, sollten es einmal mit einem gegen Rezept erhältlichen Medikament versuchen, dem Bethanechol. Bethanechol ist schon lange auf dem Markt und hat sich bei der oft auf Operationen folgenden Harnverhaltung als sehr nützlich erwiesen, weil es einen Wirkstoff enthält, der die Harnblasenmuskulatur sich so stark zusammenziehen läßt, daß die Blase sich leert. Ärzte im Marinespital in Philadelphia haben nachgewiesen, daß dieses Medikament den Sphincterdruck verstärkt, und aus ihren Berichten geht hervor, daß neunzig Prozent der an chronischem Sodbrennen leidenden Patienten sich nach der Behandlung mit diesem Medikament erheblich besser fühlten.

# 14. Nicht alle Kopf- und Gesichtsschmerzen sind nervöser Natur

«Kopfweh», wurde gesagt, «ist oft eine Beschwerde des Körpers gegen einen Zustand des Geistes». Das ist keine schlechte Definition. Sie trifft auch zu für viele andere Kopf- und Gesichtsschmerzen. Aber es ist nicht die Regel, und in Tat und Wahrheit kommt es weniger häufig vor, als gemeinhin geglaubt wird. Unlängst betrat ein Mann mit chronischen Kopfschmerzen die Praxis eines Zahnarztes und erklärte, er sei schon bei einem Internisten, einem Neurologen, einem Nasen- und Halsspezialisten und einem orthopädischen Chirurgen gewesen, aber keiner hätte ihm helfen können.

«Ja, aber warum haben Sie es denn unterlassen, einen Psychiater zu konsultieren?» fragte der Zahnarzt erstaunt.

«Weil ich selber ein Psychiater bin», gab der Patient zur Antwort, «und weil ich ganz genau weiß, daß es sich hier nicht um psychosomatische Schmerzen handelt.»

Er hatte Recht. Und der Zahnarzt fand die Ursache rasch heraus und behob sie auch. Es handelte sich um eine Unterkiefergelenkstörung.

Der gleiche Defekt ist verantwortlich für falsch diagnostizierte chronische, nicht enden wollende Nacken- und Gesichtsschmerzen, scheinbares Ohrenweh, scheinbare Stirnhöhlenbeschwerden, Spannungskopfschmerz und vieles andere. Unter Kiefergelenkstörung leiden schätzungsweise 20 % der Bevölkerung — und bei den meisten Patienten wird sie übersehen.

Ihre Opfer sind Patienten, die von einem Arzt zum andern gehen mit einer Menge zusammenhangloser Symptome. Manche haben funktionelle Störungen — sie können den Mund nicht öffnen oder schließen, manche haben Schmerzen, die denen der Migräne ähnlich sind, Stirnhöhlenbeschwerden, andere atypische Gesichtsschmerzen, die den Schmerztic bei Trigeminusneuralgie kopieren oder eine temporäre Arthritis oder Nacken- und Schulterschmerzen. Wieder andere haben zwar keine Schmerzen, beklagen sich aber über Schwindel, Tinnitus (Ohrensausen) und subjektiven Gehörverlust. Dr. Nathan A. Shore, Dozent an der Zahnärztlichen Fakultät der Universität New York, der mehr als 2800 solcher Patienten behandelt hat, erklärte: «Vielen wurde gesagt, daß sie an psychosomatischen Beschwerden litten und daß sie lernen müßten, mit ihrem ‹eingebildeten› Leiden fertig zu werden. Die Sache verhält sich aber so, daß die Schmerzen sie neurotisch machen und nicht eine Neurose ihnen Schmerzen bereitet.».

Unter Shores Patienten befanden sich solche, denen «therapeutisch» Kranialnerven durchgetrennt wurden und andere, die sich aus schierer Verzweiflung über die nicht enden wollenden Schmerzen sämtliche Zähne, die alle gesund waren, hatten ziehen lassen. Erst vor wenigen Jahren wurde ein Gutachten veröffentlicht, in dem es hieß, daß «viele Ärzte und Zahnärzte das Syndrom entweder nicht kennen oder altmodische Vorschriften für Diagnose und Behandlung der Kiefer-Fehlfunktionen befolgen.»

Das mandibulotemporale Gelenk, das Scharniergelenk vor dem Ohr, an dem der Unterkiefer hängt, wird fast konstant beansprucht. Wir schlucken 1500 bis 2000 Mal pro Tag, essen mindestens drei Mal täglich und reden und bewegen Gesicht und Unterkiefer.

Aus den verschiedensten Ursachen kann es nun bei diesem Gelenk zu Dysfunktionen kommen. So kann zum Beispiel der Kiefer ausgerenkt werden durch einen Kinnhaken oder einen Schlag auf den Kopf. Dasselbe kann geschehen, wenn beim Zubeißen oder beim Gähnen der Mund zu weit oder zu lange geöffnet wird. Bei Auffahrkollisionen erleidet ein beträchtlicher Prozentsatz der Opfer das gleiche Schicksal. Bei einem solchen Unfall bewegt sich der Körper des Opfers nach vorne, während sein Kopf zurückgerissen wird. Oft wird dabei der Mund aufgerissen und dann schlagen die Zähne mit voller Kraft zusammen. Auch ein schlechter Biß kann zu Störungen führen. Zu einem solchen kann es kommen, wenn ein Zahn fehlt und der Unterkiefer dadurch aus seiner normalen Lage gerät. Das führt zu einem Fluchtungsfehler des Gelenks. — Eine häufige Ursache sind das Zusammenbeißen der Zähne und das Zähneknirschen. Solche Gewohnheiten können Muskelkrämpfe bewirken, die Zahn-

höcker abschleifen und die Zähne aus der normalen Bißstellung drängen. Untersuchungen haben ergeben, daß einige der Patienten auf Streß mit Zähneknirschen reagieren, während andere Menschen im gleichen Fall wahrscheinlich Herzklopfen oder andere Symptome zeigen.
Selbst Gewohnheiten wie Nägelbeißen, konstantes Kaugummikauen, die Unterlippe beißen oder das Benagen der Wangenschleimhaut können auf die Dauer durch die zusätzliche Belastung der Unterkiefermuskeln dem Gelenk Schaden zufügen.
Unterkiefer-Dysfunktion ist eine verwirrende und rätselhafte Störung. Sobald das Gelenk nämlich nicht mehr tadellos funktioniert, wird das Gleichgewicht der Muskeln und Ligamente, die die Bewegungen des Kiefers kontrollieren, gestört. Die Muskeln reagieren dann mit Krämpfen (oder unwillkürlichem Zusammenziehen), was natürlich schmerzhaft ist. Der Schmerz nun kann ziemlich weit ausstrahlen, hervorschießen aus kleinen Auslösezonen, winzigen Regionen von größter Empfindlichkeit im Innern der Muskeln. Auslösezonen im Kiefermuskelsystem können dumpfe oder stechende Schmerzen im Kiefer und in den Zähnen bewirken, aber auch im Schädel, im Nacken und in den Schultern. Die Diagnose ist jedoch nicht schwer, wenn die Möglichkeit einer Dysfunktion in Betracht gezogen wird.
Sogar die Patienten selber können draufkommen, wenn ihnen auffällt, daß Schmerzen im Unterkiefer oder anderswo gelindert werden können durch Öffnen des Mundes, sich aber beim Kauen, Sprechen oder Zähneputzen verstärken; oder wenn ihnen morgens beim Erwachen auffällt, daß sie mit zusammengebissenen Zähnen geschlafen haben; oder wenn sie sich im Moment angespannter Konzentration dabei ertappen, wie sie mit den Zähnen knirschen.
Um die Kiefer-Dysfunktion leichter erkennen zu können, hat Dr. Shore, Verfasser eines zahnärztlichen Handbuches über diese Störung, eine Reihe von Tests entwickelt, die jeder Zahnarzt oder Arzt in kürzester Zeit durchführen kann. Das Abhorchen des Krachens und Knackens bei der Kieferbewegung gehört dazu. (Diese Crepitusgeräusche tönen ähnlich wie die, die man hört, wenn jemand über Kies geht.) Dann kann man auch feststellen, ob sich der Kiefer hin- und herbewegt, wenn der Mund geöffnet wird. Ein dritter Test

erfordert bloß das Abtasten (oder Palpieren) des Gelenkes auf beiden Seiten mit den Fingern und das Befühlen der Muskeln, um eventuelle Verkrampfungen festzustellen.
Ist die Scharniergelenkdysfunktion diagnostiziert, so ist die Behandlung relativ einfach. Eine Plastikprothese hat schon vielen Hunderten von Patienten geholfen. Es ist eine entfernbare Abdruckplatte, die an den oberen Zähnen befestigt wird. Dadurch, daß nun die oberen Zähne von den unteren getrennt werden, kann der Unterkiefer langsam wieder in seine ursprüngliche Lage zurückkehren, wodurch die Krämpfe verschwinden und das Gelenk wieder normal funktionieren kann. Außer während des Essens und des Zähneputzens wird die Platte während vier Monaten nicht entfernt. Wird sie dann herausgenommen, so können die Kauflächen der Zähne, die einen korrekten Kieferschluß allenfalls verhindern, zurechtgeschliffen werden. Bei einigen Patienten wird auch die Herstellung des Gleichgewichts im Gebrauch der Kiefermuskeln notwendig sein. Es handelt sich bei ihnen um Menschen, die beim Kauen eine Seite bevorzugen. Diese Patienten müssen dazu gebracht werden, bewußt auch auf der andern Seite zu kauen, und man kann ihnen auch einige einfache Übungen vorschreiben. Eine besteht darin, mit der Zungenspitze weit hinten das Gaumendach zu berühren und dann den Mund weit zu öffnen. Dies hilft bei der Herstellung des Gleichgewichts der Muskeln und erlaubt, die Crepitusgeräusche zu kontrollieren. Bei einer andern Übung wird der Kiefer oft von der schwachen auf die starke Seite bewegt, damit die schwachen Muskeln trainiert werden. Zur Linderung der Krämpfe können die Patienten dreimal täglich während zehn Minuten einen feuchtheißen Umschlag auf beide Seiten des Gesichts machen und eine Zeitlang eine ganz leichte Diät einhalten. Bei einigen Fällen können auch für eine gewisse Zeit schwache Analgetika (Schmerzmittel) zusammen mit Muskelentspannungsmitteln eingenommen werden.
Die Ergebnisse werden auch bei bisher unbeeinflußbarer Dysfunktion erstaunlich sein.
Zum Beispiel: Eine 38jährige Frau litt an einem starken dumpfen Schmerz in der rechten Wange, der sich steigerte, bis die Schläfe pulsierte. Sie schrieb ihn einem intermittierenden Kopfweh zu. Zwar ließ der Schmerz während der

Nacht etwas nach, aber oft mußte sie auch dann zu einem Mittel greifen. Am stärksten trat der Schmerz am späten Nachmittag und am Abend auf, und oft nützten auch die Mittel nichts. Plötzliche Wetterumschläge hatten gräßliche Schmerzanfälle zur Folge. Manchmal konnte sie eine zeitweilige Linderung herbeiführen, indem sie die Hände gegen ihre Backenknochen preßte oder indem sie die Wangenhaut während mehreren Minuten zwischen die Zähne klemmte. Ihr Hausarzt tippte auf eine Kieferhöhlenentzündung, aber die Behandlung erwies sich als wirkungslos. Einige Monate vor dem Einsetzen der Schmerzanfälle hatte man ihr einen Weisheitszahn gezogen, und bei einer Routinekontrolle entdeckte der Zahnarzt neben dem zweiten Molar oben rechts eine nicht geheilte Spalte nebst einem Knochensplitter und einem Stückchen Zahnwurzel. Die Spalte wurde behandelt. Der Schmerz blieb. Hierauf wurde ihr der Vitamin-B-Komplex injiziert, aber es zeigte sich keine Besserung. Die Möglichkeit eines Schmerztics, einer äußerst unangenehmen Störung der Gesichtsnerven, wurde in Betracht gezogen. Eine Untersuchung ergab nichts. Ein Verdacht auf Gelenkentzündung erwies sich als gegenstandslos. Kortisonspritzen brachten keine Erleichterung. Nachdem auch eine neurologische Untersuchung nichts ans Licht gebracht hatte und Röntgenbilder des Schädels keinerlei Abnormitäten zeigten, wurde die Patientin für spezielle Tests in ein Spital eingewiesen. Während zwei Wochen wurde sie gründlich untersucht, aber auch weitere Röntgenaufnahmen, Bluttests, ein Elektroenzephalogramm und eine Lumbalpunktion ergaben nur negative Ergebnisse. Der Schmerz dauerte an.

Endlich verfiel jemand auf Kiefer-Dysfunktion, die sich denn auch leicht nachweisen ließ, nicht nur durch die simplen Tests, die wir schon erwähnt haben, sondern auch durch Röntgenaufnahmen des Gelenks. Sechs Wochen nach Beginn der Behandlung der Dysfunktion waren alle Schmerzen verschwunden. Die Nachuntersuchung der folgenden fünf Jahre haben kein Wiederauftauchen ergeben.

Eine Untersuchung, die an 112 Patienten mit chronischen Kopfschmerzen, von denen viele als Migräne diagnostiziert worden waren, durchgeführt wurde, ergab, daß sämtliche Patienten, die alle aus einer Spezialklinik zur Behandlung von Kopfschmerzen eingewiesen worden waren, nachdem man ihnen dort auch nicht hatte helfen können, und von denen einige neben den Kopfschmerzen noch andere Symptome hatten, an Dysfunktion des mandibulotemporalen Gelenks litten.

Nachdem die Störung behoben worden war, verminderten sich auch bei allen außer neun die Kopfschmerzen, und 65 wurden ganz von ihnen befreit. Von 16, die auch unter Schwindel litten, wurden zwölf geheilt. Von zwanzig, die Ohrenschmerzen hatten, 19, und von 38 mit Ohrgeräuschen wurden 31 geheilt.

Dr. Arnold Gessel von der Universität von Pennsylvania hat mit Hilfe der Biofeedbackmethode 100 Patienten behandelt, die aufgrund einer durch Zähnezusammenbeißen entstandenen Kiefer-Dysfunktion unter Spannungskopfschmerzen litten.

Dank Elektroden, die an ihren Kiefermuskeln angesetzt werden und mit einer elektronischen Apparatur verbunden sind, können die Patienten die verstärkten Geräusche der Muskelzusammenziehung und der Muskelentspannung hören. Der Ton wird lauter, wenn die Zähne zusammengebissen werden und leiser bei der Entspannung. Durch die Übungen mit dem Apparat lernen sie oft, ihre Muskeln zu entspannen, und in der Folge können sie es auch ohne ihn schaffen. Die Erfolgsquote beträgt 80 %.

Dr. Richard J. Dohrmann hat am Gesichtsschmerzforschungscenter der Universität von Illinois Biofeedback verwendet, um Patienten mit schweren Gesichtsschmerzen, Muskelkrämpfen, Kieferknacken und begrenzter Kieferbewegung zu behandeln. Nachdem sie während sechs Wochen zwei Mal pro Woche dreißig Minuten lang gelernt hatten, wie man die Kiefermuskeln entspannt, waren 75 % der Patienten ihre Beschwerden los und auch imstande, ein Wiederkehren zu verhindern.

Kiefer-Dysfunktion ist keine Störung, die erst in jüngster Zeit erkannt worden ist. Sie ist seit vierzig Jahren bekannt und wurde in der medizinischen und der zahnmedizinischen Literatur beschrieben. Aber erst in jüngster Zeit wurde das häufige Vorkommen der Störung und ihre fast vollständige Vernachlässigung entdeckt.

In jüngster Zeit haben Spitäler und Zahnkliniken damit begonnen, spezielle Institute für die Behandlung dieser Störung einzurichten. In vielen von ihnen geht ein Team die Sache an, bestehend aus einem Zahnarzt, einem Ohren-, Nasen-, Halsspezialisten, einem Neurologen und einem oder mehreren weiteren Fachmännern, die zusammen Diagnose- und Behandlungsmethoden für die Patienten ausarbeiten.

### *Andere Kopfschmerzen — psychogene und nicht psychogene*

Nach ernstzunehmenden Schätzungen von Fachleuten leiden etwa 40 Millionen Amerikaner an häufigen Kopfschmerzen. Und das Leben von vielen, die unter schweren chronischen Kopfschmerzen leiden, dreht sich darum, wie sie den nächsten Anfall überstehen werden.

Natürlich gibt es Kopfschmerzen, die man als «sekundär» bezeichnet: Sie sind Symptome einer organischen Krankheit wie zum Beispiel Kopfverletzung, Hirntumor, Kieferhöhlenentzündung, Glaukom, Fieber, hoher Blutdruck. Und sicher muß man bei jedem Fall von chronischem Kopfweh diese Ursachen in Betracht ziehen.

Aber die am häufigsten auftretenden Kopfschmerzen sind «primär»; sie gehen, Migräne und Spannungskopfschmerzen eingeschlossen, nicht mit einer schwereren organischen Krankheit einher. Sie haben sicher auch schon oft gehört, daß der Großteil dieser primären Kopfschmerzen durch emotionellen Streß verursacht werde. So wurde zum Beispiel gesagt, daß das häufigste Vorspiel zu einem Migräneanfall unterdrückte Wut sei und daß ein Migräneanfall «unauflösbar verbunden sei mit einer gestörten Lebenssituation oder einer noch nicht überstandenen emotionellen Krise».

Spannungskopfschmerzen werden im allgemeinen als das Resultat von seelischer Spannung betrachtet, obschon das Wort «Spannung», das zur Bezeichnung solcher Kopfschmerzen verwendet wird, sich eigentlich auf die Muskelspannung bezieht, und viele Ärzte, die etwas von ihrem Fach verstehen, ziehen hier das Wort «Muskelkontraktions»-Kopfschmerzen vor.

Können die weitverbreiteten primären Kopfschmerzen durch emotionelle Erregung bewirkt werden? Zweifellos. Aber es ist nicht die Regel. Wenn auch viele Leute inklusive einiger Ärzte emotionelle Störungen als Ursache dieser

Kopfschmerzen betrachten, besonders wenn die verschriebenen Mittel nicht helfen, so gibt es doch auch Opfer chronischer Kopfschmerzen, die selten oder gar nicht an emotioneller Störung leiden, es sei denn, sie ärgern sich über die häufig auftretenden Kopfschmerzen. Den seriösen Kopfwehspezialisten ist langsam klar geworden, daß selbst bei jenen Patienten, bei denen emotionelle Faktoren beim Auslösen der Kopfschmerzen wesentlich zu sein scheinen, die wirkliche Rolle der Emotionen nicht stärker ins Gewicht fällt als die anderen Einflüsse.

Können orale Kontrazeptiva und andere das Hormon Östrogen enthaltende Präparate bei Frauen, die unter Migräne leiden, eine Rolle spielen? Es scheint der Fall zu sein. Wie Dr. Lee Kudrow in einem Bericht in der medizinischen Zeitschrift *Headache* ausführt, haben die östrogenhaltige Antibabypille und andere östrogenhaltige Präparate sehr oft die Anfallsfrequenz erhöht. Darüber hinaus führten sie zu migräneartigen Kopfschmerzen bei Frauen, die vorher nie unter Migräne gelitten hatten. Mit der Eliminierung oder der Reduzierung der Dosis der östrogenhaltigen Medikamente verringerte sich die Anfallsfrequenz beträchtlich.

Um den wiederholten Migräneanfällen zu entgehen, haben viele ihrer Opfer zu den verschiedensten, manchmal ausgefallensten Diäten gegriffen. Doch trotz vieler Mißverständnisse betreffend Diät und Migräne haben gewisse Diäten sich bei manchen Fällen von Migräne als Heilmittel erwiesen. Gewisse Nahrungsmittel können bei Leuten, die zu Migräne neigen, eine Wirkung auf die Blutgefäße haben, die zu einem Anfall führt. Zu ihnen gehören Rotwein und Champagner, alter Käse und Hartkäse (besonders Cheddar), Hühnerleber, Puffbohnen, gesalzener Hering und Büchsenfeigen. Ihre Vermeidung dürfte nichts schaden. Bei manchen Fällen hat auch gesalzenes Fleisch inklusive Frankfurter, Schinken, Speck und Salami einen negativen Einfluß, und auf sie zu verzichten ist einen Versuch wert. Natriumglutamat in zu großen Mengen kann Migräneanfälle auslösen und sollte vermieden werden. Es ist Hauptbestandteil fast aller Streuwürzen.

Die Migränepatienten tun auch gut daran, Hypoglykämie, Verminderung des Blutzuckers, zu verhindern. Lieber nur einige wohlausgewogene Mahlzeiten zu sich nehmen, und

darauf achten, daß sie nur wenig Zucker oder Stärke enthalten.
Einem Forscher ist unlängst aufgefallen, daß Brezeln, Chips und Nüsse, vor allem wenn sie auf einen leeren Magen gegessen werden, innerhalb sechs bis zwölf Stunden einen Migräneanfall auslösen können. Dr. John Brainard von St. Paul, Minnesota, ließ ein Dutzend Patienten, alle mit einer langen Migränekrankengeschichte, über das Auftreten von Anfällen nach dem Genuß dieser Snacks vor dem Essen und bei diesbezüglicher Enthaltsamkeit Buch führen. Bei zehn von zwölf führte der Verzicht auf den Genuß dieser «Salzigkeiten» zu einer deutlichen Reduktion der Zahl der Anfälle.
Ganz unverhofft entdeckten vor einigen Jahren Ärzte, die Herzkranken, welche auch unter Migräne litten, das Medikament Propranolol verschrieben hatten, daß die Migräneanfälle weniger häufig auftraten. Es folgten Untersuchungen zwecks Nachprüfung dieses Phänomens. Für eine von ihnen wählten zwei Neurologen eine Gruppe von Patienten, deren hartnäckige Migräne bisher durch kein Mittel zu kurieren gewesen war. Während drei Monaten erhielt jeder Patient viermal täglich zwanzig Milligramm Propranolol; in den folgenden drei Monaten bekamen die Patienten zu Vergleichszwecken ein Medikament, das gleich aussah wie Propranolol, aber völlig wirkungslos war. Es stellte sich heraus, daß Propranolol bei vielen sehr wirksam war. Ein Drittel der Gruppe sprach ausgezeichnet auf das Mittel an, und schon nach einwöchiger Behandlung verschwanden die Migräneanfälle. Weitere 50 % reagierten ebenfalls positiv, und Schwere und Häufigkeit der Anfälle wurden auf die Hälfte reduziert. Warum? Wie wirkt Propranolol?
Das Blut enthält kleine ovale Körperchen, die Blutplättchen genannt werden und die unter gewissen Umständen dem Organismus äußerst wertvolle Dienste leisten können. Wenn in der Wand eines Blutgefäßes ein Riß entsteht, der zu einer Blutung führt, sammeln sich die im Blut zirkulierenden Thrombozyten am Ort des Risses und beginnen mit der Bildung eines Blutklumpens, der den Riß verstopft und die Blutung stillt. Neuere Untersuchungen an Patienten mit Krankheiten der Herzkranzgefäße weisen darauf hin, daß ein Teil ihrer Störung, vielleicht sogar der bedeutsamste, eine verän-

derte oder beschleunigte Thrombozytenklumpung ist, eine Neigung der Thrombozyten, auch dann ein Koagulum zu bilden, wenn keine Notwendigkeit dazu besteht. Und einige Untersuchungen haben ergeben, daß Propranolol dieses pathologische Geschehen normalisieren kann.

Eine Reihe von Studien aus jüngsten Jahren hat bewiesen, daß die Blutklumpenbildung bei Migränepatienten anomal ist, und die Wirksamkeit des Propranolols bei der Reduzierung oder Verhinderung der Migräneanfälle kann sehr wohl seiner Fähigkeit, die übertriebene Blutplättchenansammlung zu normalisieren, zugeschrieben werden. Aber auch andere Medikamente haben sich als taugliche Thrombozytenantagonisten erwiesen. Zu ihnen gehören Dipyridamol, Sulfinpyrazon, Fenoprofenkalzium. Viele dieser Mittel werden bei Koronarerkrankungen angewendet, und Voruntersuchungen weisen darauf hin, daß Sulfinpyrazon und Fenoprofen bei der Reduzierung von Häufigkeit und Intensität der Migräneanfälle speziell wirksam sind.

Spannungskopfschmerz ist die häufigste Art von Kopfschmerz. Der Patient hat das Gefühl, sein Kopf stecke in einem Schraubstock, und die Schmerzen im Hinterkopf, in der Stirn, an der Kopfhaut und im Nacken sind in der Regel dumpf und gleichmäßig, können aber auch sehr stechend sein. Wie wir früher schon erwähnten, ist der Spannungskopfschmerz genau betrachtet ein Muskelkontraktionskopfschmerz. Seine Ursache sind Krämpfe oder Kontraktionen der Nacken-, Gesichts- und Kopfhautmuskeln.

Was bewirkt nun diese Krämpfe? Emotionelle Faktoren? Sicher. Furcht, Frustration, Sorge, Angst sind oft die Ursachen. Von vielen Kopfwehpatienten wurde gesagt, daß sie «symbolisch eine große Last auf ihren Schultern tragen». Ein Gefühlsaufruhr überträgt sich auf die Muskeln von Gesicht, Kopfhaut und Nacken, und sie bekommen Kopfweh. Aber auch Einflüsse nicht emotioneller Natur können zu Krämpfen führen. Fast jeder Schmerz im Körper — in den Zähnen, im Nacken oder weiter entfernt — kann eine Zusammenziehung der Kopfweh verursachenden Muskeln bewirken. Muskelkontraktions-Kopfschmerzen sind oft eine Begleiterscheinung von Arthritis der oberen Wirbelsäule. Sie kann ausgelöst werden durch eine Nackenverletzung oder durch schlechte Körperhaltung, wenn sich Kopf oder Nakken über eine längere Zeit in einer unnatürlichen Stellung befinden.

Über wiederkehrende Kontraktionskopfschmerzen darf nicht mit der leichtfertigen Annahme, daß es sich um eine seelische Störung handle, hinweggegangen werden. Sie verdienen eine gründliche medizinische Untersuchung, denn auch wenn offensichtliche seelische Störungen vorhanden sind, können die Kopfschmerzen sehr wohl auch noch organische Ursachen haben, die es der Seele erleichtern, Krämpfe und Schmerzen auszulösen.

Die Spannungsschmerzen können mit verschiedenen Medikamenten behandelt werden. Bei einfachen Fällen dürften Schmerzmittel wie Aspirin oder Azetaminophen genügen. Auch die Verschreibung von Tranquilizern ist angezeigt, denn neben ihren beruhigenden Substanzen haben Präparate wie etwa Valium und Librium muskelentspannende Eigenschaften. Manchen Patienten bringen Wärme und Massage Erleichterung, Stützkragen, die eine aufrechte Haltung erzwingen, Übungen zur Entspannung der Nackenmuskulatur und Schlafen auf einer Nackenrolle.

Oft werden für Wochenend- und Ferienkopfschmerzen emotionelle Faktoren verantwortlich gemacht, eine Unfähigkeit zur Entspannung, das zwanghafte Bedürfnis, immer zu arbeiten. Bei vielen Fällen trifft das zu, bei mindestens ebenso vielen aber nicht.

So haben neuere Studien gezeigt, daß zum Beispiel viele Leute wochentagaus — wochentagein große Mengen von koffeinhaltigen Getränken zu sich nehmen und damit schon früh am Morgen anfangen. So sind sie also an den vasokonstriktorischen, das heißt gefäßverengenden Effekt des Koffeins gewöhnt. Da sie nun in den Ferien und am Wochenende ausschlafen können, nehmen sie weniger Koffein zu sich, was eine Erweiterung der Blutgefässe bewirkt und damit zu Kopfschmerzen führen kann. Abgesehen von Koffein können Wochenend- und Ferienkopfschmerzen auch von den mit längerem Schlaf verbundenen längeren REM-Schlafphasen stammen. Man hat nämlich festgestellt, daß schon im Schlafe auftretende Kopfschmerzen in der REM-Schlafphase beginnen.

Nitrit ist eine Chemikalie, die oft als Konservierungsmittel bei eingesalzenem Fleisch gebraucht wird. Die Nitrite, die

Salze der salpetrigen Säure, dienen auch zum Festwerdenlassen der Farben, die dem Fleisch ein frisches, rosiges Aussehen verleihen. Überempfindlichkeit auf Nitrite erklärt bei manchen Leuten das Auftreten von ansonst unerklärlichen Kopfschmerzen, die allzurasch emotionellen Ursachen zugeschrieben werden.

Ein 58jähriger Mann litt während sieben Jahren an mäßigen, nicht pulsierenden Kopfschmerzen, die gewöhnlich mehrere Stunden dauerten und oft von Gesichtsrötungen begleitet wurden. Schlußendlich stellte sich heraus, daß die Anfälle sich immer eine halbe Stunde nach dem Genuß von eingepökeltem Fleisch, Frankfurtern, Schinken, Speck und Salami einstellten.

Da kein anderes Nahrungsmittel und auch kein anderes Getränk diese Symptome hervorrief, und er im übrigen auch gar nicht zu Kopfschmerzen neigte, führten zwei Ärzte von der neurologischen Abteilung der Universität von Kalifornien Tests durch, um herauszufinden, ob die Nitrite in dem eingesalzenen Fleisch die Schuldigen seien.

Der Patient mußte geschmacklose, geruchlose Lösungen trinken, die manchmal 10 Milligramm Natriumnitrit und manchmal die gleiche Menge doppeltkohlensaures Natrium enthielten. Er trank dreizehnmal Natriumnitrit und bekam achtmal Kopfschmerzen davon.

Eine Bettdecke, oder genauer gesagt, das Schlafen mit über den Kopf gezogener Bettdecke, scheint ein unwahrscheinlicher Grund für rätselhafte Kopfschmerzen zu sein. Vor nicht allzulanger Zeit hat Dr. Gordon J. Gilbert im *Journal of the American Medical Association* über eine Reihe von Patienten, die unter solchen Kopfschmerzen litten, berichtet.

Sie können den Patienten während der Nacht wecken, oder er kann am Morgen mit ihnen aufwachen. Die Schmerzen, die überall am Kopf auftreten können, sind in der Regel hinter der Stirn am schlimmsten. Nach Dr. Gilberts Ansicht stammen sie von einem Sauerstoffmangel, der dadurch bewirkt wird, daß der Patient sich die Bettdecke über den Kopf zieht. Nach seinen Erfahrungen hören die Kopfschmerzen im Moment auf, wo der Patient seine kuriose Gewohnheit aufgibt.

Zu den Symptomen, die durch Hypoglykämie oder anomales Absinken des Blutzuckers verursacht werden, können auch Kopfschmerzen gehören. Aber bei manchen Menschen, die gar nicht hypoglykämisch sind, kann es geschehen, daß sie Kopfschmerzen bekommen, wenn sie lange Zeit, meist länger als fünf Stunden, nichts essen, und das auch dann, wenn der Blutzuckerspiegel nicht abnorm niedrig ist.

Viele chemische Bestandteile können Kopfschmerzen, die in der Regel diffus und mäßig sind, hervorrufen. Zu den häufigsten Schuldigen gehören organische Lösungsmittel wie Terpentin, Tetrachlorkohlenstoff, Benzin in Gasolin und Benzol. Kohlenmonoxyd kann Kopfschmerzen bewirken und tut das auch sehr oft bei Automechanikern und anderen Arbeitern, die an Orten tätig sind, wo die Atmosphäre von Kohlenmonoxyd geschwängert ist.

Auch viele Medikamente können als Nebenwirkung bei überempfindlichen Leuten Kopfschmerzen hervorrufen. Zu ihnen gehören einige Tranquilizer wie Equanil, Miltown und Valium.

Antihistamine wie Benadryl, Chlor-Trimeton, und Periactin können ebenfalls zu Kopfschmerzen führen. Desgleichen eine Reihe von Mitteln gegen hohen Blutdruck, wie etwa Aldaktazid, Aldomet und Reserpin und selbst einige Schmerzmittel wie Demerol und Indocid, das letztere ein Medikament gegen Arthritisschmerzen. In Tat und Wahrheit können so viele Medikamente bei dem Patienten, den es gerade trifft, Kopfschmerzen bewirken, daß Sie gut daran tun, Ihren Arzt aufzusuchen, wenn Sie nach Einnahme eines Medikamentes Kopfweh bekommen.

# 15. Dementia Senilis oder: Man soll nicht alle Greise in den selben Topf werfen

Die Situation ist bekannt, und die meisten Familien haben sie schon erlebt: Der Patient ist ein älterer Herr, manchmal allerdings noch in mittleren Jahren, und sein Verhalten zeigt bizarre Züge. Er ist in zunehmendem Maße vergeßlich und vernachlässigt seine äußere Erscheinung. Oft ist er auch reizbar und argwöhnisch. Seine Familie ist am Rande der Verzweiflung. Wird in einem solchen Fall ein Arzt konsultiert, dann stellt er gern die Diagnose Dementia senilis, wenn es sich um einen alten Patienten handelt, und Dementia praesenilis, wenn es um einen Mann mittleren Alters geht. Dieser Greisenschwachsinn wird der Verhärtung der Gehirnarterien zugeschrieben, und dagegen gibt es kein Mittel, außer vielleicht Einweisung in ein Altersheim oder eine Irrenanstalt.

Der folgende Fall spielte sich nach einem andern Szenarium ab: Ein 66jähriger Mann wurde ins Spital eingewiesen. Zwei Jahre zuvor hatte er eine Phase der Zerstreutheit und Desorientierung durchgemacht, die mit schweren, stundenlang anhaltenden Kopfschmerzen verbunden gewesen war. Von da an war's bergab gegangen, er hatte eine Persönlichkeitsveränderung durchgemacht, deren Hauptcharakteristikum der Argwohn war. Zwei Monate vor der Einlieferung war er hingefallen, allerdings ohne das Bewußtsein zu verlieren, und dann war es mit ihm immer schlimmer geworden. Bei der Einweisung war er verwirrt, desorientiert, hatte Gedächtnislücken, war verängstigt und depressiv und zeigte alle Anzeichen paranoiden Argwohns. Auch litt er an unwillkürlichem Harnlassen und Stuhlinkontinenz.

48 Stunden später, nachdem ein chirurgischer Eingriff ihn von seinem Hydrozephalus (Wasserkopf) befreit hatte, war er munter und guter Laune, wußte, wo er war, litt nicht mehr an Verfolgungswahn und ließ auch nicht mehr unter sich.

Die Entdeckung, daß Hydrozephalus in manchen Fällen die Ursache für die Altersverblödung ist, ist eines der dramatischeren Beispiele für eine Entwicklung auf einem Gebiet, das diese schon längst dringend nötig gehabt hätte. Allzuoft wird nämlich vorschnell die Fehldiagnose Altersschwachsinn gestellt, das heißt: Es handelt sich gar nicht um eine Diagnose, sondern um die Verkündung eines Vorurteils, um den Fall rasch loszuwerden. Es bestand die ausgesprochene Tendenz, Verhaltensveränderungen bei alten Leuten immer nur mit ein und derselben Ursache, der Verhärtung der Hirnarterien, in Verbindung zu bringen. Der Standpunkt, daß die Verhärtung der Hirnarterien irreversibel sei und daß es aus diesem Grunde auch nie mehr zu einer Korrektur des gestörten Verhaltens kommen könne, war weit verbreitet.

Doch braucht Senilität nicht unbedingt mit Hirnarterienverhärtung zusammenzuhängen. Viele Manifestationen geistigen «Verfalls» haben nichts zu tun mit Arterienverhärtung oder andern Krankheiten des Gehirns. Sie können durch körperliche Krankheiten, Mangelerscheinungen und Anfälle bewirkt werden, und diese können behandelt und in manchen Fällen sogar kuriert werden.

Dazu kommt, daß die Lage auch bei Hirnarterienverhärtung nicht selten alles andere als hoffnungslos ist. Andere Faktoren können Ursache der Verhaltensstörung sein. Zu ihnen gehören Infektionen, Verletzungen, Arzneimittelvergiftung, falsche Ernährung, Herzkrankheiten — eigentlich alle Krankheiten, die wir in diesem Buch behandelt haben.

«Der größte aller Irrtümer», bemerkt Dr. William Reichel vom Franklin Square Hospital, Baltimore, «ist vermutlich der, daß man stereotyp den alternden Patienten als Opfer des Altwerdens oder der Arteriosklerose bezeichnet, beides offensichtlich irreversible Prozesse. Dank dieser faulen Ausrede ersparen wir uns die Mühe, die Störungen, über die sich der Patient beschwert, einzeln unter die Lupe zu nehmen und präzise Diagnosen zu stellen. So übersehen wir viele behandelbare Störungen.»

## *Der verborgene Hydrozephalus*

Daß Kinder einen Wasserkopf haben können, ist seit langem bekannt. Das dürfte daher kommen, daß er bei ihnen nicht zu übersehen ist. Bei einem Erwachsenen verhält sich die Sache etwas anders.

Im Hirn befinden sich vier Flüssigkeit enthaltende Reservoirs, die Gehirnventrikel. Tatsächlich schwimmt das Gehirn direkt in einer Flüssigkeit, was ein ausgezeichneter Stoßdämpfermechanismus ist. Das Gehirn ist natürlich ein Teil des Zentralnervensystems, zu dem auch das Rückenmark gehört. Auch dieses wird umgeben von einer stoßdämpfenden Flüssigkeit. Wird das normale Fließen der zerebrospinalen Flüssigkeit durch einen Geburtsfehler gestört, sammelt sich die Flüssigkeit im Gehirn und erweitert die Ventrikel. Dieser Zustand heißt Hydrozephalus, und bei einem Kind bewirkt der Wasserkopf eine Vergrößerung des knöchernen Schädels. Bei einem Kind mit einem Wasserkopf wird die Flüssigkeit in den Ventrikeln zurückgehalten, und diese werden dadurch vergrößert. Die Ausweitung verbiegt die noch weichen Schädelknochen des Kindes, und der Kopf schwillt auf groteske Weise zu einem Ballon an. In den meisten Fällen beginnt die Krankheit bald nach der Geburt oder im Säuglingsalter, und wenn sie nicht entdeckt wird, so sind Kopfvergrößerung und geistige und körperliche Schäden die Folge. Beim Kind wird durch einen chirurgischen Eingriff die Flüssigkeit um das Hindernis herum und in den Blutkreislauf geleitet. Durch einen kleinen Einschnitt in der Kopfhaut und ein Loch, das die Knochenfräse in den Schädel gebohrt hat, wird ein dünner Schlauch in ein Ventrikel gesteckt und unter der Kopfhaut und der Nackenhaut zur Jugularvene durchgezogen und dann hinunter durch die Vene bis ins Herz. Man nennt dies einen atrioventrikulären Nebenschluß oder Bypaß, und er bewirkt bei Kindern wahre Wunder, indem er das Fließen der Zerebrospinalflüssigkeit wieder ermöglicht.

Der Hydrozephalus bei älteren Patienten bewirkt keine Vergrößerung des Kopfes, und es muß nicht einmal zu einem verstärkten Druck kommen. Der erste Bericht von einem Ärzteteam der Harvard Medical School, das bahnbrechende Arbeit bei Erkennung und Behandlung von Wasserköpfen bei Erwachsenen leistete, betraf drei Patienten ohne Kopfvergrößerung und verstärkten Druck im Innern des Hirns. Bei einer 63jährigen Frau hatte die Krankheit mit einer Phase von Schwäche, Schwindel und Leichenblässe begonnen, von der sie sich am anderen Tag wieder erholte. Bald schon ermüdete sie jedoch rasch, wurde vergeßlich, konnte sich nicht mehr konzentrieren, kam mit ihren täglichen Aufgaben nicht mehr zurecht, wurde unsicher auf den Beinen und begann an Inkontinenz zu leiden. Sechs Monate nach Beginn ihrer Krankheit wurde sie ins Spital eingewiesen. Im Verlaufe der vielen Untersuchungen wurde auch der Druck der Zerebrospinalflüssigkeit gemessen, und es wurde eine Röntgenaufnahme des Schädels gemacht. Beide waren normal. Eine besondere Röntgenaufnahme des Schädels nach einer Luftinjektion — einem Pneumoenzephalogramm — zeigte jedoch eine beträchtliche Vergrößerung des Ventrikelsystems. Schon kurz nach einer Operation, wie man sie bei einem Kind mit Wasserkopf macht, fühlte sie sich besser und besser. Drei Jahre später, als sie 66 war, wurden ihre intellektuellen Leistungen durch Standardtests als «überdurchschnittlich» bewertet, ihr Gedächtnis als «gut». Ebenso erstaunliche Ergebnisse wurden mit den beiden andern Patienten erzielt, von denen einer ein 62jähriger Kinderarzt war, der während sechs Monaten zunehmend an Konzentrationsschwäche und Unlust, zu handeln, gelitten hatte, an Vergeßlichkeit, unsicherem Gang und Inkontinenz.

Nach dem chirurgischen Eingriff konnte er seine Praxis weiterführen.

Von vielen andern medizinischen Zentren sind unterdessen bezüglich dieser Krankheit nur positive Berichte eingetroffen. Heute erleichtern auch neuere diagnostische Techniken (computerisierte Axialtomographie) die Entdeckung eines unerkannten Wasserkopfes.

Was verursacht ihn? Er kann sich nach einer Hirnverletzung entwickeln, nach Blutungen, Meningitis oder Gehirntumor. Er kann aber auch aus unbekannten Gründen bei Patienten entstehen, die keine der oben erwähnten Defekte haben.

Die beschriebene Operation ist keine Bagatelle und bringt, wie jeder chirurgische Eingriff, das Risiko einer Infektion und anderer möglicher Komplikationen mit sich. Wird er aber richtig durchgeführt, so kann er bei Patienten, die bis vor ganz kurzer Zeit keine Chance mehr hatten, die Krankheit unterbinden.

### *Blutverdünnung*

Eine anscheinend senile einundachtzigjährige Frau lag in einem Krankenhaus, starrte mit leerem Blick aus dem Bett, war unfähig, ihren Namen zu schreiben und hielt krampfhaft einen Stoffhund umklammert. Einige Wochen später schrieb sie einen Dankesbrief und legte den Hund weg.
Was geschehen war, nämlich die Befreiung von den Symptomen ihrer scheinbaren Senilität, wurde erreicht durch die Anwendung einer neuen Behandlungsmethode für Dementia senilis und Dementia praesenilis, die von Dr. Arthur C. Walsh, einem Psychiater, entwickelt wurde.
Die Behandlung verbindet Chemie, ein gerinnungshemmendes Präparat, mit Psychotherapie. An einer der letzten Jahresversammlungen der amerikanischen psychiatrischen Gesellschaft präsentierte Walsh die Ergebnisse einer zweijährigen Untersuchung an 49 Patienten, die an Dementia senilis und praesenilis erkrankt waren und von denen 34 auf die kombinierte Behandlungsmethode angesprochen hatten. Fast alle Patienten dieser Gruppe, so berichtete Walsh, hatten auf frühere Behandlungen anderswo nicht angesprochen, und für sie war das neue Behandlungsprogramm die letzte Zuflucht. Viele waren schon so verblödet, daß sie auch nicht mehr den Schein einer halbwegs vernünftigen Konversation wahren konnten. Nach einer Behandlungsdauer von vier Monaten waren diejenigen, bei denen die Behandlung mit Antikoagulantia plus Psychotherapie geholfen hatte, imstande, ihre Angelegenheiten wieder ohne fremde Hilfe zu regeln.
Was zu dieser Behandlungsmethode geführt hatte, war die Überlegung, daß Blutschlammbildung, die Ansammlung von roten Blutkörperchen, ein Hauptgrund für die Senilität sein könnte. Vor einigen Jahren wurde entdeckt, daß die im Verlaufe des Alterungsprozesses stattfindende Verengung der Blutgefäße die roten Blutkörperchen veranlassen kann, zu adhärieren, und diese Klumpung hindert dann die Durchblutung.

Es wurde auch darauf hingewiesen, daß neben anderen Krankheiten vor allem Diabetes und Alkoholismus die Blutschlammbildung fördern.
Zu Beginn seiner Studien hatte Walsh 15 Patienten untersucht, bei denen das Trinken einen Hirnschaden hinterlassen hatte. Zwölf von ihnen, denen andere Behandlungsmethoden nicht mehr hatten helfen können, sprachen auf die Behandlung mit Antikoagulantia an. Das gerinnungshemmende Medikament wirkt gegen den Blutschlamm. Die Blutschlammbildung, so spekulierte Walsh, konnte sehr wohl ein Vorstadium der Blutklumpenbildung sein, und da sie aufgrund einer durch Gefäßverengung bewirkten Verlangsamung der Kreislauftätigkeit entstehen kann, ist emotioneller Streß, der eine zusätzliche Adrenalinausschüttung bewirkt, welche die Tendenz zur Blutklumpenbildung verstärkt, nicht auszuschließen. Ergo würde Psychotherapie nichts schaden.
Die Walshsche Psychotherapie ermutigt den Patienten, «sein Leben Revue passieren zu lassen». Dies bewirkt mehr als bloße Reduzierung des emotionellen Stresses. Es «stimuliert Hirnzellen, die noch lebendig sind, aber nicht mehr funktionieren». Und Walsh betrachtet das Zurückschauen auf das eigene Leben als «geistiges Äquivalent der Übungen, die in der Physiotherapie gemacht werden, um Arme und Beine wieder zu kräftigen, nachdem die motorischen Zentren des Gehirns durch einen Schlaganfall beschädigt worden sind.»
In frühen Versuchen verwendete Walsh als gerinnungshemmendes Mittel Dicumarol. Später ging er über zu Coumadin, weil das leichter zu kontrollieren ist und weil die meisten Ärzte mit seinem Umgang vertraut sind. Stellt sich eine Besserung ein, so empfiehlt Walsh eine Daueranwendung. In seinen Untersuchungen zeigte sich, daß die Hälfte der Patienten, bei denen eine Besserung eingetreten war, bei Absetzung des Medikamentes ihre alten Symptome wieder neu produzierten. Die Familienmitglieder lernen mit gerinnungshemmenden Mitteln umzugehen, genau wie Patienten und deren Verwandte und Bekannte bei Diabetes mit Insulin umgehen können.
Die Behandlung der Senilität mit Antikoagulantia befindet sich immer noch im Forschungs- und Anfangsstadium. Be-

vor sie allgemein akzeptiert wird, müssen noch viele Ärzte mit ihr Erfahrungen sammeln.

### *Blutgefäßerweiterung*

Die Anstrengungen, das Los der Alten zu erleichtern, haben auch zur Anwendung von Medikamenten geführt, die die Blutgefäße erweitern. Eines dieser Medikamente ist Hydergin, eine Tablette. Tierversuche haben gezeigt, daß sie Blutgefäße erweitern kann. Es sind auch Hinweise vorhanden, daß das Medikament den Stromwiderstand der Gefäße reduziert und vielleicht sogar die Sauerstoffverwertung verbessert.
Im Verlaufe einer Untersuchung erhielten Patienten zwischen 59 und 95 entweder 0,5 Milligramm Hydergin oder aber ein Scheinmedikament, das sie sechs Mal im Tag während zwölf Wochen unter der Zunge zergehen lassen mußten. Die behandelten Patienten zeigten schon nach einem Monat bedeutende Besserung, die während der Behandlungsdauer anhielt, ohne unerwünschte Nebenwirkungen zu zeigen. Der Schwindel ließ nach, sie hatten mehr Appetit, weniger Koordinationsstörungen, waren nicht mehr so aufgeregt und zitterten weniger, dies im grellen Gegensatz zu den Patienten, die Placebos erhalten hatten.
In einem Altersheim in Massachusetts wurde ein Doppelblindversuch durchgeführt. In einem solchen Versuch erhalten einige Patienten das Medikament, das getestet werden soll, andere ein Scheinmedikament, und weder die Patienten noch die Ärzte wissen, wer was bekommen hat, bis der Versuch beendet ist. Der Zweck dieser Übung ist das Eliminieren jeder Emotionalität. Eine Beeinflussung durch Hoffnung und Begeisterung, weil man an einem Versuch teilnehmen kann, und durch die Haltung und den Enthusiasmus der Forscher ist dadurch ausgeschlossen.
Die Studie aus Massachusetts umfaßte vierzig ältere Patienten mit zerebrovaskulären Störungen. Unter ihnen befanden sich Patienten, deren geistige Verwirrung der Hirnarteriosklerose zugeschrieben wurde, das heißt altersbedingter Arterienverkalkung. Im Verlaufe der dreimonatigen Behandlung mit Hydergin zeigte sich eine deutliche Besserung. Die

Symptome der Hirngefäßinsuffizienz, wie geistiger Verfall, körperliche Beschwerden, gewisse Verstimmungen und die Unfähigkeit, die primitivsten persönlichen Verrichtungen auszuführen, ließen nach.
Patienten, die dieses Medikament regelmäßig genommen hatten, zeigten mehr Appetit, klagten weniger über Kopfschmerzen, Stimmungslabilität, Angst und Furcht, sie waren auch fähig, Instruktionen zu befolgen, ihre Verwirrung ließ nach, und ihr Gedächtnis besserte sich.
Selbstverständlich ist Hydergin weit davon entfernt, das Mittel der Wahl bei Senilität zu sein, aber es kann doch einigen Patienten sehr nützlich sein.
Unterdessen hat in England Dr. Peter Hall im Powick Hospital in Worcester Versuche mit einem andern Medikament, Cyclandelat, das die Blutgefäße erweitert und die Blutzirkulation im Hirn erleichtert, unternommen. Er studierte seine Wirkung an einundzwanzig Patienten im Alter bis zu 88 Jahren, die abwechselnd dieses Präparat und ein ähnlich aussehendes unwirksames erhielten.
Die Behandlung mit dem echten Medikament bewirkte eine Verbesserung des Geisteszustands, der Laune, der Orientierungsfähigkeit, des Gedächtnisses, der Entfremdung und Zerstreutheit.
«Cyclandelat und vielleicht auch andere Medikamente können zusammen mit Unterstützungs- und Rehabilitierungsmaßnahmen hilfreich sein», berichtet Hall, «und die Fähigkeit dieser Patienten, mit ihrem täglichen Leben zu Rande zu kommen, verbessern, vor allem was Gedächtnis, Intelligenz und handwerkliches Geschick anbetrifft.»

### *Gefäßchirurgie*

Die chirurgische Behandlung kleiner Schlaganfälle, zwecks Verhinderung schwerer Schlaganfälle, hat zu Entdeckungen geführt, die für an Senilität leidende Patienten vielversprechend sind.
Kurz vor einem lähmenden oder tödlichen Schlaganfall zeigen sich bei vielen Menschen für ganz kurze Zeit Stolpern, Empfindungslosigkeit oder Lähmung einer Hand, verschwommenes Gesichtsfeld, Unfähigkeit zu sprechen und

Gedächtnisstörungen, alles Anzeichen einer ungenügenden Blutversorgung des Gehirns.
Bis vor kurzem waren die Mediziner der Ansicht, daß sich die Hindernisse, welche die Blutzufuhr störten und zu einem Schlaganfall führten, in den für den Chirurgen unerreichbaren Arterien tief im Hirninnern befänden. Aus neueren Untersuchungen geht indessen hervor, daß 74 % der Patienten zum mindesten eine Verletzung in einer dem Chirurgen zugänglichen Region des Gehirns haben. Oft befindet sich die Verletzung in der Karotis, der Halsschlagader, durch die ein Großteil des Blutes ins Gehirn fließt.
Karotisendarteriektomie, ein Eingriff, bei welchem eine Karotis geöffnet und das Hindernis ausgekratzt wird, hat sich als hilfreich erwiesen. In den meisten Fällen werden dadurch die Symptome behoben, und die Gefahr eines schweren Schlaganfalls wird reduziert. Endarteriektomie wird heute häufig angewendet. Unlängst wurde sogar die Möglichkeit in Betracht gezogen, daß Karotisendarteriektomie nicht nur zukünftige Schlaganfälle verhindern, sondern, wenn wir Dr. C. Doyle Haynes von der Medizinischen Fakultät der Universität Atlanta glauben wollen, auch die geistigen Fähigkeiten wieder verbessern kann.
Haynes, der viele Endarteriektomien durchgeführt hatte, bekam den Eindruck, daß der postoperative Verlauf bei vielen Patienten auch eine Verbesserung ihrer geistigen Verfassung mit sich brachte. Ein Eindruck genügte aber natürlich nicht. Er brauchte Beweise. In Zusammenarbeit mit Psychologen von der Auburn-Universität verglich Dr. Haynes die präoperative und die postoperative geistige Verfassung von siebzehn Endarkteriektomiepatienten, und er verglich auch noch die Veränderungen, die mit ihnen vorgingen, mit denen von acht Patienten, an welchen ein chirurgischer Eingriff vorgenommen werden mußte, die aber keinerlei Anzeichen von Arterienverhärtung zeigten. Wie erwartet, hatten die Patienten beider Gruppen Angst, als sie in den Operationssaal gefahren wurden und fühlten sich sechs Wochen danach wesentlich besser. Darüber hinaus hatten aber die Endarteriektomiepatienten nach der Operation einiges von ihrer Ängstlichkeit, der chronischen Prädisposition zur Angst, verloren, während die anderen Patienten unverändert waren. Andere Veränderungen, die sich in Tests zeigten, fanden sich

ebenfalls bloß bei der Endarteriektomiegruppe. Bei diesen Patienten zeigten sich im positiven Verlauf weniger Desorientierung, Verwirrtheit und Argwohn. Sie erreichten auch bei verbalen und nichtverbalen Intelligenztests, die nach der Operation durchgeführt wurden, höhere Durchschnittswerte, und einige von ihnen brachten es beim Worttest bis auf 22,5 Punkte und beim Wahrnehmungstest auf 31,5 Punkte.
Fast zur gleichen Zeit, als Dr. Haynes von seiner Arbeit berichtete, veröffentlichte Dr. Gary G. Ferguson, außerordentlicher Professor für Neurochirurgie am University Hospital London, Ontario, seine Untersuchung. Ferguson hatte zehn an Demenz leidende Patienten untersucht. Der Durchschnitt litt seit sechs Monaten an Altersschwachsinn, zwei Patienten hatten allerdings schon seit zwei Jahren Symptome gezeigt. Das Durchschnittsalter der Patienten, alles Männer, betrug 60 Jahre. Alle hatten schon kleinere Schlaganfälle hinter sich. Es stellte sich heraus, daß alle mehr als eine Arterienblockierung oder gefährliche Verengung hatten. Ferguson versuchte, dem Hirn mehr Blut zuzuführen, indem er zwei in der Regel voneinander getrennte Arterien miteinander vereinigte, nämlich die außenliegende Schläfenarterie und die im Kortex der mittleren Hirnarterie liegende Seitenarterie. Das gelang ihm auch, und die vorher von ausreichender Blutzufuhr abgeschnittenen Hirnregionen wurden wieder durchblutet. Alle Patienten waren vor der Operation in hohem Maße behindert gewesen. Keiner war arbeitsfähig, und zwei hatten in Anstalten gelebt. Nach der Operation kehrten die zwei Patienten, die schon seit zwei Jahren an Symptomen von Altersschwachsinn gelitten hatten, wieder an ihre Arbeitsstellen zurück, und drei andere waren begrenzt wieder arbeitsfähig; bei zweien stellten die Familienangehörigen eine beträchtliche Besserung fest, und nur bei einem zeigten sich keinerlei Veränderungen.
Sophie E., 73, ist verwirrt, desorientiert, verängstigt. Obschon sie vor ein paar Tagen noch munter und selbstsicher auf eigenen Füßen stand, stellte ihr Arzt die Diagnose chronisches irreversibles hirnorganisches Psychosyndrom, ein progressives Leiden, das zu seiner Entwicklung Jahre braucht. Die Sophies Verwirrung bewirkende Virusinfektion wird nicht diagnostiziert, und sie wird in eine Heil- und Pflegeanstalt eingeliefert.

Max H., 86, ist ebenfalls verwirrt und desorientiert. Sein Hausarzt erklärt der Familie, daß man von einem Mann seines Alters etwas anderes eigentlich nicht mehr erwarten könne, übersieht dabei aber vollständig, daß Max einen Herzinfarkt gehabt hat — und zwar ohne Brustschmerzen, Atemlosigkeit und die anderen klassischen Symptome.
Anna S., 75, beschwert sich bei einer Routinekontrolle über Unwohlsein und macht einen verwirrten Eindruck. Ihr Arzt schickt sie nach Hause mit einem Rezept für Tranquilizers und der Bemerkung, daß eine Frau in ihrem Alter halt kein heuriges Häschen mehr sei. Ihre Symptome sind jedoch keineswegs ihrem Alter zuzuschreiben, sondern einer Blinddarmentzündung, auch hier wieder ohne die klassischen Symptome wie Bauchdeckenschmerzhaftigkeit, Fieber und eine hohe Zahl weißer Blutkörperchen.
Diese drei Fälle wurden unlängst in einer medizinischen Zeitschrift veröffentlicht. Seltene Vorkommnisse? Wir können bloß hoffen, daß solche Fehldiagnosen selten sind oder es bald sein werden, aber das Auftreten von geistigen Störungen bei älteren Leuten, die von den eben erwähnten und anderen körperlichen Erkrankungen bewirkt werden, ist keineswegs selten.
«Die Tragödie bei der Gesundheitsfürsorge für alte Menschen», bemerkt der Verfasser des zitierten Artikels, «ist, daß die Ärzte oft nicht wissen, auf welche Anzeichen und Symptome sie bei älteren Patienten sehen sollen. Der Grund, warum sie es nicht wissen, ist einfach: Niemand hat es ihnen je gesagt. Doch die traditionelle Gleichgültigkeit der Medizin gegenüber der Betreuung der Alten nähert sich einem kritischen Punkt.»
Die Ärzte, die es sich zur Aufgabe gemacht haben, sich besonders den älteren Patienten zu widmen, versuchen jetzt nicht nur, die Ärzte von morgen auf dieses Problem vorzubereiten, sondern auch schon die heutige Ärztegeneration. Und bei ihren erzieherischen Maßnahmen versuchen sie vor allem, klar zu zeigen, daß sich bei älteren Leuten körperliche Krankheiten oft als geistige Störungen äußern.
Nachdrücklich erklärt Dr. William Reichel: «. . . da im Alter die Gehirnfunktionen nachlassen, zeigen sich bei älteren Patienten Verwirrtheit und Desorientierung als erste Symptome so verschiedener Störungen wie Infektion, Lungen-

entzündung, Herzschwäche, Koronarverschluß, gestörtes Elektrolytgleichgewicht, Anämie oder Dehydratation. Wenn keine besondere Belastung besteht, brauchen sich die Hirnveränderungen nicht in verändertem Verhalten zu äußern. Es ist unangebracht, im Zusammenhang mit plötzlich verändertem Benehmen einfach Senilität oder ‹chronisches hirnorganisches Psychosyndrom› anzunehmen. Wir haben es in solchen Fällen eher mit das Verhalten beeinträchtigenden Begleiterscheinungen einer heilbaren körperlichen Krankheit oder Arzneimittelvergiftung zu tun.»

In einer Reihe von Rundschreiben an die Ärzte hat Dr. Reichel viele eindrückliche Fälle erwähnt. Als Beispiel von gestörtem Verhalten aufgrund einer Arzneimittelvergiftung: Eine 66jährige Frau wurde nach mehreren Tagen zunehmender Verwirrung, Desorientierung, Schwäche, Übelkeit und Depression in ein Spital eingewiesen. Bei der Untersuchung stellte sich heraus, daß sie eine Unmenge von Medikamenten schluckte: gegen Diabetes, Infektionen, hohen Blutdruck. Dazu kam auch noch ein starker Tranquilizer. Alle Medikamente wurden abgesetzt, und als man sie entließ, hatte sie kein Bedürfnis mehr, diese Präparate zu sich zu nehmen. Ihre Verwirrtheit und die anderen Symptome waren verschwunden.

Als Beispiel einer andern Ursache für gestörtes Verhalten: Ein 80jähriger Geschäftsmann, der noch aktiv als Präsident seiner eigenen Gesellschaft tätig war, mußte nach mehreren Tagen zunehmender Reizbarkeit und Verwirrung in ein Spital eingeliefert werden. Er war unfähig, den Ärzten eine Vorgeschichte zu liefern. Untersuchungen zeigten einen niedrigen Sauerstoffgehalt im arteriellen Blut, und eine Lungenabtastung ergab starken Verdacht auf Lungenembolie (ein Blutklümpchen in einem Blutgefäß der Lunge). Nachdem das Blutkörperchen mit einem Antikoagulans behandelt worden war, verbesserte sich der Sauerstoffgehalt des Blutes, die Atmung normalisierte sich wieder, und die geistige Verwirrung war vorüber.

Als Beispiel einer weiteren behebbaren Ursache für Verwirrung: Ein 75jähriger Manager im Ruhestand, der aber als Großvater, Sportenthusiast und Kirchgänger noch sehr aktiv war, wurde zu einem Arzt gebracht, nachdem er mehrere Tage unter Verwirrung, Erregtheit und Gedächtnisverlust gelitten hatte. Bei einer gründlichen Untersuchung ergab ein Röntgenbild der Lunge, daß er eine Lungenentzündung hatte. Nachdem diese zehn Tage lang mit Penizillinspritzen behandelt worden war, und er körperlich wieder gesund war, kehrte auch seine geistige Gesundheit wieder zurück.

Fast jeder Faktor, der die Zufuhr von sauerstoffreichem Blut zum Hirn stört, kann Senilität mitbewirken. Zu solchen Faktoren gehören Stauungsinsuffizienz des Herzens, Anämie, Bluthochdruck, Schilddrüsenüberfunktion, alleine oder gemeinsam auftretend. Bei der Stauungsinsuffizienz des Herzens steht das Herz nicht still; es verliert aber einiges von seiner Pumpfähigkeit. Das kann geschehen als Folge von Anämie, weil durch Anämie die vom Blut beförderte Sauerstoffmenge reduziert wird, wodurch das Herz zum Ausgleich gezwungen wird und öfter und stärker schlagen muß, um mehr Blut zirkulieren zu lassen. Hoher Blutdruck erschwert die Arbeitslast des Herzens. Und Schilddrüsenüberfunktion stimuliert es in unnatürlicher Weise. Wenn das Herz jahrelang solche Mehranstrengungen unternehmen muß, verliert es etwas von seiner Pumpkraft. Es pumpt weniger Blut, die Herzkammer kann sich nicht mehr voll entleeren und erweitert sich infolge des erhöhten Füllungsdruckes. Dieser Druck wird weiter in die Lungen übermittelt, was zu Atemlosigkeit führt. Da die Nieren nicht mehr mit genügend Blut versorgt werden, können sie Harn nicht mehr in genügenden Mengen ausscheiden, und das Wasservolumen im Blut nimmt zu und verstärkt die Lungenanschoppung. Der Druck kann sich auch vom Herz zurück in das Venensystem ausdehnen, so daß weniger Blut zum Herzen zurückkehrt und sich in den Geweben Flüssigkeit ansammelt. Dann kommt es zu Schwellungen in den Fußknöcheln und im Bauch. Selbstverständlich ist auch die Blutzufuhr zum Gehirn ungenügend.

Die intensive Behandlung der Stauungsinsuffizienz des Herzens bezweckt dreierlei: die Pumpleistung des Herzens zu erhöhen, die überschüssigen Flüssigkeiten auszuscheiden und die Überbelastung des Herzens zu verringern; dies durch sofortige Bettruhe, wenn nötig, und wenn es möglich ist, durch Behandlung der Störung, die zur Insuffizienz führte.

Um die Pumpleistungsfähigkeit des Herzens zu erhöhen, wird oft das Medikament Digitalis verwendet. Die Digitalisdosierung muß den Bedürfnissen des Patienten genauestens angepaßt werden. Eine falsche Dosis schadet meistens. Ist sie zu stark, so kann es zu verschiedenen Störungen kommen inklusive Übelkeit, Erbrechen, Durchfall, Appetitlosigkeit, verschwommenes Gesichtsfeld, Kopfschmerzen, Lethargie, Gefühllosigkeit. Mit einer korrekten Digitalistherapie kann die Herzleistung so verbessert werden, daß das Herz wieder genügend Blut pumpen kann, selbst dann, wenn die Störung, die die Insuffizienz bewirkte, sich nicht beheben läßt.

Zur Ausscheidung überflüssiger Flüssigkeiten können auch andere Maßnahmen ergriffen werden. Zum Beispiel hilft eine salzlose Diät, da ja Salz bekanntlich Wasser im Körper bindet. Harntreibende Medikamente, die dazu beitragen, den Körper von Flüssigkeit zu befreien, sind oft sehr wirksam. Nachdem der Herzschaden behoben ist, kann eine richtige Behandlung ein Wiederauftreten der Störung verhindern. Selbstverständlich ändert sich die Behandlung von Einzelfall zu Einzelfall. Sie kann eine fortgesetzte Einnahme von Digitalis und von einem harntreibenden Mittel sowie eine Reduzierung des Salzkonsums beinhalten. Man wird auch Anstrengungen zur Entlastung des Herzens unternehmen, indem man zum Beispiel die Anämie behebt. Der Blutdruck sollte auch nicht übersehen werden, denn oft trägt ein hoher Blutdruck zur Stauungsinsuffizienz bei.

Unkontrollierter Bluthochdruck quält offensichtlich ältere Menschen auch noch auf andere Weise. Eine Untersuchung, die während zehn Jahren an 202 Männern und Frauen zwischen sechzig und achtzig Jahren durchgeführt wurde, hat nämlich ergeben, daß er die geistigen Leistungen beeinträchtigt. Sie ergab, daß bei den Versuchspersonen mit normalem Blutdruck im Verlaufe der zehn Jahre sich kein geistiges Nachlassen zeigte, während diejenigen mit erhöhtem Blutdruck auf der Testbewertungsliste bis zu zehn Punkte weniger erreichten. «Der Zweck unserer Untersuchung», berichtet Dr. Carl Eisdorfer, der sie leitete, «ist den Alterungsprozeß, über den die unsinnigsten Vorstellungen herrschen, zu entmythologisieren. Denn je mehr wir den geistigen Verfall als naturgegeben hinnehmen, desto weniger sind wir geneigt, etwas dagegen zu unternehmen.»

Unter Dementia praesenilis versteht man in der Regel eine Demenz, die vor dem 65. Altersjahr beginnt. Sie kann das

Kurzzeitgedächtnis beeinträchtigen, zu Desorientierung und Verwirrung führen, zu Apathie und Abkapselung, zu Schwierigkeiten beim Rechnen und Sprechen.
In einem neueren Bericht über eine solche Dementia wurde ausdrücklich erklärt, daß sie viele mögliche Ursachen habe und daß durch genaue Untersuchungen eine beträchtliche Zahl von heilbaren Fällen entdeckt werden könne. Ein Grund kann zum Beispiel ein subdurales Hämatom sein, eine Menge koagulierten Blutes, das sich zwischen dem härteren Knochengehäuse und der delikateren Hirnhaut befindet. Die Krankengeschichte eines Patienten mit einem subduralen Hämaton muß nicht unbedingt eine schwere Schädelverletzung aufweisen, und diese Schädigung muß auch nicht immer zu Ohnmachtsanfällen führen. Die Symptome können sich statt dessen auch auf Persönlichkeitsveränderungen beschränken.
In ähnlicher Weise kann eine Schilddrüsen-Unterfunktion oder ein Vitamin-$B_{12}$-Mangel sich primär als Dementia äußern und ansonsten keine der klassischen Symptome und Anzeichen dieser Störungen aufweisen.
Auch verschiedene Medikamente — darunter Bromide und Barbiturate — können Dementia bewirken, die verschwindet, sobald das Mittel nicht mehr genommen wird. Bei empfindlichen Personen genügen vielleicht schon einige der neueren Tranquilizer und andere psychotrope Präparate in schwacher Dosierung.
Natürlich gibt es auch Ursachen für die Demenz, die schwierig oder gar nicht zu behandeln sind — fortgeschrittene Verhärtung der Hirnarterien und gewisse Krankheiten wie die Alzheimer-Krankheit oder das Pick-Syndrom, die anomale Veränderungen gewisser Hirnzonen bewirken.
Doch aus den neueren Studien ergibt sich vernünftigerweise nur ein Schluß: Allzuoft wurde Demenz als hoffnungslose Krankheit angesehen, während sie es in Wirklichkeit sehr oft nicht ist.

## 16. Falsche Ernährung — falsches Verhalten

Im Jahr 1933 gelang es dem jungen Dr. Conrad Elvehjem, aus Leberextrakt eine nikotinähnliche chemische Substanz zu isolieren, die er Nikotinsäure nannte und die sich, wie er bei einem Versuch feststellte, zur Heilung und Verhütung von Melanoglossie bei Hunden eignete. Melanoglossie («schwarze Zunge») ist die Pellagra der Hunde. Rasch stellte sich heraus, daß Nikotinsäure, auch Niacin oder Vitamin $B_3$ genannt, das ideale Vorbeugungs- und Heilmittel für Pellagra war.

Aber die Entdeckung war von weit größerer Tragweite. Pellagra bringt eine rauhe Haut und Diarrhöe mit sich. Ein weit lästigeres Symptom dieser Krankheit ist aber Demenz.

Die Erkenntnis, daß ein Nährstoffmangel eine geistige Störung auslösen kann und daß die Beseitigung des Mangels die Störung zum Verschwinden bringt, sollte der modernen biologischen Psychiatrie einen ungeheuren Aufschwung geben.

Im Jahr 1973 dienten sechs Wehrdienstverweigerer aus Gewissensgründen als Versuchskarnickel bei einer Untersuchung im medizinisch-ernährungswissenschaftlichen Institut der amerikanischen Armee. Sie bekamen eine fast völlig ausgewogene Kost. Nur ein Nährstoff fehlte: das Vitamin Riboflavin. Schon bevor das Experiment beendet war, zeigten die Männer schwerwiegende Persönlichkeitsveränderungen, wurden deprimiert und hypochondrisch, und einige bewegten sich am Rande der schieren Hysterie. Ganz klar: Riboflavin hat eine Wirkung auf das menschliche Verhalten.

Anläßlich einer internationalen Konferenz, die im Jahr 1976 an der Universität Montreal abgehalten wurde, deren Thema der Einfluß eines andern Nährstoffs, Magnesium, auf die Gesundheit war, berichtete ein wissenschaftliches Team von der Universität Pretoria von einer sensationellen Entdekkung. Im Verlaufe ihrer Untersuchungen betreffend Magnesium war ihnen der niedrige Magnesiumspiegel im Blut von

Patienten aufgefallen, die wegen Schlaflosigkeit, Spannungen und Angst einen Arzt aufgesucht hatten. In einer Untersuchung an zweihundert dieser Patienten hatten sie die Wirkung der Einnahme von täglich acht Tabletten, von denen jede 250 Milligramm Magnesiumchlorid enthielt, studiert. Bei 99 % der Patienten stellte sich sehr rasch ein normaler, nicht unterbrochener Schlaf ein, und die Müdigkeit während des Tages verschwand. Zugleich ließen auch Angst und Spannung nach.

Wir befinden uns jetzt mitten in — oder genauer gesagt: am Anfang — einer Revolutionierung des medizinischen Denkens betreffend die Ernährung und die riesige Bedeutung, die selbst ein minimaler Mangel eines bestimmten Nährstoffes für die körperliche und geistig-seelische Gesundheit haben kann.

Aus vielen neueren Studien geht nicht nur eindeutig hervor, daß geistige Störungen und Störungen des Verhaltens ihre Ursache in mangelhafter Ernährung haben können, sondern auch, daß sie oft die ersten Manifestationen minimalster Mängel sind — und daß minimale Mängel an Nährstoffen relativ häufig vorkommen.

## *Die Stadien des Mangels*

Nährstoffmangel und seine Manifestationen treten nicht plötzlich und akut auf. Die diesbezügliche Verarmung des Organismus erfolgt in fünf Stadien.

Im ersten ist nicht genügend von dem notwendigen Nährstoff vorhanden. Das kann daran liegen, daß in der Nahrung zu wenig von ihm enthalten ist. Aber auch eine mangelhafte Absorption kann schuld sein. Oder gewisse Medikamente können die Nahrungsverwertung stören. In diesem Stadium beginnt der Organismus mit der Verwertung der Nährstoffdepots in den Geweben.

Wenn das erste Stadium andauert, folgt ein zweites, ein biochemisches. Die Nährstoffdepots sind jetzt fast leer, und das bewirkt eine Verlangsamung der biochemischen Tätigkeit des Körpers.

Im dritten Stadium sind die Nährstoffdepots erschöpft, und die Verlangsamung der biochemischen Tätigkeit des Kör-

pers hat einen Punkt erreicht, wo sich Störungen zeigen. Es kommt zu Unwohlsein, Appetitlosigkeit, Schlafstörungen und Reizbarkeit, und Persönlichkeitstypentests zeigen einen Neurotiker an.
Später, im vierten Stadium, macht sich der Mangel noch stärker bemerkbar und führt zu zunehmenden Verhaltensstörungen und dann auch zu körperlichen Störungen, die entsprechend dem fehlenden Nährstoff variieren. So kommt es zum Beispiel bei einem Mangel an Thiamin (Vitamin $B_1$) zu aufgeschwollenen Beinen, Schmerzen beim Gehen, Herzvergrößerung und verlangsamtem Herzschlag.
Endlich, im fünften, dem Endstadium, einem Stadium des totalen Nährstoffmangels, kann es zu schwersten körperlichen Erkrankungen kommen, die, wenn der fehlende Nährstoff nicht zugeführt wird, zum Tode führen.
Anläßlich eines Symposiums über Mangelerscheinungen, das im Jahr 1977 abgehalten wurde, wurde erklärt, daß ein solcher Mangel bestehen könne, auch wenn eine noch so gründliche ärztliche Untersuchung keinen Befund ergebe.
Und mit Nachdruck wurde hervorgehoben, daß aufgrund der Depletion biochemische Veränderungen stattfinden, die sich in verändertem Verhalten zeigen, das den einzelnen in der Gesellschaft handikapieren kann, sei es nun ein Schüler, ein Student oder ein Erwachsener, der sich seinen Lebensunterhalt selber verdient.
Es wurde ausdrücklich darauf hingewiesen, daß doch endlich zur Kenntnis genommen werden sollte, daß sich diese Verhaltensveränderungen in der Regel nicht unterscheiden von Veränderungen, die auftreten als Folge von emotionellen oder physiologischen Streßsituationen und/oder gesellschaftlichen Veränderungen.
Unlängst wurde an der Universität Cape Town in Südafrika ein medizinisch-ernährungswissenschaftliches Forschungsteam gebildet. Eine der Hauptaufgaben dieser Ärztegruppe besteht darin, den praktischen Ärzten bei komplizierten Fällen von Mangelkrankheiten bei der Diagnose behilflich zu sein.
Die Wissenschaftler begannen mit der Untersuchung des Vitamin-$B_1$-Mangels bei Spitalpatienten. Als sie die Blutproben nach dem Vitamin prüften, stellten sie bei 43 % einer Patientengruppe Mangelerscheinungen fest. In einigen Fällen

war höchstwahrscheinlich Alkoholismus der Grund. Bei vielen Fällen waren es andere Ursachen, wie Magengeschwüre, Gastroenteritis, mangelhafte Absorption und Abmagerungskuren. Das Team bestimmte hierauf die Vitamin-$B_1$-Werte (Thiamin) von Kindern, die in der Abteilung für ambulante Patienten wegen Gastroenteritis behandelt wurden. Bei 15 stellten sie einen Vitaminmangel fest. Aus einer 1974 durchgeführten Studie geht hervor, daß 25 % von 599 werdenden Müttern an Vitamin-$B_1$-Mangel litten.
Die Untersuchungen der Weltgesundheitsorganisation haben ergeben, daß Mangel an einem andern Vitamin, Folsäure (Vitamin $B_6$), bei einem Drittel bis zur Hälfte der schwangeren Frauen auf der ganzen Welt festgestellt wurde, und aus Untersuchungen in unserem Lande wissen wir, daß unsere Frauen keine Ausnahme machen.
Laut einer britischen Untersuchung wurde bei 48 von 59 älteren, geistig gestörten Patienten, die eben in eine Anstalt eingeliefert worden waren, ein abnorm niedriger Folsäure-Spiegel im Blut ermittelt. Eine andere Studie ergab, daß bei 37 von 75 geistig Gestörten niedrige Werte gefunden wurden.
Eine an der Universität von Illinois im Jahre 1979 durchgeführte Untersuchung kam zum Schluß, daß ältere Menschen mit Symptomen wie Vergeßlichkeit, Apathie, Depression, und Geistesgestörtheit oft niedrige Folsäurewerte des Blutes haben.
Der Einfluß des Mangels vieler dieser Nährstoffe auf das Verhalten wird nun gründlich erforscht.

### *Thiamin (Vitamin $B_1$)*

Vor einigen Jahren untersuchte Dr. J. Brozek von der Universität von Minnesota die seelische Wirkung des Thiaminmangels bei normalen jungen Männern. Der MMPI-Computertest wies ihnen im Koordinatensystem seiner verschiedenen Skalen ihren Platz zu: Psychoneurotiker. Durch eine Zufuhr von Thiamin wurde diese Veränderung wieder korrigiert. Die Persönlichkeitsveränderungen zeigten sich nach Brozek vor dem Auftreten von Symptomen wie Magenbeschwerden, Gewichtsverlust und anomale Empfindungen

von Brennen und Prickeln, wie sie der Thiaminmangel erzeugt.
Andere Forscher haben berichtet, daß mit Thiaminmangel verbundene Störungen, wie Reizbarkeit, Gedächtnisstörungen, Depression, Konzentrationsschwierigkeiten und Verwirrung, zwar alle von diversen andern Krankheiten herrühren können, aber bei Verabreichung von Thiamin sofort verschwinden, wenn Thiaminmangel die Ursache gewesen ist. Alkoholiker sind besonders anfällig für Thiaminmangel, und zwar nicht nur, weil sie weniger Nahrung zu sich nehmen, die dieses Vitamin enthält, sondern auch wegen der äußerst ungenügenden Absorption. Die täglich benötigte Dosis ist gering, sie liegt zwischen 1 und 1½ Milligramm, aber die Gesamtmenge im Körper beträgt nur 25 Milligramm. So kann sich bei schwacher Zufuhr schon in wenigen Wochen ein Mangel ergeben. Es ist vermutlich der Vitaminmangel, der am schnellsten entsteht, und zwar bei Leuten, die aus was für Gründen auch immer, unter Appetitlosigkeit leiden oder unter länger andauerndem Erbrechen oder auch bei jenen, die sich in kürzester Zeit von ihrem Übergewicht befreien wollen.
Vollkornmehl, Vollkornbrot und Zerealien, bei denen die Kleie nicht herausgemahlen worden ist, sind reich an Thiamin, ebenso Leber, mageres Schweinefleisch und frisches Blattgemüse. Zu langes Kochen zerstört jedoch das Vitamin, und es geht auch oft verloren, wenn Fleischbrühe und Gemüsesud weggegossen werden.

### *Riboflavin (Vitamin $B_2$)*

Riboflavinmangel kann zu reduzierter Sehschärfe führen, zu Augenermüdung, Überempfindlichkeit gegenüber Licht, Beißen oder Tränen der Augen und zu seborrhoischem Ekzem. Für diese Störungen gibt es natürlich auch andere Ursachen. Sind sie aber die Folge eines Riboflavinmangels, so verschwinden sie nach der Vitaminergänzung. Ein Fehlen dieses Vitamins kann, wie wir aus den Versuchen mit Wehrdienstverweigerern aus Gewissensgründen wissen, auch zu Depression, Hypochondrie und anderen Persönlichkeitsveränderungen führen.

Eigentlich sollte ja ein Riboflavinmangel bei uns selten oder gar nicht vorkommen.
Milch ist eine gute Quelle, aber wenn sie dreieinhalb Stunden in der Sonne steht, verliert sie bis zu 75 % ihres Vitamin-$B_2$-Gehaltes. Ebenfalls reich an Riboflavin sind andere Milchprodukte und Eier, ferner Innereien wie Leber, Nieren, Herz sowie anderes Fleisch, Geflügel, Fisch, frisches Blattgemüse, Hülsenfrüchte, Früchte und Nüsse. Wird zum Kochen Natriumkarbonat verwendet, so kann es das Vitamin zerstören, und damit behandeltes Brot kann, wenn es dem Licht ausgesetzt wird, einen Teil seines Riboflavingehaltes verlieren.
Während der Schwangerschaft besteht ein erhöhter Riboflavinbedarf, und eine Studie aus dem Jahr 1971 hat gezeigt, daß niedrige Riboflavinwerte sehr häufig sind, besonders in den letzten sechs Wochen vor der Entbindung.

### *Niacin (Vitamin $B_3$)*

Niacin spielt bei vielen biochemischen Reaktionen des Körpers eine Rolle, vor allem beim normalen Funktionieren des Zentralnervensystems und bei der Aufrechterhaltung der Unversehrtheit der Haut und der Schleimhäute.
Wie wir früher festgestellt haben, hat die Tatsache, daß ein Niacinmangel die geistigen Störungen, die mit Pellagra einhergehen können, verursachen kann, die Biopsychiatrie beflügelt. Im Jahr 1955 lag schon eine Reihe von Untersuchungen vor, die alle bewiesen, daß zahlreiche seelisch-geistige Störungen als Folge eines Niacinmangels auftraten und wieder verschwanden, wenn diesem abgeholfen wurde. Darunter Depression, Delirium, Erschöpfung mit Konfusion, Neurasthenie, nervöse Erschöpfung mit Müdigkeit, Appetitverlust, Antriebsschwäche und allerlei Schmerzen und Beschwerden.
In jüngster Zeit wurde Niacin zum Zankapfel der Psychiater, da es in großen Dosen zur Behandlung der Schizophrenie verwendet wurde. Aus einigen Berichten geht hervor, daß sich bei Tausenden von Schizophrenen eine wesentliche Besserung gezeigt hat. Und viele Psychiater praktizieren jetzt Orthomolekularpsychiatrie, die auf dem Glauben beruht,

daß Schizophrenie und andere Geistesstörungen sich eher auf biochemische Anomalien gründen als auf genetische, psychogene oder umweltbedingte Ursachen. Ja, sie sind sogar davon überzeugt, daß einige Menschen Störungen des Geistes und des Verhaltens zeigen aufgrund einer angeborenen Insuffizienz, gewisse Nährstoffe, darunter Niacin, richtig zu verarbeiten, und wenn dies der Fall ist, dann sprechen diese Patienten auch auf Dosen an, die stark genug sind, um den Defekt, die normale Menge richtig zu verwenden, auszugleichen.
Niacin kommt in vielen Nahrungsmitteln vor, z. B. in Fisch, Innereien, Vollkornbrot und Zerealien, Eiern, Milch, Geflügel, Limabohnen und Erdnüssen. Trotzdem kommt es immer wieder zu Niacinmangel. Er kann durch Leberzirrhose, chronischen Alkoholismus und chronische Diarrhöe entstehen. Aber auch eine Mangeldiät kann ihn verursachen.

### *Pyridoxin (Vitamin $B_6$)*

Das im Jahr 1934 zum erstenmal nachgewiesene Pyridoxin wurde 1952 berühmt und berüchtigt, als eine handelsübliche Milchzusammensetzung bei Säuglingen zu Krämpfen führte und es sich herausstellte, daß durch die Erwärmung des Produkts das Pyridoxin zerstört wurde. Die Säuglinge erholten sich rasch wieder, nachdem man ihnen Vitamin eingespritzt hatte, und es kam zu keinen weiteren Vorfällen mehr, wenn man dem Präparat Pyridoxin hinzufügte.
In der Folge ergab sich ein möglicher Zusammenhang zwischen geistiger Zurückgebliebenheit und verstärktem Pyridoxinbedürfnis, nachdem entdeckt worden war, daß zurückgebliebene Kinder, die an Konvulsionen litten, durch zusätzliche Mengen des Vitamins von den Konvulsionen geheilt wurden.
Aus einigen Untersuchungen geht auch hervor, daß gewisse Menschen pyridoxinabhängig sind und überdurchschnittliche Mengen dieses Vitamins benötigen. So wies zum Beispiel eine Untersuchung, die im Institut zur Erforschung kindlichen Verhaltens in San Diego an 800 geistig und seelisch gestörten Kindern durchgeführt wurde, nach, daß diese Kinder täglich eine Vitaminmenge zwischen 5 und 400 Milli-

gramm benötigten. Für den Durchschnittsmenschen genügen ungefähr 3,5 Milligramm. Dr. Bernard Rimland, der Leiter dieses Instituts, hat mit vielversprechendem Erfolg bei schwierigen Kindern hochdosierte Vitamine inklusive Pyridoxin angewendet.
Pyridoxinabhängigkeit — das Bedürfnis des Körpers nach mehr als dem Tagesbedarf eines normalen Menschen — kann manchmal durch Medikamente bewirkt werden, wie man sie gegen Tuberkulose verschreibt. Auch die Antibabypille scheint bei manchen Frauen ein verstärktes Bedürfnis nach diesem Vitamin zu bewirken, bei dessen Fehlen sich Symptome einstellen wie schwache bis mäßige Depression, Reizbarkeit, Lethargie und Müdigkeit.
Manche anämische Männer, die an Energielosigkeit, leichter Ermüdbarkeit, Reizbarkeit, manchmal begleitet von Schwindel, Kopfschmerzen, Ohrgeräuschen und Augenflimmern leiden, scheinen pyridoxinabhängig zu sein, denn ihre Symptome verschwinden nach Zuführung von Dosen zwischen 50 bis 200 Milligramm täglich. Ist Pyridoxinmangel — einmal abgesehen von der speziellen Abhängigkeit — eine verbreitete Störung? Gewisse Berichte beantworten diese Frage positiv und weisen nach, daß der durchschnittliche Tagesbedarf von 3½ Milligramm etwa zweieinhalb Mal größer ist als die Menge, die viele Leute zu sich nehmen.
Pyridoxin kommt vor in Rindsleber, Schweinskotelett, Schinken, Kalbshaxe, frischen Fischen, Bananen, Kohl, Avocados, Erdnüssen, Walnüssen, Weinbeeren, Pflaumen und Getreidekörnern. Gemüse verliert durch das Tiefgefrieren viel vom Vitamingehalt, und die hohen Temperaturen bei der Sterilisation im Konservierungsprozeß zerstören das Pyridoxin. Durch das Feinmahlen der Getreidekörner werden 90 % des Vitamins zerstört, und daher findet sich in den gängigen Mehl- und Brotsorten und in den aus diesem Mehl hergestellten Nahrungsmitteln nur sehr wenig Vitamin $B_6$.

### *Cobalamin (Vitamin $B_{12}$)*

Wie wir im Kapitel über Anämie gesehen haben, kommt es trotz genügender Zufuhr des Vitamins zu einem Cobalaminmangel, wenn der Intrinsic Faktor, der für die Absorption benötigt und von den Magenzellen produziert wird, nicht in adäquater Menge vorhanden ist oder gar ganz fehlt. Der Mangel kann auch dann auftreten, wenn ein Bandwurm vorhanden ist oder wenn gewisse Darmbakterien, die das Vitamin benötigen, sich vermehren und so viel verzehren, daß nichts mehr für den Wirt übrigbleibt. Der Mangel kann zu körperlichen Symptomen wie Übelkeit, Bauchschmerzen, Durchfall und Atemlosigkeit führen. Es kann auch zu Symptomen von geistiger Gestörtheit kommen: Gedächtnisstörungen, Konzentrationsschwierigkeiten, Abstumpfung der geistigen Interessen. Ist ein Bandwurm der Schuldige, dann hilft ein wurmabtreibendes Mittel. Gegen Bakterien helfen Antibiotika. Fehlt der Intrinsic Faktor, so bringen periodische Vitaminspritzen alle Symptome zum Verschwinden.

### *Acidum Folicum (Folsäure)*

Ein Mangel an diesem B-Vitamin kann, wie wir schon früher festgehalten haben, zu Müdigkeit, Kopfschmerzen, Verstopfung, Schwindelgefühl und Schleiersehen führen. In manchen Fällen kann er Schwäche, Reizbarkeit, Schlaflosigkeit, Vergeßlichkeit und auch Depression hervorrufen.
Ein Mangel ist rasch entstanden. Die Folsäuredepots im Körper sind klein. Das Vitamin kommt vor in vielen Pflanzen und tierischen Geweben. Die reichsten Quellen sind Hefe, Leber, frisches Gemüse; mäßige Mengen finden sich auch in Milchprodukten, Fleisch und Fisch.
Folsäure ist aber unbeständig, wenn sie der Luft und ultraviolettem Licht ausgesetzt wird, und der Vorrat schwindet rasch. Kochen und die Hitze beim Konservierungsprozeß können bis zu 90 % dieses Vitamins zerstören.
Auch gewisse Medikamente können zu einem Folsäuremangel führen, der dann durch zusätzliche Mengen wieder ausgeglichen werden muß. Zu diesen Medikamenten gehören orale Kontrazeptiva; Phenobarbiton, Phenytoin und Primi-

don, die gegen Epilepsie verwendet werden; Methotrexat, das manchmal bei Krebs angewendet wird und bei schwerer Psoriasis; Pyrimethamin, ein Malariamittel.

### *Magnesium*

Erst in jüngster Zeit ist die Bedeutung des Metalls Magnesium für den Körperhaushalt richtig erfaßt worden. Wir wissen nun, daß es an vielen der wesentlichsten chemischen Prozesse des Körpers beteiligt ist. Es ist notwendig für Nerven- und Muskeltätigkeit und unter anderem für die Aktivierung von Enzymsystemen, die andere Minerale, Vitamine, ja sogar Proteine verarbeiten und in der Erzeugung und der Übermittlung von Energie.
Neuere Studien haben gezeigt, daß ein Magnesiummangel viele körperliche Störungen bewirken kann, so etwa Herzrhythmusstörungen und Zucken und Zittern von einem oder von allen Muskeln. Einige Forscher haben herausgefunden, daß er manchmal bei Blutgefäßstörungen wie etwa Phlebothrombose die Ursache sein kann, andere, daß er ein Faktor bei Schwangerschaftstoxikose sein kann.
Aber aus neueren Studien geht auch hervor, daß Magnesiummangel selbst geistige Störungen bewirken kann, angefangen von leichter Unlust und kleineren Gedächtnisstörungen bis zu Verwirrung, Desorientiertheit, Halluzinationen und Paranoia. Bei dem früher erwähnten internationalen Magnesium-Kongreß an der Universität Montreal stimmte Dr. Edmund B. Flick die durch verschiedene wissenschaftliche Teams erbrachten Forschungsergebnisse auf einen Grundton ab, indem er hervorhob, daß der Manifestationen von Magnesiummangel viele und verschiedene seien, daß der Mangel weit verbreitet sei und oft nicht als solcher erkannt werde.
Als Forscher am Universitätsspital von Colorado eine Spezialuntersuchung über den Magnesiummangel anstellten, ergab sich, daß von 1418 Patienten 205, das sind 14,5 %, daran litten, und es ergab sich ferner, daß die Ärzte, die diese Patienten behandelten, gar nicht auf die Idee gekommen waren, es könnte ein Magnesiummangel vorliegen und deshalb auch keine diesbezüglichen Tests angeordnet hatten.

Zum einen kann die zunehmende Enthärtung des Wassers bis zu einem gewissen Grad die Ursache sein. Magnesium verleiht ja zusammen mit Kalzium dem Wasser seine Härte, und durch den Weichmachungsprozeß geht viel verloren. Zum andern kann auch die Verwendung feingemahlenen Mehls dazu beitragen. Durch das Zermahlen der Faser, bei dem die mineral- und vitaminreiche Kleie entfernt wird, gehen natürlich alle Minerale und Vitamine verloren.

### *Zink*

Auch Zink ist ein Mineral, dessen vielfache Bedeutung für den Körper erst in jüngster Zeit erkannt worden ist. Wir wissen jetzt, daß es wichtig ist für Wachstum und Geschlechtsreife und daß es ein Bestandteil vieler lebenswichtiger Enzyme ist.

Eine der ersten Entdeckungen war, daß Zinkpillen verzögerte Wundheilungen beschleunigen können. Es scheint, daß bei Brandwunden und nach einer Operation auch bei Patienten mit an sich normalen Zinkdepots ein Mangel entsteht, der den Heilungsprozeß verzögert.

Eine weitere Entwicklung fand im Jahr 1971 statt, als Forscher entdeckten, daß Zinkmangel oft die Ursache für Störung oder gar Verlust von Geschmacks- und Geruchssinn war. Diese mysteriösen Erscheinungen waren früher für psychogen erklärt worden. Die Forscher untersuchten ungefähr viertausend Menschen, Männer und Frauen, zwischen 25 und 81. Alle hatten einen niedrigen Blutzinkspiegel. Verstärkte Zufuhr von Zink brachte die Symptome zum Verschwinden.

Zink wurde auch mit großem Erfolg verwendet bei Kleingewachsenen, bei denen ein Zinkmangel nachgewiesen worden war, und zwar sowohl bei Kindern als auch bei Erwachsenen. Daß Zinkmangel manchmal zu geistigen Störungen führen kann — schlechtes Gedächtnis, Depression, Desorientierung — und daß diese durch Zinkergänzung wieder verschwinden, wurde in einer neueren Arbeit nachgewiesen.

Ist Zinkmangel weit verbreitet? Einige Fachleute glauben es. Die Hypothese, die Zinkzufuhr sei bei vielen zu gering, wäre vielleicht noch vor wenigen Jahren als lächerlich abgetan worden. Heute ist das nicht mehr der Fall. Fortschritte in der Erkenntnis der Rolle, die Zink im Metabolismus spielt, der Faktoren, die seine Wirksamkeit bei der Absorption beeinflussen, und die Wirkungen von Zinkmangel beim Menschen haben klar gezeigt, daß wir uns mit dem Zinkbedarf des Menschen und einem angemessenen Zinkvorkommen in der Nahrung zu befassen haben.

Der menschliche Körper verfügt nicht über große Zinkreserven. Der durchschnittliche Erwachsene männlichen Geschlechts hat bloß 2,2 Gramm in seinem 77 Kilogramm schweren Körper. Wie die Forscher herausgefunden haben, befinden sich in der Tagesnahrung des Durchschnittsmenschen 6 bis 16 Milligramm Zink. Der Gesunde braucht pro Tag mindestens 12 Milligramm zur Erhaltung seines Körpergleichgewichts. Bei Krankheit oder Verletzung steigt dieser Bedarf.

Bei einem Menschen mit normalem Zinkgleichgewicht werden etwa 50 % der Tageszufuhr, 6 Milligramm, absorbiert. Davon werden 5 Milligramm durch Leber und Pankreasprodukte ausgeschieden und verlassen via Kot den Körper, etwa ½ Milligramm wird im Urin ausgeschieden und das letzte halbe Milligramm in Schweiß, ausgefallenen Haaren und durch die Haut.

Zink ist — oder sollte es vielmehr sein — reichlich in der Nahrung vorhanden. Doch wird das Mineral zum großen Teil aus dem Weizen und aus dem Zucker durch den Raffinierungsprozeß entfernt. Die Wissenschaftler machen sich auch Sorgen über den zunehmenden Zinkmangel in Pflanzen: Wenn nicht die Zinkauslaugung des Ackerbodens in großem Stil behoben wird, werden immer mehr Menschen an Zinkmangelerscheinungen leiden.

### *Was tut man gegen Verhaltensstörungen als Folge falscher Ernährung?*

Sobald Verdacht besteht, daß falsche Ernährung das falsche Benehmen verursachen könnte, wird die Diagnose erleichtert durch Blut- oder andere Tests. Selbstverständlich kann ein gestörtes Verhalten auch viele andere Ursachen haben.

Es gibt jedoch zahlreiche Gründe zur Annahme, ein Nährstoffmangel könnte mitspielen, wenn sich eine körperliche Störung, wie zum Beispiel ein Geschwür oder eine Absorptionsunfähigkeit, zeigt. Hier könnte der Mangel verantwortlich sein für eine ungenügende Aufnahme eines oder mehrerer Nährstoffe oder für die Unfähigkeit, sie richtig zu verarbeiten.

Es besteht ein Grund zum Verdacht, wenn Medikamente eingenommen werden, von denen bekannt ist, daß sie die Verarbeitung eines Nährstoffes hindern oder einen größeren Bedarf mit sich bringen, wie zum Beispiel orale Kontrazeptiva und Antikonvulsiva. Es besteht ein Grund zum Verdacht, wenn die Kost aus irgendeinem Grund knapp ist oder eintönig — Vorliebe für Modediäten, Kaubeschwerden, um nur zwei Beispiele zu nennen. Wenn wirklich ein Nährstoffdefizit besteht, ist es sinnlos, quasi als Allheilmittel große Mengen von Vitaminen oder Mineralien oder beides zu sich zu nehmen. Ist der Mangel die Folge einer körperlichen Krankheit, wie zum Beispiel eines Geschwürs oder ungenügender Absorption, die früher nicht entdeckt oder nicht richtig behandelt worden sind? In jedem Fall muß sowieso die Krankheit behandelt werden. Steht der Mangel in irgendeinem Zusammenhang zu einem Medikament? Dann muß der spezifische Nährstoff, der durch das Medikament verbraucht wird, zusätzlich zugeführt werden.

Und wenn es an der unausgewogenen Kost liegt, dann muß sie korrigiert werden.

# 17. Verhaltensstörungen, die durch Medikamente verursacht werden

Eine Frau mittleren Alters wird plötzlich unruhig, schwach und müde, appetitlos und von Prickeln und Brennen geplagt. Ein Medikament, das sie gegen ein Ödem nimmt, stellt sich als Ursache heraus.
Ein junger Mann wird immer nervöser, hierauf verwirrt, und zu guter Letzt beginnt er zu halluzinieren. Ursache: ein Antiallergikum.
Ein erfolgreicher Geschäftsmann wird plötzlich von unerklärlichen Angstzuständen heimgesucht. Ursache: ein Mittel gegen Bluthochdruck.
Eine Frau, die unter Schwindel und Reizbarkeit leidet und unter verwaschener Sprache, wird sofort wieder normal, als Equanil, ein Medikament gegen Angst, abgesetzt wird.
Nichts im Leben ist umsonst, außer dem Tod, und der kostet das Leben. Die Medizin macht da keine Ausnahme. Obschon die modernen Heilmittel ganz wesentlich zu Gesundheit und Wohlfahrt beigetragen haben, sind sie alle nicht reine Wohltäter.
Antibiotika waren die großen Lebensretter. Aber Penizillin, das Lungenentzündung heilen kann, kann auch allergische Reaktionen bewirken, oft sogar potentiell tödliche. Andere Antibiotika, wie die «Myzine», die die Darmflora streckenweise niedermähen, zerstören dadurch oft nützliche Bakterienpopulationen und erleichtern so zäheren und vorher in Minderheit vorkommenden Bakterienstämmen, sich zu vermehren und Verdauungsstörungen zu bewirken.
Medikamente sollen Gefühls- und Verhaltensstörungen bewirken? Ist das möglich? Allerdings. Sie sind sogar oft die Folge der Einnahme von Tranquilizern und Sedativa.
Eine der unangenehmsten Nebenwirkungen stärkerer Tranquilizer ist Gesichtsverzerrung, Heraushängen der Zunge, unwillkürliche Mundbewegungen, Unterkiefermuskelzukken. Die häufigste Nebenwirkung starker Tranquilizer, die Akathisie, äußert sich tagsüber durch große innere Unruhe,

speziell in den Beinen, dem Zwang, sich zu bewegen, während der Nacht führt die Unruhe zu qualvoller Schlaflosigkeit.
Viele verschiedenen Zwecken dienende Arzneimittel — Sedativa, schwächere Tranquilizer, Antidepressiva, Schmerzmittel, Herzmittel, Hormone und andere — können gelegentlich als Nebenwirkung körperliche und geistig-seelische Störungen hervorrufen.
Das Vorkommen von geistigen Störungen, die als Nebenwirkungen von Arzneimitteln auftreten, ist nicht groß, aber man soll es auch nicht unterschätzen. Eine Ärztegruppe fand bei der Durchführung eines Medikamentenüberwachungsprogramms ein Vorkommen von 2,8 %.
«Symptome, die durch Medikamente hervorgerufen werden», warnt ein medizinisches Bulletin, «gehören zu den häufigsten Ursachen plötzlicher emotioneller Störungen, und alle praktizierenden Ärzte sollten sich dessen bewußt sein, wenn sie Präparate verschreiben oder einen Patienten behandeln, der vielleicht schon wegen einer anderen Krankheit Mittel nimmt.»
Soll man einem Patienten sagen, daß jedes Medikament potentiell ein — unter Umständen harmloser — Störenfried sein kann? Einige Ärzte sind dagegen, weil sie dem Patienten unnötige Ängste ersparen möchten. Die Zahl der andern jedoch, die glauben, daß ein wohlinformierter Patient ein wohlbehüteter Patient sei, nimmt zu.
Ein Patient, der früh einen möglichen Zusammenhang zwischen einem oder mehreren neuen Symptomen und einem Medikament erkennt, spart sich viel unnötige Sorgen, Ängste und Leiden. Vielleicht braucht es nur eine Änderung in der Dosierung, um die Nebenwirkungen zu minimalisieren oder zu eliminieren. Hilft das nicht, kann sehr oft auf ein anderes Medikament übergewechselt werden, eines, das dem Betroffenen auch ohne Nebenwirkungen hilft.
Auf den folgenden Seiten finden Sie Auskunft über gängige Medikamente und ihre möglichen unerwünschten Nebenwirkungen auf Körper und Geist. Es ist wichtig, einmal mehr zu betonen, daß solche Störungen die Ausnahmen sind und nicht die Regel und daß bei Heilmitteln, wenn sie richtig verschrieben worden sind, der Nutzen das Risiko wert ist, und daß das Risiko beträchtlich herabgesetzt oder sogar ausge-

schaltet werden kann, wenn der Patient und hierauf auch der Arzt bei lästigen oder gefährlichen Nebenerscheinungen prompt reagieren.

### *Starke Tranquilizer*

Es handelt sich um Medikamente, die auch als Neuroleptika bezeichnet werden, und die Anwendung finden bei schweren Fällen von Geistesgestörtheit wie zum Beispiel Schizophrenie, manchmal aber auch zu andern Zwecken, wie etwa bei starker Übelkeit und dauerndem Erbrechen oder zur Dämpfung extremer Angst-, Spannungs- und Erregungszuständen, wie sie bei ernsten körperlichen Krankheiten auftreten können, und zur Bekämpfung hartnäckigen Schluckaufs.
Zu diesen Medikamenten gehören unter anderem Compazin, Etrafon, Haldol, Melleril, Nozinan, Proloxin, Serentil, Stelazin, Taractan, Thorazin, Tindal, Triavil und Vesitan.
Wie wir schon erwähnt haben, ist tardive Dyskinesie eine der lästigsten Nebenerscheinungen dieser Medikamente und Akathisie eine der häufigsten.
Andere mögliche Störungen des Gefühls und Verhaltens sind: Erregung, Angst, Depression, Schläfrigkeit, Verwirrtheit, Lethargie, Euphorie, Anfälle von Grand Mal, Halluzinationen und Unruhiges-Beine-Syndrom.
Mögliche körperliche Störungen sind Blutkrankheiten, Gelbsucht, Herzrasen, Brustschwellung, Sehstörungen, unregelmäßige Menstruation, Impotenz, Hautausschlag, Schlaflosigkeit, Schluckbeschwerden, Verstopfung, Durchfall, Übelkeit, Erbrechen.

### *Schwächere Tranquilizer*

Es handelt sich hier um Medikamente, die in der Regel gegen Angst- und Spannungszustände verschrieben werden.
Zu den Präparaten, die schwächere Tranquilizer sind oder solche als Bestandteile enthalten, gehören Atarax, Deprol, Equanil, Librax, Libritaps, Librium, Menrium, Meprospan, Miltown, Miltrat, Pathibamat, Raudixin, Rau-Sed, Sandil, Serpasil, Valium und Vistaril.

Sie können manchmal eine oder mehrere der folgenden seelischen und das Verhalten betreffenden Störungen als Nebenwirkungen zeigen: Schläfrigkeit, verwaschene Sprache, Schwäche, Euphorie, Reizüberflutung, Inkoordination. Einige können auch Depression, Nervosität, Angst und Alpdrücken hervorrufen.
Andere negative Wirkungen sind eventuell Übelkeit, Erbrechen, Appetitlosigkeit, Durchfall, verstopfte Nase, Jucken, Hautausschlag, Impotenz, Nachlassen der Libido, Muskelschmerzen, Sehstörungen, Schüttelfrost, Anämie.

### *Antidepressiva*

Diese Medikamente werden verabreicht zur Linderung der Zustände bei schwerer Depression.
Zu ihnen gehören Adapin, Aventyl, Deprol, Elavil, Endep, Etrafon, Imavat, Imipramin, Janimin, Marplan, Nardil, Norpramin, Parnat, Pertofran, Presamin, SK-Pramin, Tofranil, Triavil und Vivactil.
Sie können manchmal als Nebenwirkungen folgendes verursachen: Verwirrungszustände, Konzentrationsunfähigkeit, Desorientierung, Wahnvorstellungen, Halluzinationen, Erregung, Angst, Unruhe, Schlaflosigkeit, Alpdrücken, Gefühllosigkeit oder Prickeln und Brennen, Inkoordination, Zittern.
Andere mögliche Wirkungen sind Mundtrockenheit, Sehstörung, Hautausschläge, Nesselfieber, Pulsrasen, Palpitation, Herzrhythmusstörungen, Übelkeit, Erbrechen, Appetitlosigkeit, Durchfall, Haarzunge, Hoden- und Brustschwellung, Schwindel, Schwäche, Müdigkeit, Kopfschmerzen, Gewichtszu- oder -abnahme, Schläfrigkeit, Ausgehen der Haare.

### *Antihypertonika*

Diese Mittel dienen zur Herabsetzung des erhöhten Blutdrucks. Einige haben auch diuretische Wirkung, wodurch überflüssige Flüssigkeiten aus dem Körper ausgeschieden werden; sie können auch verwendet werden gegen Insuffizienz des Herzens, bei der es zu abnormen Flüssigkeitsansammlungen kommt.

Zu den Antihypertonika gehören Aldactazid, Aldacton, Aldocolor, Aldomet, Aldoril, Apresazid, Apresolin, Butaserpazid, Catapres, Combipres, Diucardin, Diupres, Diuril, Diutensen, Syazid, Enduron, Enduronyl, Esidrix, Esimil, Eutonyl, Eutron, Exna, Harmonyl, HydroDiuril, Hydromox, Hydrotensin, Hygroton, Inderal, Ismelin, Methahydrin, Metatensin, Minipres, Moderil, Naqua, Naquival, Naturetin, Nipride, Oretic, Oreticyl, Raudixin, Rau-Sed, Rauzid, Regroton, Saluron, Salutensin, Ser-Ap-Es, Serpasil, Singoserp-Esidrix, SK-Reserpin, Unipres, Unitensen.

Es haben zwar nicht alle die gleichen Nebenwirkungen, aber bei den Medikamenten dieser Kategorie kann es unter Umständen zu folgenden Erscheinungen kommen: Sedierung, Schwäche, Benommenheit, Nachlassen der Geistesschärfe, Depression, weitere seelische Störungen, inklusive Alpdrükken und reversible psychotische Zustände, Inkoordination, Lethargie, Unruhe.

Zu den körperlichen Krankheiten, die durch die Nebenwirkungen hervorgerufen werden können, gehören Anämie, Appetitlosigkeit, Blutkrankheiten, Krämpfe, Durchfall, Fieber, Kopfschmerzen, Hautausschläge, Jucken, Impotenz, Gelbsucht, abnormer Haarwuchs, Nesselfieber, Übelkeit und Erbrechen.

### *Antihistamine*

Diese Medikamente schaffen bei Heuschnupfen und anderen Allergien Erleichterung, bei Schnupfen und Erkältung, Schlaflosigkeit und anderen Störungen.

Zu den Antihistaminpräparaten gehören Actidil, Actifed, Allerst, Ambenyl, Benadryl, Chlor-Trimeton, Citra, Citra Forte, Codimal, Coricidin, Corifoerte, Corilin, Decomin, Demazin, Dimetan, Dimetapp, Disomer, Disophrol, Dramamin, Drinus, Drixoral, Duacin, Extendril, Fedahist, Fedrazil, Fiogesic, Forhistal, Hispril, Histabid, Histadyl, Histaspan, Histarol, Isoclor, Kronohist, Marhist, Matropinal, Napril, Naril, Neotep, Molamin, Oraminic, PBZ-SR, Periactin, Phenergan, Polaramin, Pyribenzamin, Quelidrin, Rhinex,

Rondec, Rynatan, Rynatuss, Sinovan, Sinulin, SK-Diphenhydramin, Stopp, Tacaryl, Teldrin, Triaminic, Triaminicin, Triten, Ursinus, Vistaril und Zipan.
Diese Medikamente können zu Schläfrigkeit, Verwirrung, Nervosität, Unruhe, Schlaflosigkeit, Erregung und Müdigkeit führen.
Andere mögliche Störungen sind: Übelkeit, Erbrechen, Diarrhöe, Sehstörungen, Schwierigkeiten beim Harnlassen, Verstopfung, verstopfte Nase, keuchendes Atmen, Schwindel, Palpitation, Kopfschmerzen, Schlaflosigkeit, Nesselfieber, Hautausschlag, Mund-, Schlund- und Nasentrockenheit, Prickeln, Schwäche in den Händen.

### *Antispasmodika und Anticholinergika*

Diese Medikamente werden oft gegen Magengeschwüre, das Reizkolon, und andere mit Krämpfen und Koliken verbundene Störungen des Magen-Darm-Trakts und der Harnwege verwendet.
Zu ihnen gehören Anaspaz, Antrenyl, Antrocol, Arco-Lase, Atropinsulfat, Barbidonna, Bartropin, Belladenal, Bentyl, Cantil, Chardonna, Combid, Cystospaz, Darbid, Daricon, Ditropan, Dolonil, Donnatal, Donphen, Dranachol, Dynspas, Enarax, Eta-Lent, Festalan, Gustase, Hepahydrin, Homapin, Hybephen, Kinesed, Kutrase, Levsin/Phenobarbital, Levsinex, Librax, Matropinal, Milpath, Octin, Paminbromid, Papaverin, Pathibamat, Pathilon, Prantal, Pro-Banthin, Probital, Prydon, Quarzan, Robinul, Sedadrops, Sed-Tens, Sidonna, Trac, Tral, Trasentin, Trest, Trocinat, Uretron, Urised, Urispas, Valpin und Vistrax.
Diese Medikamente können eine oder mehrere der folgenden Nebenwirkungen haben: geistige Verwirrung oder Erregung, Schläfrigkeit, Schlaflosigkeit, Nervosität.
Andere mögliche Nebenwirkungen sind Verstopfung, Blähungen, Schwindel, Kopfschmerzen, Hautausschlag, Impotenz, Mundtrockenheit, Geschmacksverlust, Übelkeit, Erbrechen, Palpitation, rascher Puls, Sehstörungen, vermindertes Schwitzen, Harnverhaltung.

*Entzündungshemmende Medikamente*

Diese Medikamente sind gegen verschiedene Krankheiten von Nutzen, so zum Beispiel schwere Allergien, Asthma, arthritische und rheumatische Beschwerden, Nierenstörungen und Blutkrankheiten.
Zu den entzündungshemmenden Medikamenten oder zu denen, die solche Substanzen enthalten, gehören Aristocort, Arthrophan, Azolid, Betapar, Butazolidin, Celeston, Cortenema, Cortisporin, Decaderm in Estergel, Decadron, Dermacort, Deronil, Dexon, Diproson, Fluonid, Halog, Hyson, Kenacort, Kenalog, Lidex, Locorten, Medrol, Meticortelon, Meticorten, Metreton, Motrin, Nalfon, Naprosyn, Orabas, Orason, Plaquenil, Proctocort, SK-Prednison, SK-Triamcinolon, Steran, Sterazolidin, Synalar.
Einige dieser Medikamente können gelegentlich zu Erregtheit, Verwirrtheit und Reizbarkeit führen.
Andere mögliche Nebenwirkungen sind Flüssigkeitsretention im Gewebe, Muskelschwäche, Magengeschwüre, Trommelbauch, Kopfschmerzen, unregelmäßige Menstruation, Anämie, Gesichtsrötung, Frakturen, Schwindel, dünne, spröde Haut, Diarrhöe, Blutkrankheiten, Fieber, Gelenkschmerzen, Sehstörungen, Übelkeit, Erbrechen, Schlaflosigkeit, Lethargie.

*Antikonvulsiva*

Diese Medikamente werden gegen die verschiedenen Arten von epileptischen Anfällen verwendet.
Zu den Spasmolytika gehören Celontin, Clonopin, Dilantin, Gemonil, Mebaral, Mesantoin, Milontin, Mysolin, Paradion, Peganon, Phelantin, Phenuron, Tegretol, Tridion, Valium, Zarontin.
Medikamente dieser Kategorie führen manchmal zu Schläfrigkeit, Inkoordination, Konfusion, Müdigkeit, Halluzinationen, Sprachstörungen, Depression mit Agitation, Geschwätzigkeit, Reizbarkeit, Nervosität. Körperliche Auswirkungen können einschließen Anämie, Blutkrankheiten, Hautausschläge, Übelkeit, Erbrechen, Gelbsucht, Haarverlust, Gewichtszunahme, Diarrhöe, Bauchschmerzen, Ver-

stopfung, Schluckauf, Kopfschmerzen, Sehstörungen, Schlaflosigkeit.

### *Sedativa*

Diese Medikamente werden verwendet zur Beruhigung bei Nervosität, Reizbarkeit und Erregung und als Hypnotika bei Einschlafschwierigkeiten.
Zu ihnen gehören Allurat, Amytal, Arco-Lase Plus, Belap, Buticaps, Butisolnatrium, Cantil/Phenobarbital, Carbrital, Dialog, Dolatrin, Donphen, Emesert, Eskabarb, Gustase Plus, Levsin/Phenobarbital, Levsinex/Phenobarbital, Matropinal, Mebaral, Nembutal, Pamin, Plexonal, Repan, S.B.P. Plus, Seconal, Sedadrops, Sedapap, SK-Phenobarbital, Solfotin und Tuinal, alle aus der Gruppe der Barbiturate, Nichtbarbiturate: Aquachloral, Betachlor, Bromural, Dalman, Equanil, Levoprom, Noctec, Nodular, Parest, Phenergan, Quaalude, Chloral-Hydrat, Sopor, Tranxen.
Diese Mittel können manchmal zu Verwirrtheit, Schläfrigkeit, Lethargie, paradoxer Erregung, Konfusion, Taumeln, Depression, Euphorie, Desorientierung, Nervosität, Angstzuständen, verwaschener Sprache führen.
Andere mögliche Störungen sind Kopfschmerzen, Sodbrennen, nervöser Magen, Übelkeit, Erbrechen, Durchfall, Brustschmerzen, Schmerzen im Körper und in den Gelenken, Hautausschläge, Jucken, Mundtrockenheit, Atemlosigkeit, Schwäche.

### *Mittel gegen Angina pectoris*

Diese Mittel werden verschrieben gegen die Schmerzen der Krankheiten der Herzkranzgefäße.
Zu ihnen gehören Amylnitrit, Antora, Duotrat, Inderal, Iso-Bid, Isordil, Miltrat, Nitrobid, Nitroglyn, Nitrostat, Papavatral, Papaverin, Paveril, Peritrat, Persantin, Sorbit, Sorbitrat.
Gelegentlich kann es nach Einnahme dieser Medikamente zu Depressionen kommen (Schlaflosigkeit, Abgespanntheit, Müdigkeit, Schwäche), Halluzinationen, Störungen des

Kurzzeitgedächtnisses, emotionelle Labilität, Reizüberflutung, Erregung.
Andere mögliche Nebenwirkungen sind u. a. Übelkeit, Erbrechen, Bauchkrämpfe, Diarrhöe, Verstopfung, Hautausschlag, Erröten, Kopfschmerzen, starke Blässe, starkes Schwitzen.

### *Medikamente gegen Herzrhythmusstörungen*

Diese Mittel dienen der Dämpfung verschiedener Herzrhythmusstörungen.
Zu ihnen gehören Cardioquin, Inderal, Isuprel, Ouabain, Pronestyl, Quinidin, Quinora, und SK-Quinidin.
Bei Gelegenheit kann es nach der Einnahme dieser Mittel zu Depression, Müdigkeit, Halluzinationen, Schwindel, Ängsten, Verwirrung und Erregung kommen.
Andere mögliche Nebenwirkungen sind etwa Atemschwierigkeiten, Schwindel, Magen-Darmbeschwerden, Fieber, Kopfweh, Gehörstörungen, Hautausschläge, kalter Schweiß, Sehstörungen, Nesselfieber, Jucken, bitterer Geschmack.

### *Digitalispräparate gegen Herzkrankheiten*

Diese Mittel, die eine belebende Wirkung auf das Herz haben, gehören zu den geschätztesten Medikamenten gegen gewisse Herzkrankheiten, inklusive Stauherz und einige Rhythmusstörungen.
Zu den Digitalispräparaten gehören Acylanid, Cedilanid, Crystodygin, Digoxin, Gitaligin, Lanoxin, Sk-Digoxin.
Die Erzielung einer optimalen Wirkung durch präzise Abstimmung der Dosis auf den Patienten ohne die unerwünschten Nebenwirkungen einer Überdosierung gehört zu den Künsten des Arztes.
Eine Überdosis kann zu Apathie, Schwäche, Kopfschmerzen, Sehstörungen, Appetitlosigkeit, Übelkeit, Erbrechen, Durchfall und anderen Rhythmusstörungen führen.

*Antibabypillen*

Diese die Schwangerschaft verhindernden Hormonpräparate schließen ein Brevicon, Demulen, Enovid, Loestrin, Lo/Ovral, Micronor, Norinyl, Norlestrin, Ortho-Novum, Ovral, Ovrette, Ovulen und Zoran.
Die oralen Empfängnisverhütungsmittel bewirken manchmal Störungen wie Depressionen, Müdigkeit, Nervosität, Libidoschwäche.
Zu den körperlichen Störungen gehören u. a. Bauchkrämpfe, Blähungen, Rückenschmerzen, Druckempfindlichkeit der Brüste, Brustvergrößerung, Brustwarzensekretion, Bluthochdruck, blaseninfektionsähnliche Symptome, Ödeme, Augenentzündung, Schwindel, üppiger Haarwuchs, Jucken, Gelbsucht, Migräne, Übelkeit, Erbrechen, Lungenembolie, Hautausschlag, Verlust der Kopfhaare, Schlaganfälle, Thrombophlebitis (Venenentzündung mit Thrombenbildung), Hautverfärbung, Gewichtsveränderung.

*Sulfonamide gegen Infektionen*

Diese bakterienhemmenden Medikamente finden Anwendung bei verschiedensten Infektionen inklusive derer, die sich gegen Antibiotika als restistent erweisen. Einige dienen auch anderen Zwecken wie zum Beispiel der Behandlung der ulzerösen Kolitis.
Solche Sulfonamide sind Azulfidin, Bactrim, Gantarol, Gantrisin, Midicel, Renoquid, Sebizon, Septra, SK-Soxazol, Sulfa, Sulfamylon, Terfonyl und Thiosulfil.
Gelegentlich kommt es nach der Einnahme dieser Medikamente zu folgenden Nebenwirkungen: Apathie, Müdigkeit, Depression, Nervosität, Halluzinationen.
Andere mögliche Nebenwirkungen sind Kopfschmerzen, Übelkeit, Erbrechen, Bauchschmerzen, Diarrhöe, Anämien, Hautausschläge, Gelenkschmerzen, Schüttelfrost, Fieber.

*Antiparkinsonmittel*

Diese Medikamente, die sich bei der Parkinson-Krankheit oder Schüttellähmung bewährt haben, sind Akineton, Artane, Bendopa, Cogentin, Disipal, Dopar, Kemadrin, Larodopa, Levsin, Levsinex, Pagitan, Sinemet, Symmetrel und Tremin.

Gelegentlich kann es zu folgenden Nebenwirkungen kommen: Depression, Desorientierung, Euphorie, Angst, Reizbarkeit, Verwirrung, Halluzinationen, Nervosität, Erregtheit.

Andere mögliche Nebenerscheinungen sind etwa Appetitlosigkeit, Übelkeit, Kopfschmerzen, Mundtrockenheit, Schwächegefühle, Müdigkeit, Sehstörungen, Hautausschläge, Gefühllosigkeit in den Fingern, Verstopfung.

# 18. Die Liste der somatopsychischen Störungen ist noch nicht zu Ende

Die psychosomatische Medizin ist ein weites Feld. Sie widmet sich in erster Linie dem Studium der Beziehungen zwischen Seele und Körper.

Niemand bezweifelt, daß die Seele den Körper beeinflussen kann — und es oft auch tut. Sie kann eine körperliche Erkrankung auslösen oder verschlimmern.

Aber die psychosomatische Medizin hat auch Platz für das Umgekehrte — das Studium der Fähigkeit körperlicher Erkrankungen, sich störend in seelisches Geschehen einzumischen und auch Verhaltensstörungen zu bewirken. Die Verwendung des Ausdrucks «somatopsychisch» — in der Wortumkehrung wird der Einfluß des Körpers auf die Seele hervorgehoben — wird immer häufiger.

Neben den in den vorhergegangenen Kapiteln erwähnten Störungen gibt es noch weitere Krankheiten, von denen man früher nicht gedacht hätte, daß sie eine körperliche Ursache haben könnten, oder man hat diesen Gedanken nicht genügend verfolgt. Von ihnen wollen wir in diesem letzten Kapitel sprechen.

Eine Frau aus einer kleinen Gruppe von Patienten, die sich wegen mysteriöser Symptome zur Beobachtung in der neurologischen Abteilung eines Universitätsspitals befanden, 57 Jahre alt und bis vor zwei Jahren dem Beruf einer Grundstückmaklerin nachgehend, in dem sie äußerst geschickt war, hatte plötzlich unter Reizbarkeit, Depression, Angst, grundlosem Weinen und Gedächtnisschwund gelitten. Im weiteren Verlauf der Krankheit zeigten sich auch Symptome wie Schwindelanfälle, Koordinationsstörungen, Prickeln oder Gefühllosigkeit in beiden Füßen und gelegentlich auch in Händen und Fingern.

Sie wurde gründlichst untersucht auf Diabetes, Leberzirrhose, Hypothyreose, Pankreatitis und andere allenfalls mögliche Ursachen. Die Untersuchungen ergaben keinen Befund. Etwas war allerdings mit ihrem Blut nicht in Ordnung: Der

Blutfettspiegel war abnorm hoch — Cholesterin 600 und Triglyzerid 1600.
Eine Kombination von Diät und dem Medikament Clofibrat senkte die Werte. Nach drei Monaten war auch Cholesterin auf 217 und Triglyzerid auf 183 gesunken. Damit waren auch alle ihre Symptome verschwunden.
Bei fünf anderen Patienten verschwanden ähnliche Symptome der *hyperlipämischen Demenz* schon bei Befolgung einer richtigen Diät. (Hyperlipämie: übermäßiger Fettgehalt des Blutes.) Wir kennen den Mechanismus, mit Hilfe dessen der erhöhte Blutfettspiegel zu neurotischen, das ist das Nervensystem betreffenden Störungen führt, nicht. Aber die Tatsache, daß die Patienten gesund werden, wenn man ihre Hyperlipämie behandelt, läßt es als wünschenswert erscheinen, bei allen Patienten mit Demenz nach dieser Störung zu forschen und sie, wenn sie vorhanden ist, sofort zu behandeln.
*Polyzythämie* ist eine Blutkrankheit, das Gegenteil der Anämie. Statt zuwenig rote Blutkörperchen, hat es zuviele. Bei dieser Krankheit nehmen die Erythrozyten in einem solchen Maße überhand, daß es zu Blutverdickung und Zähflüssigkeit kommt.
Zu den Symptomen gehören Ermüdbarkeit, Leistungsabfall, Konzentrationsschwierigkeit, Schläfrigkeit, Kopfschmerzen, Vergeßlichkeit, Ohnmachtsanfälle, alles als Ergebnis einer ungenügenden Blutzufuhr zum Hirn und zu anderen Geweben.
Egal, welche Form die Polyzythämie annimmt — die Symptome sind die gleichen. Man unterscheidet zwei Arten von Polyzythämie. Bei der einen, der Polycythaemia vera, kommt es aus unerklärlichen Gründen zu einem Wuchern der blutzellenbildenden Gewebe des Knochenmarks.
Bei der andern Form, der sekundären Polyzythämie, wird die Sauerstoffzufuhr zu den Geweben herabgesetzt, und der Körper versucht das durch Produktion von mehr Blutkörperchen zu kompensieren. Schwere chronische Lungen- und Herzkrankheiten können zu dieser Krankheit führen, ebenfalls das Leben in großen Höhen.
Eine Anzahl Untersuchungen aus neuerer Zeit hat ergeben, daß übermäßiges Rauchen zu Polyzythämie führen kann. Eine aufsehenerregende Studie wurde an 22 Patienten,

18 Männern und vier Frauen, durchgeführt, die alle Kettenraucher waren und an Polyzythämie litten. Drei der Patienten gaben das Rauchen völlig auf, und zwei rauchten bedeutend weniger. Bei allen fünf reduzierte sich die Zahl der roten Blutkörperchen auf die Norm, und die Symptome verschwanden innerhalb weniger Tage. Die Zigarren- und Zigarettenraucher, die weiterrauchten, wurden ihre Symptome nicht los.

Warum soll nun Rauchen Polyzythämie verursachen? Der Grund ist der hohe Kohlenmonoxydgehalt des Tabakrauches. Das inhalierte Kohlenmonoxyd hat eine starke Affinität oder Neigung zum Hämoglobin, dem Farbstoff der roten Blutkörperchen, der den Sauerstoff aus den Lungen aufnimmt und ihn in die Gewebe befördert. Das Kohlenmonoxyd ersetzt den Sauerstoff, führt zu Sauerstoffmangel in den Geweben und zu den Anstrengungen des Körpers, diesen Mangel durch vermehrte Produktion von roten Blutkörperchen zu kompensieren.

In Anbetracht der weiten Verbreitung des Tabaks, könnte das Rauchen eine der am häufigsten vorkommenden Einzelursachen der Polyzythämie sein.

Familiengebundene Bruzellose ist eine Krankheit mit unbekannter Ursache. Ihr anderer Name — familiäres mediterranes Fieber — ist eine Mißbezeichnung, und bis in die jüngste Zeit hat sie die besten Diagnostiker genasführt und jeder Behandlung widerstanden.

Das Opfer dieser Krankheit erleidet alle zwei bis vier Wochen einen Anfall, der einen bis drei Tage dauert. Sie bewirkt unerklärliches Fieber oder starke Bauchschmerzen oder beides. Wenige Patienten kommen um einen oder mehrere Probebauchschnitte zur Sicherung der Diagnose herum, die aber zu nichts führen. Schwere Depressionszustände, Medikamentenabhängigkeit, Leistungsschwäche und gestörtes Berufsleben gehören zu ihren Folgen.

Zu einem wissenschaftlichen Durchbruch kam es erst vor einigen Jahren, als eine dreiundzwanzigjährige Frau ins Krankenhaus eingeliefert worden war. Sie lag im Koma, weil sie ihre Depression nicht mehr ausgehalten und 80 Pentobarbitaltabletten geschluckt hatte.

Wie viele andere Patienten hatte sie jahrelang unter Fieberanfällen und gräßlichen Bauchschmerzen gelitten. Sie hatte eine Bauchoperation hinter sich, und es war ihr auch die Gallenblase entfernt worden. Fettarme Diät, kortisonähnliche Medikamente, Psychotherapie und viele andere Behandlungsmethoden hatten keine Besserung gebracht. Die Anfälle traten mit unverminderter Heftigkeit und Häufigkeit auf.

Heute hat sie keine Schmerzen mehr, keine Fieberanfälle, kann arbeiten und ein normales Leben führen, und das alles dank Colchicin, einem altbekannten Mittel gegen Gicht.

Die Anwendung von Colchicin war der letzte verzweifelte Versuch, dieser armen Frau zu helfen. Der Gastroenterologe des Spitals wandte sich an diverse andere Spezialisten, da er völlig ratlos war. Zwei Ärzte der medizinischen Fakultät der Universität Harvard hatten es vor einigen Jahren bei einem Patienten mit einer Colchicin-Tablette zweimal täglich versucht, und dieser hatte keine Anfälle mehr bekommen, solange er das Medikament nahm. Der Arzt klammerte sich an diesen Strohhalm.

Sobald die junge Frau aus dem Koma erwachte, erhielt sie täglich drei Tabletten Colchicin. Hierauf war sie zwei Jahre lang von diesen Fieberanfällen verschont. Als sie dann wieder drei Anfälle erlitt, erhöhte man die Dosis um eine Tablette täglich. Seither geht es ihr gut.

Der Arzt behandelte hierauf zehn andere Patienten während Monaten mit Colchicin, wodurch die Anfallshäufigkeit von 355 auf 7 herabgesetzt wurde. Drei von den sieben Anfällen ereigneten sich kurz, nachdem das Medikament zeitweilig abgesetzt worden war. Die vier andern Patienten stellten fest, daß sie durch Einnahme einer zusätzlichen Colchicintablette bei den ersten Anzeichen eines schweren Schmerzanfalls diesen verhindern konnten.

Untersuchungen des amerikanischen Institutes für Allergie und Infektionskrankheiten bestätigten sehr schnell die Wirksamkeit von Colchicin bei dieser Krankheit. Man weiß jedoch noch nicht, wie Colchicin hier wirkt.

Die durchschlagende Wirkung des Colchicins verpflichtet uns, bei allen Patienten, die wiederkehrende, unerklärliche Fieberanfälle und Bauchschmerzen haben, einen Diagnoseversuch mit diesem Präparat zu unternehmen.

Nach einem Picknick zeigte sich bei einem zwanzigjährigen Mädchen über Nase, Stirne und Waden ein roter Hautaus-

schlag in der Gestalt eines Schmetterlings. Ihre Krankengeschichte enthielt keinerlei Allergien, und nichts ließ darauf schließen, daß das Picknick irgend etwas enthalten haben könnte, das den Ausschlag hätte bewirken können. Er verschwand wieder.
In den folgenden Jahren trat dieses schmetterlingsartige Gebilde jedoch immer wieder auf, nebst Gelenkschmerzen, Fieber, Pleuritis und geschwollenen Füßen. Als sich zu guter Letzt auch Protein in ihrem Urin fand, wurden ihre Nieren einer gründlichen Untersuchung unterzogen, und es stellte sich ein Nierenschaden heraus, zusammen mit LED, Lupus erythematodes disseminatus oder Schmetterlingsflechte.
Lupus ist eine der auffallendsten sogenannten autoimmunen Krankheiten, jenen Krankheiten, bei denen das Immunsystem des Körpers Antikörper produziert, die nicht die Eindringlinge von außen bekämpfen, sondern das eigene Körpergewebe. Anders gesagt: Leute mit autoimmunen Krankheiten reagieren auf Teile ihres eigenen Körpers allergisch. LED, der zuerst bei jungen Frauen festgestellt worden war, kommt, wie man unterdessen weiß, bei beiden Geschlechtern vor und kann vielerlei Gestalt annehmen. Offensichtlich können bei empfindlichen Leuten Sonnenlicht oder latente Virusinfektionen zu Veränderungen und Durchsickern von DNS (Desoxyribonukleinsäure), dem Erbmaterial in allen Zellen, führen. Für gewöhnlich bleibt die DNS im Zellkern, aber wenn sie durchsickert und in den Blutkreislauf gelangt, reagiert das Abwehrsystem und produziert gegen den «Feind» Antikörper.
Wird LED diagnostiziert und richtig behandelt, so sind die Chancen heute für den Patienten nicht schlecht. Wir haben das an der jungen Frau gesehen, die auf die Behandlung angesprochen hat, völlig geheilt wurde, keinen Rückfall hatte und die sich heute mit dem Gedanken trägt, eine Familie zu gründen. Die Krankheit, die noch vor wenigen Jahren sehr gefürchtet war, kann heute unter Kontrolle gebracht oder sogar völlig geheilt werden. Aber: Sie muß erkannt werden. Darin liegt die Schwierigkeit.
Manchmal wird LED «Der große Betrüger» genannt, weil der Lupus sich häufig als irgendeine Krankheit manifestiert und auch als diese diagnostiziert wird.
Die gewöhnlichen Symptome des LED sind Hautausschlag,

chronisch leicht erhöhte Temperatur, Mangel an Energie, schwacher Appetit, Gewichtsverlust und häufiges Auftreten von Infektionen. Wenn der Arzt die Möglichkeit von LED nicht in Betracht zieht, kommt er von den Symptomen her nicht zum richtigen Schluß.

Was die Sache beileibe nicht vereinfacht, ist die Tatsache, daß LED verschiedene Körpersysteme in Mitleidenschaft ziehen kann. So kann dieser Lupus das Nervensystem befallen und sich zuerst in Konvulsionen äußern, was die Diagnose Epilepsie nahelegt. Oder das gestörte Nervensystem kann mit geistigen Störungen reagieren, und der Kranke benimmt sich dann wie ein Neurotiker oder gar wie ein Schizophrener. Befällt LED die Bauchgegend, so wird der Arzt an Geschwüre denken, werden die Gelenke angegriffen, so kann die Krankheit leicht für rheumatisches Fieber oder primärchronische Polyarthritis gehalten werden.

Einige Patienten haben Krämpfe in den winzigen Blutgefäßen von Fingerspitzen und Zehen, meistens nach Gefühlserregungen oder wenn die Extremitäten der Kälte ausgesetzt wurden, und die Haut wird manchmal wächsern (Raynaud-Syndrom). Zu den mysteriösen Manifestationen des LED gehört ein scheinbar positiver Syphilistest, ein Umstand, der verantwortlich ist für viele unnütze Besorgnis zahlloser zukünftiger Bräute und Bräutigame und deren Familien. Es besteht zwischen LED und irgendeiner Geschlechtskrankheit kein Zusammenhang, und bei Syphilisverdacht kann durch weitere Tests rasch herausgefunden werden, ob es sich wirklich um Syphilis handelt. In manchen Fällen wird LED dann der Schuldige sein.

Dann gibt es bei LED noch einen Haken, der die Diagnose auch nicht erleichtert. Die Symptome treten nämlich ganz nach Belieben auf und verschwinden ebenso, und es können sich innert kürzester Zeit die verschiedensten zeigen. Viele Menschen, die jahrelang unter LED gelitten haben, wurden von ihren Ärzten als schwer seelisch gestört betrachtet.

Wir wissen heute, daß LED weit häufiger vorkommt, als man sich das hätte träumen lassen: häufiger als Muskeldystrophie, Multiple Sklerose und Leukämie.

Eine Untersuchung ergab, daß LED mindestens fünfmal häufiger bei Frauen als bei Männern vorkommt. Die Krankheit wurde bei einem Zweijährigen und bei einer 97jährigen festgestellt, und sie befällt am häufigsten Frauen zwischen 15 und 30. Eine ererbte Anfälligkeit für diese Krankheit ist nicht auszuschließen. Ziemlich häufig finden sich in den Familien dieser Patienten Krankengeschichten mit verwandten Krankheiten, zum Beispiel primärchronische Polyarthritis, bei welcher auch immunologische Anomalitäten Voraussetzung sind. Es können auch mehrere Mitglieder einer Familie an LED erkranken, aber das ist nur selten der Fall.

Bluttests sind bei der Diagnose sehr hilfreich. Die Krankheit gilt weder als tödlich noch als heilbar, obschon es gelegentlich zu Todesfällen kommen kann und manchmal Patienten auch völlig von ihrem Leiden befreit werden. Von zehn Patienten mit LED haben neun eine Lebenschance von zehn Jahren oder mehr. Medizinisch gesprochen bedeutet bei einer Krankheit eine Überlebensdauer von zehn Jahren eine sehr günstige Prognose für eine im wesentlichen normale Lebensspanne.

Die richtige Behandlung muß sich dem individuellen Fall anpassen und hängt ab vom befallenen Organ und der Schwere der Krankheit. Zu den Medikamenten, die einzeln oder in Kombination angewendet werden, gehören Aspirin und aspirinähnliche Substanzen, Chloroquin oder ein ähnlicher Wirkstoff oder Prednison, ein kortisonähnliches Medikament.

Zu den Patienten, die unlängst im Beth Israel Hospital in Boston untersucht wurden, gehörte auch ein zwölfjähriges Mädchen, das man als schizophren bezeichnet hatte, weil es Grimassen schnitt, merkwürdige Körperbewegungen machte und nicht sprechen konnte. Nach einem Test stellte sich jedoch heraus, daß es an der Wilson-Krankheit litt, einer erblichen Krankheit, die sich entwickelt, weil der Körper Kupfer nicht richtig verarbeiten kann. Es kommt zu einer Beschleunigung der Kupferabsorption, und der Patient hat von Geburt an mehr Kupfer im Blut als er benötigt.

Zu Beginn der Krankheit zeigen sich überhaupt keine Symptome. Aufgrund der zunehmenden Ansammlung des Kupfers in verschiedenen Geweben, kommt es aber schon bald zur Symptombildung. Wenn die roten Blutkörperchen Kupfer aufnehmen, kann eine Anämie entstehen. Bei einigen Patienten wird die Leber betroffen, und es kommt zur Leberzirrhose und zu Flüssigkeitsansammlungen. In man-

chen Fällen wird die Nierenfunktion gestört. Oft gelangt auch zu viel Kupfer ins Gehirn. Dann äußert sich die Störung in einer Persönlichkeitsveränderung, die bis zur Demenz führen kann, und unter den anderen Symptomen finden sich: Tremor, Sprachschwierigkeiten, Sabbern, Faseln, Inkoordination und ständig offener Mund.
Wird die Krankheit nicht behandelt, so ist sie tödlich. Die Behandlung ist jedoch durchaus nicht hoffnungslos. Sehr wirksam ist das Medikament Pellicinamin, das eine Chelatbindung mit Kupfer bilden kann, die dann ausgeschieden wird (Chelat: Zangenförmiges Molekül, an das sich Schwermetalle anlagern können). Diätmaßnahmen sind unerläßlich. Sie bezwecken eine Verminderung der chronischen Kupferablagerung durch Vermeidung kupferhaltiger Nahrungsmittel, als da sind Innereien, Schalentiere, Nüsse, Trockengemüse, Schokolade und Vollkornzerealien.
Eine der unbekanntesten, am meisten vernachlässigten, am wenigsten diagnostizierten Syndrome der gesamten Medizin ist die Hyperventilation (gesteigerte Zahl der Atemzüge oder deren Vertiefung), die für verschiedene Symptome verantwortlich sein kann.
Bei über hundert Patienten, die unter Phobien und anderen panischen Zuständen litten, wurde festgestellt, daß die Hyperventilation bei allen Fällen eine wesentliche Rolle spielte, aber nie diagnostiziert worden war. Hyperventilation kann zu weiteren Symptomen führen, wie zu dem Gefühl nahe bevorstehenden Unglücks, Verwirrtheit, Verkrampfung von Nacken- und Kopfhautmuskeln, Prickeln und Brennen, Brustschmerzen, Palpitationen.
Bei der Hyperventilation kommt es zu gesteigerten vertieften Atemzügen. Die «Überatmung» braucht weder dem Patienten noch dem Betrachter aufzufallen. Sie führt zu einem abnorm großen Verlust von Kohlendioxyd in der ausgeatmeten Luft, was eine biochemische Störung (Alkalose) bewirkt. Neben diesem Symptom kann die Alkalose auch noch die folgenden erzeugen: Schwäche, Schwindelanfälle bis zur Ohnmacht, Erstickungsgefühl, Würgen im Hals, Schmerzen oberhalb der Magengegend.
Hyperventilation kann durch emotionellen Streß bewirkt werden und trägt dann sehr zur Verstärkung des Stresses bei. Ob sie für alarmierende Symptome verantwortlich ist oder

nicht, kann einfach festgestellt werden: Man braucht den Patienten nur zur absichtlich vermehrten Atmung anzuhalten. Leidet er an dieser Störung, werden sich die für sie typischen Symptome zeigen. Oft kann ein durch Hyperventilation bedingter Symptomenanfall rasch behoben werden, indem der Patient in einen Papiersack aus- und einatmet, wodurch er das verlorene Kohlendioxyd wieder zurückgewinnt. Langsames Atmen durch die Nase bei geschlossenem Mund kann meistens einen Anfall verhindern oder beenden.

Aus einer englischen Studie, die unlängst an siebenhundert Patienten mit Hyperventilation durchgeführt wurde, geht hervor, daß Voraussetzung für Hyperventilation eine schlechte Atemtechnik ist, aufgrund welcher jede körperliche und seelische Störung eine Kettenreaktion von zunehmend vermehrter Atmung auslösen kann. Der Leiter der Untersuchung hat berichtet, daß die Behandlung damit beginne, daß man dem Patienten klarmacht, wie die Hyperventilation zu Symptomen führe (indem man ihn absichtlich stärker atmen läßt, bis sich die Symptome zeigen) und ihm hierauf eine langsame Zwerchfellatmung beibringe, bei der vor allem Bauch- und Zwerchfellmuskeln tätig sind. In den meisten Fällen verschwanden alle Symptome, sobald die Patienten gelernt hatten, die richtige Atemtechnik anzuwenden.

Ein Tic-Syndrom beginnt in der Kindheit oder während den Pubertätsjahren. Es wird oft falsch diagnostiziert, weil die Symptome auf Persönlichkeits- oder Verhaltensstörung hinweisen. Aus einer neueren Untersuchung geht hervor, daß die Durchschnittszeit zwischen Beginn der Krankheit und ihrer Diagnose 11,7 Jahre beträgt.

Das Gilles de la Tourette-Syndrom, so benannt nach dem Arzt, der es als erster beschrieben hat, ist ein unübliches Tic-Leiden, das viele Tics produziert — körperliche und auch Sprachtics. Das erste Symptom ist das Augenzwinkern — rasch, oft, sich wiederholend. Zum Augenzwinkern gesellen sich schnell Nacken-, Körper- und Gliederzucken oder treten an seine Stelle. In den meisten Fällen ist der ganze Körper das Tummelfeld der Tics, in einzelnen sind sie auf eine bestimmte Region beschränkt.

Es kommt auch zu Sprachtics, Geräuschen und Lauten, die neben den unwillkürlichen Körperbewegungen auftreten oder einen oder mehrere Tics ersetzen. Zu den Lauten gehören Grunzen, Räuspern, Brüllen, Bellen. Die Sprachtics können die Form der Koprolalie annehmen, des unwillkürlichen Äußerns obszöner Worte. Es kann auch zu Echolalie, Echomimie, und Echomotismus kommen, dem mechanischen Wiederholen von gehörten Wörtern, der Nachahmung von gesehenen Gebärden und der automatischen Nachahmung von Bewegungen. Zwangshandlungen, Zwangsvorstellungen, Gedankenwiederholung und Bewegungswiederholung gehören auch in den Symptomkreis.

Die Krankheit trifft eher Männer als Frauen, etwa im Verhältnis 3 zu 1 bis 4 zu 1. Die Tourette-Opfer kommen aus allen ethnischen und religiösen Gruppen. Im Verlaufe einer kürzlich durchgeführten Studie wurde festgestellt, daß sich die Diagnose sehr verzögert, wenn die Ärzte diese Symptome für vorübergehende alberne Kindheitsgewohnheiten halten; wenn sie während der Untersuchung nicht hellhörig sind für anomale Laute; wenn sie Husten, Räuspern und Schnüffeln falsch interpretieren; wenn sie die Patienten an einen Psychiater überweisen ohne hieb- und stichfeste Beweise für Persönlichkeitsveränderungen und Verhaltensstörungen zu haben.

Einem anderen Forscher, der das Tourette-Syndrom gründlich studiert hatte, ist aufgefallen, daß die meisten Ärzte diese Symptome für einen Ausdruck von Seelennöten halten. Sie glauben, daß die Patienten Schwierigkeiten hätten, sich zu behaupten und keine Möglichkeit, ihren aufgestauten Ärger anderweitig abzureagieren. Nachdrücklich fährt er fort: «Unsere Untersuchungen haben ergeben, daß eine kleine Zahl dieser Patienten solche Schwierigkeiten hat, die Mehrzahl aber nicht. Und selbst bei jenen Patienten, die auch seelisch gestört sind, sollte in erster Linie das Ticsyndrom kuriert werden.»

Ein 46jähriger verheirateter Mann war ein solcher Patient. Sein erstes Symptom, das Augenzwinkern, begann im Alter von 13. Ein Jahr später begann er mit Kopfschütteln. Mit 15 wurde ihm von einem Arzt gesagt, das sei eine dumme Gewohnheit und er solle damit aufhören. Einige Monate später meldeten sich die ersten unwillkürlichen Laute in Form von «Heh, heh, heh, hah, hah, hah». Ein Chiropraktiker entdeckte hierauf einen zusätzlichen Nervenstrang am untern

Ende der Wirbelsäule und behandelte den Patienten ein halbes Jahr erfolglos. Mit 19 schickte man ihn zu einem Psychiater, der eine Psychotherapie empfahl.
Kurze Zeit darauf wurde er einberufen, aber da sich die Symptome verstärkten, wurde er aus der Armee entlassen mit der Diagnose: Psychoneurose. Die Symptome nahmen zu, er zuckte nun mit dem Gesicht, schüttelte den Kopf, Nakken und Schultern zuckten, und alles wurde begleitet von Räuspern und «heh, heh, heh, hah, hah, hah». Er heiratete mit 27, worauf sich die Symptome verstärkten. Er ahmte jetzt Spuckgeräusche und -bewegungen nach und schlug sich oft mit der Hand oder einem Küchenutensil gegen den Kopf. Er konsultierte sowohl Ärzte wie Psychiater. Er wurde behandelt mit: suggestiver, persuasiver, supportiver Psychotherapie, Hypnose, allen Vitaminen, Leberextrakten, Sedativa und andern Medikamenten, Insulinschock- und Elektroschocktherapie. Nichts half.
Mit 36, später wie bei den meisten Fällen, begann er unwillkürlich obszöne Worte zu gebrauchen. Die ersten Wörter waren «Fotze», «Schwanz», «Vögeln», hierauf folgten «Hurensohn», «Sauluder», «Scheiße».
Endlich wurde die richtige Diagnose gestellt: Gilles de la Tourette-Syndrom. Da war er siebenunddreißig. Eine zweite Behandlungsrunde begann: Elektroschocks während drei Monaten, Insulin, Psychotherapie, Tranquilizers — alles nützte nichts.
Mit 46, die Symptome waren immer schlimmer geworden, und man hatte als ultima ratio Gehirnchirurgie — Lobotomie — ins Auge gefaßt, wurde der Patient mit Haloperidol behandelt, einem Mittel, das damals noch im Versuchsstadium steckte. Elf Tage nach Behandlungsbeginn begann das Gesichtszucken, Husten, Spucken, Bellen und unflätige Daherreden merklich nachzulassen. Nach viermonatiger Behandlung hatte er nur noch ein Symptom: einen Tic alle drei oder vier Tage einmal.
Heute ist dank Haloperidol das Tourette-Syndrom behandelbar. Eine rechtzeitige Diagnose ist deshalb um so wichtiger.
Phosphor, ein wichtiger Bestandteil aller Körpergewebe, ist unbedingt notwendig für Muskeln, Nervensystem und das Funktionieren der roten Blutkörperchen. Erst in jüngster

Zeit sind zwei Dinge klar geworden: die verschiedenen Situationen, in denen es zu einem Phosphormangel kommen und die verschiedenen Symptome, die ein solcher hervorrufen kann.

Phosphormangel kann Muskelschwäche, Gelenkversteifung und Schmerzen in den Knochen bewirken. Er kann zu Schluckbeschwerden und Appetitlosigkeit führen, zu oberflächlicher Atmung, Zittern und Schwindel, Gedächtnisschwund, verminderter Aufmerksamkeit, Konzentrationsmangel, Verwirrung, Desorientierung und Anfällen.

In einem Aufsatz schrieb der Dekan der medizinischen Fakultät der Universität von Süd Alabama unlängst, daß, vom Fehlen von Halluzinationen abgesehen, Zeichen und Symptome von Phosphormangel «denen, die wir aus der Neurologie und der Psychiatrie kennen, aufs Haar gleichen».

Phosphormangel kann — natürlich — entstehen durch chronisch falsche Ernährung. Er kann aber auch bei schwerer Diarrhöe oder andauerndem Erbrechen auftreten oder wenn die Nieren nicht richtig funktionieren und ein großer Teil des Phosphors im Urin ausgeschieden wird. Der Mangel kann auch entstehen, wenn aus Gründen wie Zöliakie oder Sprue die Absorption im Darm gestört wird oder bei einem Vitamin-D-Mangel, der sowohl die Phosphorabsorption herabsetzen als auch die Phosphorsekretion verstärken kann. Eine Komplikation eines schlecht behandelten Diabetes, Ketoazidose, kann ebenfalls zu einem Phosphormangel führen, indem durch sie zu viel Phosphor im Urin ausgeschieden wird. Alkoholismus ist ebenso eine Ursache. Und auch der chronische Gebrauch von Mitteln gegen Magensäure. Die meisten Antazide binden im Darm Phosphat und verhindern seine Absorption.

Auf Phosphormangel kann bei Patienten geschlossen werden, die Symptome zeigen, welche aus einem Phosphormangel entstehen können, besonders, wenn es sich um Störungen handelt — ungenügende Absorption, Alkoholismus, starker Gebrauch von Mitteln gegen Magensäure und anderem —, von denen wir heute wissen, daß sie den Mangel begünstigen. Blutmessungen zeigen, ob ein Phosphormangel vorliegt. Der Mangel kann fast in allen Fällen behoben werden durch das Schlucken phosphorhaltiger Präparate. Oft hilft auch Milch, eine reiche Phosphorquelle, als unterstützende Diät.

Die Porphyrine sind komplexe Substanzen, die in allen Zellen vorkommen und die eine Rolle in der Aufspeicherung und der Verwendung von Energie spielen. Die Porphyrien, eine Gruppe von Krankheiten, in der Regel erblicher Natur, sind eine Folge der Unfähigkeit des Körpers, die Porphyrine richtig zu verarbeiten. Einige Porphyrien sind sehr selten.
Die am weitesten verbreitete ist die *akute intermittierende Porphyrie* (AIP). Sie entsteht aufgrund einer Überproduktion der Porphyrinvorstufen in der Leber.
AIP kann sich schon in der Kindheit zeigen, tritt aber am häufigsten zwischen 20 und 40 auf. Und zwar in akuten Episoden, denen lange Perioden ohne Symptome folgen. Der Anfall äußert sich in kolikartigen, manchmal sehr starken Bauchschmerzen, Erbrechen, Blähungen, Durchfall oder Verstopfung. Muskelschmerzen sind häufig. Bei manchen Patienten kommt es auch zu Krampfanfällen. Die meisten zeigen geistige und seelische Störungen, angefangen von harmlosen, wie Reizbarkeit und Verwirrung, bis zu schweren wie Delirium und Psychose. Frauen werden von der Störung häufiger betroffen als Männer. Die Anfälle stehen bei Frauen oft im Zusammenhang mit dem Menstruationszyklus und können allgemein ausgelöst werden durch Schlankheitskuren, Alkoholgenuß, Infektionen oder den Gebrauch irgendeines aus einer Vielzahl von Medikamenten wie Barbiturate, Sulfonamidverbindungen, Griseofulvin (eine Substanz, die gegen Pilzbefall hilft) Östrogen, andere Steroidhormone und Chlordiazepoxid (das ein Bestandteil des Libriums ist).
AIP kann verschiedenes sein und ist auch schon mit verschiedenem verwechselt worden. Wegen der Bauchkoliken haben die Patienten schon Laparatomie (Bauchhöhlenöffnung zur Sicherung der Diagnose) erdulden müssen, und das natürlich ohne Ergebnis. AIP wurde auch schon als Hysterie angesehen und als Geistesstörung. Doch sind die Ärzte heute der Meinung, daß beim gleichzeitigen Auftreten von Bauchschmerzen und geistigen und seelischen Störungen die Verdachtsdiagnose AIP gestellt werden sollte. Es gibt verschiedene Tests, inklusive eines Bluttests, welche die Diagnose erleichtern. Zur Heilung kommen diverse Medikamente in Frage. Chlorpromazin bringt bei sehr schweren Anfällen von Bauchweh Linderung und dämpft die geistigen

und seelischen Störungen. Auch Reserpin hat sich schon oft als nützlich erwiesen.
Die Anfälle sind schon allein durch eine sehr kohlehydratreiche Diät auf ein Minimum reduziert worden. Vielleicht verschwinden sie sogar ganz, wenn der Patient daneben auch noch auf Barbiturate, Alkohol, Schlankheitskuren und ähnliches verzichtet.

### *Eine körperliche Ursache für eine Form wahnhaften Denkens*

Paranoische Wahnvorstellungen und Sinnestäuschungen wurden lange Zeit als die Folge einer Denkstörung angesehen — der Unfähigkeit, aus gegebenen Tatsachen zu den richtigen Schlüssen zu kommen. Man nahm an, daß der Paranoiker trotz des Vorhandenseins zureichender Beweise für die Unbegründetheit seiner Vorstellungen und Befürchtungen unbeirrt an ihnen festhält.
Unter den für die Paranoia gelieferten Erklärungen ist die bekannteste die von Freud, der die Krankheit natürlich auf verdrängte sexuelle Gefühle zurückführte. Auf die eine oder andere Weise kommt ein ungelöster emotioneller Konflikt zwangsläufig dem Denken in die Quere.
Eine andere Erklärung wurde unlängst vom Leiter der Abteilung für Psychologie und Sozialverhalten an der Universität Harvard geliefert. Er glaubt, daß bei diesen Kranken die Fähigkeit, folgerichtig zu denken, sehr wohl vorhanden ist. Was die Paranoia bewirkt, ist eine Störung einer Sinneswahrnehmung, wie etwa des Hörens, die den Patienten an einer korrekten Beweiswürdigung hindert. Nach seiner Meinung hält der Patient an seinen Wahnideen nicht trotz aller Beweise des Gegenteils fest, sondern weil er genügend Beweise für ihre Wahrheit hat. Der Paranoiker unterscheidet sich vom Normalen nicht durch die Art seiner Beweisführung, sondern durch die Wahrnehmungen, aufgrund welcher er zu jener gelangt. Ein normaler Beobachter, der keine Möglichkeit hat, die Erlebnisse und Erfahrungen des Patienten nachzuprüfen, wird automatisch annehmen, daß dieser das gleiche wahrnimmt, wie er selber, und muß dann folgerichtig zum Schluß kommen, daß die merkwürdigen Überlegungen des Patienten das Ergebnis falschen Denkens sind.

Als Beispiel dieses wahnhaften Vorganges erwähnt dieser Arzt einen älteren Mann, der schwerhörig wird. In einem Bericht schreibt er: «Der Patient nimmt in zunehmendem Maße ein Leiserwerden der Gespräche in seiner Umgebung wahr und kommt nolens volens zum Schluß, daß die Leute flüstern. Aufgrund dieser Auslegung stellt er sich als nächstes zwei Fragen: Warum flüstern sie? Und warum streiten sie ab, daß sie flüstern?

Nun ist es völlig natürlich zu schließen, daß die Flüsterer flüstern, weil sie etwas geheimhalten wollen. Die Überlegung, es sei hier eine Verschwörung im Spiel, ist nicht nur naheliegend, sie drängt sich geradezu auf. Ist der Patient einmal an diesem Punkt angelangt und überzeugt, er sei der Gegenstand der Verschwörung, so bleibt eigentlich nur noch eine Frage: Was wollen die Verschwörer? Ist der Patient ein autoritärer Charakter, der seine Familie ein Leben lang tyrannisiert hat, wird er schließen, daß sie sich an ihm rächen wolle; hat er einen dunklen Punkt in der Vergangenheit, wird er fürchten, daß alles ans Licht kommen wird; ist er ein Pfennigfuchser, wird er fürchten, daß sie ihm den Sparstrumpf stehlen oder ihn bevormunden lassen wollen.

Das Wesentliche bei dieser an sich ganz einfachen Situation ist, zu verstehen, daß nicht die Vergangenheit des Patienten, sondern seine Schwerhörigkeit den Wahn erzeugt. Die Vergangenheit bestimmt bloß den Wahninhalt. Der Wahn kann korrigiert werden durch ein Hörgerät oder durch eine korrekte vorläufige Diagnose auf Schwerhörigkeit. Eine Psychotherapie, die sich mit dem Wahninhalt beschäftigt, kann den Patienten dazu bringen, seine Lebensgeschichte mit andern Augen zu sehen, aber sie kann nichts an der Wahrnehmung ändern, daß die Leute flüstern, es sei denn, sie vermöchte ihm zur Erkenntnis zu verhelfen, daß seine Schwierigkeiten aus einer Sinnestäuschung stammen und daß er nicht von Verschwörern umzingelt ist.»

Diese These betreffend die Entwicklung wahnhaften Denkens wird unterstützt durch neuere Untersuchungen zweier britischer Ärzte, die im *Journal of Psychosomatic Research* veröffentlicht wurden.

Eine Untersuchung widmeten sie dem Vorkommen von Taubheit bei Paranoikern und Depressiven. Als Kriterium für Taubheit galt den beiden Wissenschaftlern die Unfähigkeit eines Patienten, eine Konversation in einer Gesellschaft oder einen Vortrag vor einem Auditorium zu verstehen. Sie fanden heraus, daß die Zahl der Schwerhörigen bei den Paranoikern beträchtlich größer war als bei den Depressiven, und Befragungen bei Familienmitgliedern ergaben, daß Schwerhörigkeit bei den Paranoikern der Paranoia vorausgegangen war. Die Schwerhörigkeitsrate der Depressiven unterschied sich in keiner Weise von der der normalen Bevölkerung.

Im Verlaufe einer weiteren Studie fanden die Wissenschaftler zusammen mit einem Augenarzt heraus, daß der Prozentsatz von Kurzsichtigen bei Paranoikern wesentlich höher war als bei Depressiven oder anderen mit Nerven- und Gemütsleiden Geschlagenen, was den Schluß zuläßt, daß die körperlichen Ursachen von Paranoia bei älteren Leuten nicht auf Schwerhörigkeit beschränkt sind.

# Index